JN287939

日本消費者教育学会25周年記念
「前田・今井賞基金」出版

消費生活思想の展開

日本消費者教育学会 編

税務経理協会

発刊のことば

日本消費者教育学会
会長　小木　紀之

　2004年（平成16年）6月改正制定された消費者基本法は，消費者政策の基本理念として「消費者の権利の尊重」と「消費者の自立の支援」を掲げた。同時に国は消費者政策の計画的な推進を展開するため「消費者基本計画」を策定しなければならないこととなった。この「消費者基本計画」は2005年（平成17年）4月8日閣議決定された。「消費者基本計画」は「消費者の利益の擁護・増進を図るための政府（国）の施策の指針」となるものである（同基本計画は平成17年度から平成21年度までの5年間を対象としている）。

　今次基本計画は三つの基本的方向（①消費者の安全・安心の確保　②消費者の自立のための基盤整備　③緊要な消費者トラブルへの機動的・集中的な対応）と九つの重点事項（①リコール制度の強化・拡充　②リスクコミュニケーションへの消費者の参加促進　③食の安全・安心分野におけるトレーサビリティ・システムの普及推進　④分野横断的・包括的な視点に立った取引ルールづくり　⑤消費者団体訴訟制度の導入　⑥学校や社会教育施設における消費者教育の推進　⑦環境に配慮した消費者一人ひとりの取組みの促進　⑧消費者からの苦情相談の活用　⑨緊要な消費者トラブルへの対応）が示されている。とりわけ，消費者基本法において消費者政策の基本理念として「消費者の自立の支援」が揚げられていることもあり，消費者教育の一層の推進体制の強化が必要とされている。具体的には消費者教育の担い手の育成・支援，教材の開発・提供，消費者教育の体系化などによる消費者教育の充実を同基本計画に盛り込んでいる。このように消費者教育が国の消費者政策の重点課題とされたことは消費者教育の認識を高めることになろう。

　1981年（昭和56年）今井光映・学会創立者の高い理念の下で日本消費者教育学会が誕生して25年，「消費者教育は理念的であると同時に実践的性格を持つ

もの」との共通認識が学会内外に定着している。

　最近，私は消費者の権利の実現をめざす消費者教育は結局のところ「事業者と消費者間の力関係をバランスあるものとし，より活動的で啓発された市民を生み出すこと」であり，また「政策プロセスの役割を理解し，個人的，集団的行動を通して公共政策に影響を与えていく」，つまり「社会的意思決定」ができる消費者力を持つ消費者市民の育成こそがそのねらい（目標）であることを主唱している。

　「学会は組織であり，組織を支えるものは人材」であることを新たに思い起こし，日本消費者教育学会の学的風土づくりに貢献された今井光映・米川五郎・岡部昭二・堀田剛吉・宇野政雄・山口久子・鮫島和子等の諸先生に敬意を表する次第である。25周年を記念して刊行された本書が次なる消費者教育の研究と実践のステップとなることを期待すること大である。

　また，本書刊行に尽力された西田安慶副会長および西村隆男常任理事に深甚の感謝を表したい。

学会賞「前田・今井賞」基金のココロのこよみ
――日本消費者教育学会に寄せられた前田恒子先生の「想い」――

日本消費者教育学会
創立者　今井光映

1　「25周年記念」の意義：消費者教育思想を画する"四半世紀"

　日本では，"10"年という時の節目の感覚が強いが，アメリカなどでは，25セント貨幣があることからもわかるように，"25年すなわち四半世紀"という時の節目の概念意識が強い。

　1986年にケネディ大統領の「消費者の権利」25周年を記念して，American Committee on Consumer Interest（ACCI）主催による「第1回消費者利益国際会議」が開かれ，後にその講演・論文集がまとめられた。その会議に日本から唯一招かれて参加した私の印象も，「四半世紀」ということの意味を強く認識させるものであった。

　特に，その会議で「消費者の権利」の究極目的は「消費者の自立」にあること，消費者の「保護」はその「自立に至る過程」を「支援する」ためのものであることが確認されたことは，消費者教育思想上，極めて有意義であった。

　日本では，それから四半世紀近い2004年に，「消費者保護基本法」が「消費者基本法」に改正されたことなどを思うにつけて，消費者教育思想上，四半世紀は注目すべき節目として，認識されなければならないところである。

2　日本消費者教育学会における「学会賞」の設定とその意義

　1981年に学会が創設された時，学会活動の証しに「学会賞」というものを設けたいという願いがあった。その結果，①原理的に優れ，旧くして新しく，新しくして旧い，後世に影響をおよぼす研究に対する「学会賞（本賞）」，②若手でさらなる発展が期待される研究に対する「研究奨励賞」，そして，③永年消費者教育の発展に貢献して頂いた方の功労に対する「功労賞」の，三つの学会賞が設けられた。

このうち，まず「研究奨励賞」については，消費者教育の重要内容である生活設計論関係で親しくして頂いていた（財）生命保険文化センターの村田博理事長にご相談をしたところ，1986年から「副賞」として「（財）生命保険文化センター賞」が設けられ，毎年，若手研究者の大きな励みとなっている。
　「功労賞」は，1990年から実施された。しかし，それには，北海道支部のリーダー役を務めて頂いていた松原博先生（当時静修短期大学教授）の交通事故による急逝（その3週間前に，先生と札幌でお会いしたばかり）というショッキングな出来事が契機としてあったことは，忘れることができない。

3　「学会賞（本賞）」：「前田・今井賞」基金の設置のいきさつ

　日本消費者教育学会が設立されるに当たって，「設立趣意書」が作成された。その中身の中核キーワードは，大きくは，①「個人的・社会的に責任が持てるライフスタイルを創造設計していく，生活デザインの意思決定能力の開発」ということと，②そのための「学校・消費者団体・行政・企業の4者による消費者教育のシステムづくり」という，消費者教育の「中核的理念」「中心内容」と，それを実現するための「実践組織」の基本にかかわる，二つの事柄であった。
　（株）デーリィ・ジャパン社の取締役社長であり，（社）日本乳業協会の事務局長であった前田恒子先生は，この学会設立趣意書に大変に共鳴され，150万円の基金寄付を申し出られた。学会としては，その高邁なお申し出をお受けすることになり，基金の充実のために，今井からも同額の基金寄付をし，合計300万円で，「学会賞」（本賞）の基金とすることになった（1987年）。「前田・今井賞基金」となったいきさつである。
　前田恒子先生の四谷にあった億ションに伺い，寄付の小切手をお受け取りしたのは，1987年のクリスマスの時であった。しかし，その時，まさか，その4か月後に，恒子先生が急逝なさるとは，予想もできないことであった。

4　前田恒子先生と今井光映に共通していた基本理念

　前田先生が「学会賞」の基金寄付の申し出をされた時に，その動機として強

調なさったことは，先に挙げた学会の設立趣意書の根底にある二つの理念に対する強い賛同の結果であった。

前者の「個人的・社会的に責任がもてるライフスタイルを創造設計する，生活デザインの意思決定能力の開発」は，今日，消費者教育が説かれるとき，基本的な概念として普遍となっている。そのもとは，1950年代後半に，消費者教育の発展と関係が深い家政学の領域に初めて入った今井が，欧米の諸文献の検証から，家政（学）の「政」，生活経営（学）の「経営」の本質は「意思決定」（decision-making）にあり，といい出したことによる。当時は，キリスト教文化思想の欧米とは異なって，日本では初めてのことであり，そのためか，家政学関係の学界では"意思決定の今井"とアダナされたほどであった。

後者の「4者のシステム的な関連づけ」は「4者合意」を意味する。ここで「合意」とは，ニコポン方式（にっこり笑って，肩をたたきあって言外に了解し合うこと）ではなく，それぞれがその基本理念を確立している主体性のなかで，「消費者の利益」を共通項として，相互の役割り関係を責任を持って枠組みしていく，「分労」と「合労」のシステムづくりのことである。

私は，文献調査の結果，消費者教育思想の発展を，アメリカでは学校→消費者→行政→企業，日本では企業→行政→消費者→学校と，ほぼ反対の過程で実証的に捉え，4者合意システムによる消費者教育の歴史的・理念的認識を，著書のなかで図解で発表した。この発見認識について，前田先生は，学会のいくにんかの研究者と共に，「博士号に値する認識である」と評価してくださった。

5 "ハピートライアングル"から"ハピースクエアー"への展開のなかで

1970年代半ば，私が米国で消費者教育関係の研鑽をしていた頃，カーター大統領を除いたその前後の歴代大統領の消費者問題特別補佐官を永年務めたV. ナウアー女史などによって，消費者・行政・企業の3者合意制が"Happy Triangle"として提唱されていた（ナウアー女史には，1985年に学会創立5周年を記念した京都国際会議で，基調講演をして頂いた）。

これに対し，学会の設立趣意書では，上記の3者に学校を加えて，「4者合意」を打ち出した。消費者・行政・企業における消費者教育は，5年サイクルくらいのものであるが，学校における消費者教育は，そこから「責任ある意思決定能力」を身につけた将来の消費者・行政人・企業人・学校人が送り出され，その人達によって消費者福祉社会が形成されていくという意味で，数十年サイクルの息の長い，人的資源的に根元的なものであるからである。

また，消費者団体・行政・企業における消費者教育が，「情報提供」を中心とした消費者教育であるのに対して，学校における消費者教育は，それら諸機関が提供する情報を，各人がそれぞれの価値・目的に合わせて，どのように意思決定のシステムに組み込み，意思決定し，責任を負うかという，「教育」としての消費者教育の中核的理念である「意思決定」能力の開発を担うものである。学校消費者教育は，他の三つの組織の消費者教育の中核となるものである。

日本消費者教育学会が掲げた，こうした4者合意の"Happy Square"の理念に，前田先生は特に強い賛同の反応を示してくださったのである。

6 消費者教育の「原理」との不断のフィードバックの必要性への共感

消費者教育の研究には，実態調査が必要である。しかし，それも，その調査結果が消費者教育の基本理念，「原理」に照らしてどうなのか，どのように改善発展させていくべきかの，フィードバックがはかられることが必要である。前田先生は，その元となる消費者教育の「原理」という概念・言葉がお好きで，消費者教育学会の設立趣意書に強く賛同してくださったのも，そのためであった。

ちなみに，今日いわれているエコロジー，アカウンタビリティ，コンプライアンス，ガバナンス，ライアビリティ，ディスクロウジャー，コンシューマーサティスファクションなど，社会組織の倫理規範にかかわる消費者教育のキーワードも，学校消費者教育を中心とした消費者教育システムの原理の枠組みによって，根源的な実現が期待されるのである。

7　消費者教育に対する前田恒子先生の幅広い支援活動

　前田先生は，その広い人脈から，政治家や企業人のための消費者教育勉強会の機会を多く設けてくださった，例えば，山東昭子参議院議員などの女性政治家の会や産業界の責任者の会に，消費者利益志向の国政や企業経営の重要性と，そのための消費者教育の必要性を，強くアピールしてくださった。

　乳業関係でいえば，業界の経営陣や大学で生化学や農芸化学を専攻した研究者や営業担当者など関係者に，「消費者のことをしっかり考えてするように」と，恒子先生を知っている人にはなつかしい，あの男性まがいの太い声で，文字通り叱咤激励された。それが，自然に関係者に受け入れられていくところに，前田先生の面目躍如，前田先生の前田先生たるゆえんがあった。

8　前田恒子先生との突然のお別れ

　しかし，1988年4月21日午後1時55分，前田先生は急逝された。かねてから，ぜんそくの持病をお持ちで，周囲も心配していたなかでの，心不全による急逝であった。葬儀は，4日後の4月25日に，赤坂の霊南坂教会で行われたが，産業界・消費者団体・行政などとの人脈のゆたかさを裏付けるように，大変に多くの方々によるお見送りであった。

　前田恒子先生は，現在，世田谷区新町の善養院に眠っていらっしゃる。消費者教育学会のことを見守っていてくださることは，いうまでもないが，ただ，2000年代に入って取り沙汰されたいくつか企業を巡る消費者問題を，恒子先生はどんなにか残念がっていらっしゃることであろう。

9　前田恒子先生の想いの受け継ぎと展開：
　　さらなる「4者合意システム」の形成

　社会・経済の変化，消費者関連の法の改正，教育課程の改訂など，生活環境は変化していく。それにつれて，教育・医療・福祉・地域通貨などの領域への展開を含めて，消費者教育の具体的な関心・テーマ・内容などは進展していく。

　前田先生が特に関心を寄せられていた学校消費者教育にしても，大学間競争

を巡る「大学マーケティング」の自覚とともに，他方，大学と学生・親との情報格差がなおある現実のなかで，消費者契約法成立以後の大学入学金・授業料の払戻し問題，大学経営の健全性に関する大学財務諸表や教育内容評価の開示の問題，大学の研究・教育・経営についての真実説明責任の問題，学生危機管理の問題，米国で起きてきている奨学金詐欺の問題など，学生やその親という消費者の「利益」と「満足」のために，高校段階から大学段階にかけての学校消費者教育の新しい展開が，意図されなければならないところである。

そうした消費者教育の領域・内容の展開とともに，「原理」の消費者教育学会と「実践」の消費者教育支援センターが中心となって，(社) 消費生活アドバイザー・コンサルタント協会，(社) 全国消費生活相談員協会，(財) 生命保険文化センター，ACAPなどの，消費生活に関する情報提供を担うNPO的消費者教育的組織が加わった，さらなる「4者合意システム」の消費者教育ネットワークづくりが，求められるところである。1992年に定められた，松岡明子先生原案による「学会シンボル・マーク」の精神の再確認である。

今回のこの論集が，故前田恒子先生の消費者教育の発展に対する深く，強い「想い」を反映していること，そして，次の四半世紀，学会50周年へ向けての消費者教育の展開を展望・予言していることを，確信している。

【参考文献】
1 消費者教育の「原理」については，今井光映「消費者教育の意義と必要性」『新しい消費者教育を求めて』第1部，(財) 生命保険文化センター編，家政教育社，1981年；「消費者教育の課題と展望」『消費者教育』第1冊，日本消費者教育学会，1983；『新しい消費者教育の推進』大蔵省印刷局，1988など。
2 消費者教育の展開として，大学の学生消費者問題や医療サービス問題，消費者満足問題などの消費者教育については，今井 健『大学マーケティングの理念と戦略：学生コンシューマリズムに応えるために』中部日本教育文化会，2001年；今井 健・今井光映『大学エンロールメント・マーケティング』中部日本教育文化会，2003年。

目　　次

発刊のことば
学会賞「前田・今井賞」基金のココロのこよみ

第Ⅰ部　消費者教育の理論・政策

第1章　21世紀型消費者政策の展開……………………………3
　　1　消費者政策の再構築………………………………………3
　　2　政策転換と不可分な基本法の制定………………………3
　　3　変わらない消費者問題の基本構造………………………5
　　4　新しい消費者政策の基本理念－消費者基本法－………7
　　5　透明な市場ルールを支える多様な政策…………………9
　　6　21世紀の消費者像
　　　　－市場・経済・社会をリードする主人公－…………12
第2章　学校における消費者教育の展望……………………15
　　1　学校における消費者教育の現状について……………15
　　2　学校における消費者教育についての考察……………20
　　3　学校における消費者教育についての展望……………25
第3章　企業消費者教育の意義………………………………29
　　1　期待される企業消費者教育
　　　　－なぜ企業は消費者教育に取り組むのか－…………29
　　2　企業消費者教育の理論的視点…………………………31
　　3　企業博物館と生活文化…………………………………34

目　次

第4章　消費者教育と環境問題……………………………………37
　　1　地球環境を視野に入れた消費者教育と環境教育…………37
　　2　日本消費者教育学会での環境関連の研究動向……………41
　　3　持続可能な社会をめざして……………………………………42
第5章　消費者教育と生活問題……………………………………49
　　1　消費者問題と生活問題－生活問題の認識－………………49
　　2　現代の生活問題の諸相…………………………………………52
　　3　生活問題への対応能力を育成する消費者教育……………58

第Ⅱ部　消費者教育の現状と課題

第1章　金融教育と消費者教育……………………………………63
　　1　金融教育の原点
　　　　－大衆貯蓄運動による道徳的金銭教育の普及－…………63
　　2　現代的ニーズとしての金融消費者教育………………………64
　　3　金融消費者教育の目的…………………………………………65
　　4　金融消費者教育の方法…………………………………………66
　　5　金融消費者教育の普及…………………………………………67
　　6　米国，英国と日本の金融教育の相違点………………………68
　　7　消費者教育としての金融教育…………………………………70
第2章　家庭科教育と消費者教育…………………………………73
　　1　家庭科における消費者教育の視点……………………………73
　　2　小学校家庭科における消費者教育……………………………75
　　3　中学校技術・家庭科における消費者教育……………………76
　　4　高等学校家庭科における消費者教育…………………………78
第3章　商業（ビジネス）教育と消費者教育……………………81
　　1　新しいビジネス教育の意味……………………………………81

2　商業（ビジネス）教育を巡る社会の変化 …………………………82
　　3　商業（ビジネス）教育の新たな枠組み …………………………84
　　4　高校「商業」の新学習指導要領のうち，流通ビジネス分野
　　　における消費者教育の内容について ……………………………86

第4章　消費者志向の企業経営 ……………………………………………89
　　1　消費者志向の視点 …………………………………………………89
　　2　福井産地の現状 ……………………………………………………89
　　3　眼鏡フレームの製造工程と福井産地の技術革新 ………………90
　　4　福井産地有力企業の展開 …………………………………………97
　　5　消費者志向のマーケティング ……………………………………99

第5章　経営倫理と消費者教育 …………………………………………103
　　1　経営不祥事と消費者 ……………………………………………103
　　2　経営倫理とは何か ………………………………………………104
　　3　経営倫理とコンプライアンス …………………………………106
　　4　消費者教育と企業のかかわり …………………………………108
　　5　新しい消費者教育 ………………………………………………109

第6章　**商品教育と消費者教育** …………………………………………113
　　1　商品教育・研究の系譜 …………………………………………113
　　2　商品教育における消費者教育の視点 …………………………116
　　3　ブランドと消費者教育 …………………………………………118

第7章　**商品の安全性と消費者教育** ……………………………………123
　　1　商品の安全性 ……………………………………………………123
　　2　食品の安全性 ……………………………………………………123
　　3　食品の安全性問題とその対応の問題点 ………………………124
　　4　食品の安全・安心 ………………………………………………126
　　5　食品安全基本法および食品安全委員会 ………………………126
　　6　食生活における消費者教育 ……………………………………128

目　次

第8章　消費者教育と生活経営……………………………131
　　1　消費者教育と生活経営………………………………131
　　2　消費者教育と生活環境………………………………132
　　3　消費者教育の概念枠組み……………………………135
　　4　生活者・生産者・消費者……………………………136
　　5　消費者教育の課題と提言……………………………140

第Ⅲ部　消費者教育の展望

第1章　消費者教育と生活指標開発………………………145
　　1　現在の生活指標と問題点……………………………145
　　2　人間を主体とした消費者教育………………………149
　　3　持続可能な社会のための消費者教育と生活指標開発………150
第2章　多重債務問題と消費者教育………………………153
　　1　多重債務問題の現状…………………………………153
　　2　多重債務者の性格プロフィール……………………154
　　3　消費者教育と多重債務問題…………………………156
第3章　安全教育と消費者教育……………………………165
　　1　消費者と安全…………………………………………165
　　2　消費者教育における安全教育の意義
　　　　－安全教育と消費者教育の連接の今日的意義－………166
　　3　安全教育を視野に入れた消費者教育の内容と方法………169
　　4　安全教育と消費者教育のニュー・ディレクション………171
第4章　情報社会における消費者教育
　　　　－消費社会創造の政策提言を目指して－……………173
　　1　「information」から「communication」へ………173
　　2　情報社会における消費　論考の前提として………174

3　欲望の喚起と情報の隠蔽　情報社会における救済のための
　　　　ネットワーク………………………………………………………175
　　4　消費者が参加するリスクコミュニケーション………………176
　　5　消費を創造し，消費社会に提言する消費者…………………177
　　6　政策提言可能な消費者の育成を目指して……………………179

第5章　環境教育と消費者教育……………………………………181
　　1　環境教育と消費者教育……………………………………………181
　　2　グリーンコンシューマーと消費者教育…………………………183
　　3　環境問題と消費者の意思決定……………………………………186

第6章　環境会計の概念と制度……………………………………191
　　1　環境会計の概念と公表……………………………………………191
　　2　企業における環境会計と消費者教育……………………………194
　　3　環境会計を通じての消費者教育…………………………………199

第7章　医療・福祉マーケティングと消費者教育……………203
　　1　マーケティングの活用領域の拡張………………………………203
　　2　医療・福祉マーケティングの意味とその必要背景……………204
　　3　既存研究の整理……………………………………………………206
　　4　医療・福祉マーケティング研究の方向性………………………207
　　5　医療・福祉マーケティングと消費者（消費者教育）との
　　　　かかわり…………………………………………………………209

第8章　社会福祉と消費者教育……………………………………213
　　1　社会福祉と消費者の接点…………………………………………213
　　2　高齢者福祉と消費者問題…………………………………………215
　　3　社会福祉基礎構造改革の方向性と消費者教育…………………216
　　4　21世紀の社会福祉と消費者教育…………………………………218

第9章　消費者被害と消費者教育…………………………………223
　　1　消費者被害と消費者問題…………………………………………223
　　2　消費者被害の実態…………………………………………………223

目　次

　　3　消費者被害の発生原因……………………………………226
　　4　消費者被害の救済と防止…………………………………227
　　5　消費者被害と消費者教育…………………………………229
第10章　経済教育と消費者教育………………………………233
　　1　経済学における消費者の位置……………………………233
　　2　消費者に経済リテラシーを………………………………234
　　3　『消費者教育における諸概念の分類』における経済概念……235
　　4　国際経済学の概念と消費者教育…………………………238
　　5　消費者教育と社会科教育…………………………………239
第11章　消費者教育と海外事情………………………………241
　　1　ヨーロッパにおける消費者教育の背景…………………242
　　2　消費者教育の開発…………………………………………243
　　3　「ヨーロッパモジュール」の目標…………………………243
　　4　「ヨーロッパモジュール」の基本概念とトピック………245
　　5　世界の消費者教育…………………………………………246
　　6　「国連消費者保護ガイドライン」について………………248
第12章　消費者教育の思想……………………………………251
　　1　消費者教育の思想の系譜…………………………………251
　　2　消費者教育のイデオロギー性の自覚化を巡って………252
　　3　「消費者教育の思想」の整理とその必要性………………255

編 集 後 記……………………………………………………………259
索　　　引……………………………………………………………261

第Ⅰ部
消費者教育の理論・政策

第1章　21世紀型消費者政策の展開
第2章　学校における消費者教育の展望
第3章　企業消費者教育の意義
第4章　消費者教育と環境問題
第5章　消費者教育と生活問題

第1章　21世紀型消費者政策の展開

1　消費者政策の再構築

　わが国の消費者政策のあり方を巡り，抜本的な改革が進められている。21世紀型消費者政策とは，わが国の経済社会を支える基盤的な制度やルールの抜本的な改革を前提にして，これらに基づいた消費者政策の新しい展開の必要性を強調した表現である。国民生活審議会消費者政策部会は，2003年5月，その名のとおり『21世紀型の消費者政策の在り方について』と題する報告書を公表し，消費者保護基本法（1968年制定）に基づいて展開されてきた消費者政策の基本的な考え方や施策の内容を抜本的に見直し，21世紀にふさわしい消費者政策を再構築することが不可欠であると提言した。こうした議論を経て，2004年6月，「消費者保護基本法」が改正され「消費者基本法」が制定された。

　以下では，21世紀を特徴付ける消費者政策の展開について，消費者政策と経済社会の在り方を巡る議論との密接な関係，消費者問題の不変的な性格と消費者政策の理念，市場当事者に透明な市場ルールや多様な手法を駆使する政策展開，最後に21世紀に期待される消費者像について考えてみたい。

2　政策転換と不可分な基本法の制定

　消費者政策の枠組みを支える「基本法」の制定は，当然のことではあるが，わが国が目標とするべき経済社会の在り方を方向付ける大きな政策転換を巡る議論と歴史的にも深く絡み合っている。初めて消費者政策の全体的枠組みを定めた消費者保護基本法が制定された1968年当時は，「産業優先から生活優先

へ」という標語のもと，基本的な政策転換の必要性が叫ばれていた。終戦直後の壊滅的な破壊から復興を遂げたわが国は，経済の回復と産業の発展を最優先の目標に定め，産業優先・産業振興のため様々な政策を展開した。これらの産業優先政策により，1960年代には長期にわたる急激な経済成長を達成し，人々が初めて経験するモノに満ち溢れた「ゆたかな社会」が実現された。

しかしその一方，人々は急激な高度経済成長の歪みと考えられる様々な社会問題に直面し，もはや産業優先政策だけでは生活問題に対応しきれないことに気付き始めた。国が作成する年次報告書である『国民生活白書』には，政策的課題や方向性をわかりやすく示すサブタイトルが付けられるが，1965年の『白書』には「生活に奉仕する経済へ」，1969年の『白書』には「国民生活優先への展開」との副題が付されている。ここでは，暮らしの基盤や自然環境を破壊してまで追求される産業優先主義的な政策への反省，あるいは経済的発展の究極の目標が物心を含めた生活の真のゆたかさの実現であることが掲げられ，生活優先政策の必要性が強調されている。過密化した都市環境の悪化，過疎化した農村の荒廃，急激な工業化による大気や河川の汚染がもたらした公害問題，高度な科学技術が生み出した新製品が消費者の安全を脅かす消費者問題の発生など，「ゆたかな社会」の影の部分が，誰の目にも顕在化してきたわけである。

1968年の消費者保護基本法は，経済社会の在り方を巡る大きな政策転換の議論の中で制定された。人々が憧れた「ゆたかな社会」が急速に実現されるなか，環境問題（当時は公害問題という言葉が一般的であった）の深刻化，消費者問題の頻発・拡大など，緊急の対応を要する社会問題に直面することになった。前者の環境（公害）問題への本格的な対応を目的にした公害対策基本法は，1967年8月に制定されている。一方，消費者問題の頻発と拡大は，大量生産・大量消費体制の確立，広域流通システムの普及，高度な科学技術に基づく新製品の登場，通信販売や割賦販売など販売方法や支払手段の高度化など，人々の物質的なゆたかさや便利さを支える構造的な仕組みと不可分の関係にある。高度な科学技術は安全性に不安のある新製品を多数生み出し，大量生産・大量消費は画一的な商品・サービスを氾濫させ，欠陥製品が見逃された場合には，広く流通

して多大な被害を及ぼし，販売方法や支払方法の多様化は消費者の取引を複雑化し，取引や契約にかかわる被害を増大させた。深刻化・広域化・複雑化した消費者被害の発生は，「ゆたかな社会」の構造に根ざした避けがたい社会問題となった。

3　変わらない消費者問題の基本構造

　現在，1960年代後半当時と同じように，消費者のための政策の根本的な転換が求められており，21世紀型の新しい消費者政策の展開が期待されている。背景には，消費者保護基本法制定（1968年）以降，わが国の経済社会が大きく変化したことが挙げられる。サービス化，高度情報化，IT化，国際化，少子高齢化などの変化が，人々の生活を直接・間接に巻き込んで急激に進展した。消費者苦情（トラブル）という点からみても，サービスの提供に絡んだトラブルが製品関連のトラブルを圧倒するほどの件数に上り，製品の品質機能や不当な価格などに関するトラブルよりも，取引・契約に関連するトラブルが急増している。この3分の1世紀の間の経済社会の変化にはめざましいものがある。

　しかし，最初に注目しておかねばならないことは，経済社会の大きな変化にもかかわらず，消費者問題の基本的構造は変わらないことである。それどころか「ゆたかな社会」を支える市場の構造やシステムは経済社会に浸透し，市民の生活のほとんどが，市場を通じて提供される商品・サービスを購入・利用することによって営まれ，市場に全面的に依存する生活スタイルが生活分野の隅々に浸透している。つまり市民の消費者としての側面はますます肥大化しているわけである。人々は誰でも市場に全面的に依存しなければ生活を営めない消費者であらざるを得ない。にもかかわらず，市場において対等な関係にあるはずの消費者と事業者との間には，情報力・交渉力・組織力・資金力・市場支配力・専門性などに関し，大きな格差が歴然として存在している。この市場における非対称性が消費者問題が発生する基本的構造である。消費者保護基本法のもとで整備された各種の消費者保護関連法，消費者の権利実現をめざす消費

者運動の展開は，市場における消費者の地位向上に大きな役割を果たした。しかし，消費者問題の基本的構造は変わらず，生産技術の高度化，取引システムの複雑化など，むしろ消費者と事業者の間の格差は縮小に向かうより，拡大される傾向が強まっているといえる。

近年の消費者問題をみても，加工牛乳の食中毒事件，欠陥自動車のリコール隠し，食肉をはじめ，食品の偽装表示の相次ぐ発覚，無認可香料使用の食品などの大量回収，わが国初のBSE（牛海綿状脳症）の牛の発見，不安が尽きない遺伝子組替え食品など，消費者の安全や知る権利を無視した企業行動が問題を引き起こすという様相は30年前と変わらない。むしろ消費者の情報力や専門的知識が相対的に低下したため，事業者が一方的に提供する情報や知識に完全に依存し，問題が発覚して初めて不安に怯える膨大な消費者の存在がある。

しかしその一方，30年前とは大きく変わった点がある。市場に依存する生活スタイルは徹底しているが，それは必ずしも既存市場の言いなりになることを意味しない。消費者を無視した企業行動に関する情報が消費者の手に届けば，消費者が持てる市場における選択力を行使し，このような企業を市場から追放する行動を意図的にとることが当然になった。消費者の信頼が得られなければ，企業の存立基盤すら揺らぐことが実証された。消費者が市場を支える唯一主要な主体であり，市場は消費者のためのものである（消費者主権）という考え方が，30年前と比べると，消費者の意識により明確に根づいている。権利の主体であると自覚した消費者は，相次ぐ企業の不祥事という事態を改めて経験したことにより，権利の実現のために問題に取り組もうとする姿勢をより強めることになろう。

消費者問題の基本構造が変わっていないとすれば，21世紀型消費者政策の特徴とは何であろうか。従来の考え方では，消費者問題の基本構造を考慮すれば，市場の外部からの事業者に対する権力的な規制，あるいは市場の外部からの消費者に対する様々な援助が不可欠とされてきた。しかし21世紀型消費者政策では，消費者利益の保護と向上のために，市場メカニズム自体に備わっているはずの自律（autonomy）的な機能が最大限に発揮されるように，市場の当事者

（消費者と事業者）の自由な活動と活動の結果への責任を明確にし，政府が関与するのは市場メカニズムのデメリット部分を最小限度におさえるために限定するという，消費者政策の新しい手法にあるといえる。人々が渇望した「ゆたかな社会」を実現したのは，様々な問題をはらみながらも，歴史的には市場システムを中心に置いた経済の在り方であった。この歴史的経験に基づくならば，いま求められている消費者政策は，国家が権力を背景に外部から市場介入することはできるだけ控え，市場の当事者がそれぞれの役割と責任を十分に発揮することにより，消費者主権という市場の本来の理念の実現に向けた改革を進めることにある。

4　新しい消費者政策の基本理念－消費者基本法－

「市場メカニズム重視の経済社会への転換」は，21世紀型消費者政策を特徴づける基本的な方向である。消費者保護基本法制定当時は，消費者保護のために政府が積極的に市場介入することが求められ，消費者の権利の実現というより，弱者である消費者を保護する政府の責務が問われた。そのため消費者保護関連法といっても，政府の市場介入を根拠づける産業振興を主目的とした既存の各種「業法」に消費者保護の目的が付加されたものが多く，消費者保護と産業界保護とが渾然としている消費者関連法が少なくない。典型的なものは，既存市場の参入条件を厳しくし，新規事業者の参入を制限することが，市場において良質の商品・サービスの提供を確保し，消費者の利益を高めるという考え方である。

しかし，市場メカニズム重視の経済社会への転換という構造改革では，規制改革に代表されるように，政府の市場介入（個別的・事前的規制）は可能な限り少なくし，市場の直接の当事者である市民（消費者）と企業（事業者）の自由で創造的な活動を通じ，市場メカニズムを自律的に機能させることによって，問題が解決に向かうことを期待する。そのため，市場での自由な自己決定を最大限に保障する一方で，決定の結果に対しては自己責任を厳しく問うことになる。

消費者についても，「消費者の保護」よりも「消費者の自己責任」が強調されることが少なくない。しかし，消費者問題の基本的構造について考慮すれば当然のことだが，消費者の自己責任を問うためには，「消費者の権利」が実現されていることを前提としなくてはならない。

このような政策転換の流れを受けて，2004年5月，消費者基本法が成立した。新しい基本法の焦点は，基本理念において消費者の権利を明示し，消費者政策が消費者の権利を実現するための政策，消費者の自立を支援するための政策として規定されたことである。まず，(1)消費者の位置づけを「保護される弱者」から「自立する主体」へと転換し，(2)基本理念の中で消費者の権利が尊重されるべきことを明示し，(3)行政・事業者・消費者の主要な責務と役割が，消費者の権利を実現することにあると規定した。こうして，国や自治体に対しては，基本理念に示された消費者の権利の実現と消費者の自立支援のための政策を展開する責務を規定した（第3条，第4条）。事業者には，消費者の安全や取引の公平の確保，消費者への明確かつ平易な情報提供，消費者の知識・経験・財産状況などへの配慮，苦情処理体制の整備などを規定している（第5条）。消費者には，消費生活に関する知識の習得，自主的・合理的な行動の努力を規定しているほか，特に「環境保全」と「知的財産権」に対して配慮するよう努力することを求めている（第7条）。

21世紀型消費者政策の最大の目標は，消費者の権利を実現するための政策として，従来の消費者政策を再構築することである。再構築するための要諦は，「市場メカニズム重視の経済社会への転換」という構造改革と政策的に密接不可分に関係づけられている。それゆえに特に注目すべきことは，消費者政策の内容そのもの以上に，消費者政策を展開する「手法」が大きく転換されるという点である。つまり(1)事業者への事前規制を中心とする手法から事後チェック体制を強化する手法への転換，(2)市場の当事者（消費者・事業者）の行動の自由と責任を強化する透明かつ一般的な市場ルールを整備することによって，政府などが逐一監督指導することを避けるような手法への転換，(3)消費者政策における多様な手法の総合的展開などの点である。

そのため，市場の当事者（消費者と事業者）に対して，様々な役割と責任が期待されることになる。市場の直接の当事者は個々の事業者と個々の消費者であるが，消費者の意向を反映した政策の企画立案，市場の一般的なルールづくりへの参加などに関しては，自主的な消費者組織や事業者組織が形成されていれば，その意向を反映するという方法がより効率的であろう。こうしたことから，消費者基本法では，事業者団体は，事業者の自主的な取組みの尊重，事業者－消費者間の苦情処理体制の整備，事業者が遵守すべき基準の作成への支援，消費者の信頼を確保するための自主的な活動に努めるとされ，消費者団体は，情報の収集と提供，消費者の立場からの意見の表明，消費者啓発・教育，消費者被害の防止・救済にかかわる活動に努めるとされている。新しい基本法は，消費者（消費者団体）と事業者（事業者団体）に対して，市場の当事者としての役割とともに，新しい市場ルールづくりに取組む積極的な役割を期待している。

5　透明な市場ルールを支える多様な政策

新しい消費者政策の当面の目標は，市場の当事者である消費者と事業者の自由な判断に基づく行動を保障し，当事者が選択した行動がもたらした結果に対する責任を明確にすることである。市場の当事者が責任のある行動をとれるためには，当事者である消費者と事業者からみて，自ら選択した行動と行動の結果に対する責任の関係が明確でわかりやすいこと（透明であること）が何より重要である。政府の裁量の余地が大きいために不透明になりがちな行政指導や監督とは明らかに異なる手法が，これからの消費者政策には不可欠である。政府が個別的・業種別に事業者を規制することを可能な限り少なくし，消費者と事業者とに透明で包括的な市場ルールに基づいた自由な行動を期待し，市場メカニズムの自律的な機能に，より多くの問題解決を委ねなければならない。これらのルールは，消費者と事業者がお互いに遵守すべきものとして，市場システムの中に埋め込まれ市場に内在化されたルールとなる。従来の様々な事前規制から撤退した政府の重要な役割は，このような市場ルールの違反に対する厳し

第Ⅰ部　消費者教育の理論・政策

い事後のチェックである。また，消費者にとっても事業者にとってもわかりやすい透明なルール（選択した行為と行為の結果に対する責任が明確なルール）づくりには，政府よりもむしろ市場の当事者が取組むことが望ましい。当事者同士が納得したルールに基づいた行動の結果に対してだからこそ，自己責任を果たそうとすると考えられるからである。

　これからの消費者政策がめざすのは，このような透明かつ一般的な市場ルールに，消費者の権利を保障する内容を明確に組み込ませ，消費者の権利を尊重した市場ルールのもとで，事業者の自己責任に基づく公正自由な競争と，消費者の自己責任に基づく選択を確保するという方向である。すでに，消費者の権利を保障する内容を強化し，事業者の行動基準として機能する市場ルールが次々と生まれ，「消費者法」という新しい法領域を形成しつつある。なかでも，適用される適用範囲やルールの拘束力などの点で最も強力なものは，国レベルの法律である民事ルールである。このような民事ルールには，製造物責任法や消費者契約法などがある。製造物責任法（1995年施行）は，消費者の安全である権利を市場ルール化したものと捉えることができるだろう。同じように，消費者契約法（2001年施行）は，消費者の知らされる権利や救済される権利を市場ルール化したのと同じ機能を果たすことになる。独占禁止法違反に対して消費者など被害者からの差止請求を可能にする独占禁止法の改正法（2001年施行），判断力が十分でない高齢者などの能力をより柔軟に補充するために成年後見制度を新設した民法の改正法や任意後見法（2000年施行）などもそうである。これらの法律では，行政に権限を与えて消費者の権利を守るという手法ではなく，一般的な市場ルールが無視されたことから起こった被害の救済は，最終的には司法の場での決着をはかるという手法がとられることになる。それゆえに，市場ルールが遵守されているかどうかを監視する役割は，政府だけでなく消費者や事業者にも強く求められる。

　このような観点から，団体訴訟制度，クラスアクション制度，懲罰的損害賠償制度などの導入も検討されている。団体訴訟制度は，本来の権利義務関係にある当事者ばかりでなく，一定の要件を満たす消費者団体に一定の請求権を認

め，訴訟の当事者適格を与える制度である。消費者の利益を代表する消費者団体が，消費者被害の拡大防止のための差止請求や被害救済のために活用できる制度として期待される。クラスアクション制度は，アメリカで盛んに行われていることで知られるが，被害者の中から1人または数名の代表者が名乗り出て，すべての被害者のために訴訟を提起することができる制度である。懲罰的賠償制度は，悪質な行為を行った加害者に対して被害者に現実に生じた損害額を超える賠償金を課すことによって，将来に同様の行為が行われないよう抑止しようとするものである。このような新しい制度が導入されたとしても，その制度が消費者のために機能するかどうかは，市場の一方の当事者である消費者（消費者団体）の力量にかかっている。消費者問題の複雑化，消費者の関心の多様化，問題の専門化，人材・資金・時間の不足などの問題を抱えて低迷が指摘される消費者運動であるが，期待される役割は大きい。

　一方，産業界の様々な分野において，場合によっては，国の法律以上に市場ルールとして機能しているのは，事業者団体が作成した消費者のための「自主規制ルール」や「ガイドライン」である。事業者の行動基準となる市場ルールは，商品・サービスの分野や販売方法などの違いによって多様なものになる可能性がある。限られた範囲の市場を覆うものであるが，消費者の権利実現のために，法律が定める以上の基準を市場ルール化しようとする試みである。行政による規制でもなく，民事ルールの制定でもなく，市場の当事者による市場ルールづくりの意義は極めて大きい。

　さらに，食品の偽装表示事件や自動車のリコール隠し事件など，近年の消費者を無視した事業者の不祥事の発覚は，多くが事業者内部の従業員などからの通報が契機となった。多くの人々の利益を守るために事業者の法令違反を通報した者が，解雇や懲戒処分などの不利益な待遇を受けないよう保護する公益通報者保護法（2004年施行）も，21世紀型消費者政策の重要な柱である。消費者の権利の実現に向けて勇気ある行動をとる市民＝消費者個人の重要な役割が評価されている。

第Ⅰ部　消費者教育の理論・政策

6　21世紀の消費者像－市場・経済・社会をリードする主人公－

　サービス化，高度情報化，IT化，国際化，少子高齢化などわが国の経済社会の大きな変化とともに，深刻化・広域化・複雑化する消費者被害の発生は，「ゆたかな社会」の構造に根ざすために避けがたい社会問題となっている。「ゆたかな社会」における市民生活のほとんどが，市場を通じて提供される商品・サービスを購入・利用することによって営まれ，市場に全面的に依存する生活スタイルが生活分野の隅々に浸透している。しかし，市場における対等な関係が前提にされる消費者と事業者との間には，情報力・組織力・資金力・市場支配力・専門性などに関し，大きな格差が歴然として存在している。このような中，21世紀型消費者政策は，消費者基本法の制定などにより，事業者規制型から消費者支援型への大転換が図られようとしている。そのとき期待される「21世紀の消費者像」とはどのようなものであろうか。

　まず第1に，市場をリードする消費者となることである。現代の生活を支える市場の機能を熟知し，消費者の選ぶ権利（市場における選択力）を駆使することにより，消費者のための市場をつくりだす消費者である。21世紀の消費者は，市場ルールを無視した企業行動に対しては，消費者が持てる市場選択力を行使し，このような企業を市場から追放する行動をとるだろう。企業の相次ぐ不祥事は，消費者の信頼が得られなければ，企業の存立基盤をも揺らぐことが実証した。このような一人ひとりの消費者の行動の積み重ねが，市場の理念である消費者主権を現実のものとすることになる。

　第2に，経済をリードする消費者となることである。市場機能を中心に置いて営まれる私たちの経済では，消費者が市場をリードする力を備えることで，経済の在り方にも大きな影響を与える可能性がある。日本のGDE（国内総支出）に占める家計最終消費支出は55.3％，これは民間最終消費支出における97.7％を占める（2003年度）。消費者の力の源泉は，権利の主体であることによる消費者の法律上の力だけでなく，実質的な経済の面からみても極めて大きい

ものである。

　しかし，個別の市場における消費者の商品・サービスに対する選択力，個別の事業者に対する選択力を駆使するだけでは，私たちの経済の在り方に決定的な影響を与えるには不十分である。消費者の市場における選択力は，個々の消費者の資金力や資産力，継続的な行動がとれるかどうかに大きく制限される。独占的な市場や寡占的な市場では，消費者が選択力を行使する機会さえ奪われ，効率的な市場が成立しにくい分野もあるし，多種多様な市場のすべてに，消費者が簡単に参加して，消費者選択力を発揮できるわけでもない。

　そのため，消費者が選択力を個々バラバラに行使するのではなく，同じような問題を意識した消費者が共同して行動をとることが重要になる。21世紀に求められる消費者像とは，各種多様な個別の市場における適切な選択力を個々に行使するのみならず，消費者の利益を守るため必要な共通の課題に対しては，共同して行動に取組むこと，あるいは共同行動をとるため消費者の組織化に取組むことが求められる。現在，最も具体的な検討が進んでいる団体訴訟制度も，個々の消費者に代わって訴訟を提起する資格を消費者組織に与え，市場ルールを無視する事業者の行動を差し止めたりすることで，消費者被害の救済や被害の拡大防止を意図している。こうした消費者の共同行動は，実質的な経済の在り方に大きな影響を与える。消費者自身が，独占的・寡占的な市場や消費者への情報提供が十分でない市場や資金力の乏しい消費者の意向が反映されにくい市場を改善するなど，経済的な民主主義を実現する担い手になることが期待されている。

　第3に，経済社会をリードする消費者＝市民であることが求められる。消費者が必要とする生活財・サービスを入手せざるを得ない市場が，消費者の安全や利益を軽視したり，消費者のための情報が不十分だったり，消費者の選択の機会が乏しいものであっては，消費者が真にゆたかな生活を営むことはできない。そのため，第1，第2で述べたような，市場や経済における消費者の役割が重要になるとともに，それだけではなく，市場や経済を外側から改善するための取組み，経済社会の在り方を決定する主人公の役割が，消費者＝市民に求

められている。

　例えば，消費者のために市場が有効に機能するように，市場の当事者である消費者と事業者が共通の行動基準とするルールづくりに取組むという活動がある。生活のあらゆる分野で市場メカニズムの効率性や重要性が見直されているが，事業者の活動の自由だけが先行した弱肉強食の自由競争市場をつくり出すことが目的ではない。公正かつ自由な競争とは，不可欠な一定のルールに基づいたうえで，市場機能の利点を最大限に重視することである。市場のルールの最も包括的で強力なものは国レベルの法律であるが，消費者のための法律の整備に取組むことは，21世紀の消費者＝市民の重要な政治的役割である。さらに，事業者の行動基準となる自主ルールの作成などに意見を表明することや，国や自治体の消費者政策の策定に積極的に参画するという方途もある。

　消費者＝市民の基本的な願いは，真にゆたかな生活を営むことと同時に，心身ともにゆたかな生活が持続可能であり，地球規模に及ぶ環境を将来の世代にわたって健康な状態で守り抜くことにある。そのためには，市場レベルでの選択力を発揮するとともに，市場や経済を超えた視点から，市場を含めた経済社会の新しいルールづくりや，消費者のために整備されつつある社会的なルールを駆使して，消費者＝市民にとって暮らしやすい経済社会を創造することに取組む必要がある。

　市場における経済的合理性に基づく行動は，消費者が自主的な選択を行うための第一歩である。次に，単なる利潤追求のための経済活動ではなく，真にゆたかな生活を実現するような経済活動を評価し，事業者の経済行動を生活優先の方向にリードすることができるのが消費者である。さらに，地球に生きる一人の人間であるという立場から，人々にも環境にもやさしい経済社会の在り方を最終的に決めるのが，経済社会の唯一主要な主体である消費者＝市民である。21世紀の消費者とは，市場・経済・社会という重なり合った活動の場で期待される役割を統合しながら，期待された役割を十分果たせるための基盤となる経済社会のルール・制度を創造していく主人公のことであるといえるだろう。

第2章 学校における消費者教育の展望

　近年,国際化の進行とともに規制緩和が広く進められており,消費者の自由度の拡大とともに自立した消費者の育成が重視されてきた[1]。2004年6月,消費者教育を受ける権利とともに消費者の自立の重要性を明示した消費者基本法が施行された[2]。このように消費者の自立に不可欠ともいえる消費者教育,特に学校における消費者教育に対する期待は増大する一方であるが,わが国の消費者教育,特に学校における消費者教育の現状はこのような期待に応え得るようなものであろうか。

　本章では,小学校から大学まで,学校における消費者教育の現状を検討し,わが国の学校における消費者教育の問題点や課題などについて考察し,今後の展望について述べることにした。

1　学校における消費者教育の現状について

　わが国の学校における消費者教育の現状を把握するために,本章では,消費者教育の教育内容,消費者教育の実施状況及び消費者教育担当の教師の現状の三つの面から学校における消費者教育の現状を記述することにした。

(1)　消費者教育の教育内容

　わが国の学校における教育内容の大綱は学習指導要領において,教科や領域ごとに定められており,消費者教育については関連教科の家庭科や社会科などの教育内容の一部として定められている。

　わが国の学校における消費者教育は長い間萌芽期の状態が続き,各方面から,その推進が要望されてきた。平成元年改訂の学習指導要領により,待望の消費

第Ⅰ部　消費者教育の理論・政策

者教育は社会科,家庭科などにある程度,積極的に取り入れられ,わが国の学校における消費者教育はようやく発展期を迎えることとなった。

　前述の平成元年改訂に続いて,平成10年に改訂された現行の学習指導要領における,小・中・高校の社会科および家庭科の消費者教育関連の教育内容はそれぞれ次のようである[3]。

① 　社会科の場合

《小学校　社会科》　　　［第3学年および第4学年］「地域の生産や販売の特色」生産活動については自然環境との関係,販売については消費者としての工夫に触れるようにする

《中学校　社会科》　　　［公民的分野］「国民生活と経済」〈私たちの生活と経済〉　身近な消費生活を中心とした経済活動　価格の働きへの着目　現代の生産の仕組みや金融の働き　「同　上」〈国民生活と福祉〉　消費者の保護(消費者保護行政を中心に取り扱う)　社会保障の充実

《高等学校　公民科》　　　［政治・経済］〈現代の経済〉　日本経済の国際化のなかの経済生活の変化,現代経済の機能　［同　上］〈現代社会の諸問題〉　情報化の進展と市民生活　消費者問題と消費者保護

② 　家庭科の場合

《小学校　家庭科》　　　［第5学年および第6学年］〈家庭生活〉　身の回りの物や金銭の計画的な使い方,適切な買い物ができるようにする　物や金銭の使い方と自分の生活とのかかわりで考えること　身の回りの物の選び方や買い方を考え,購入することができること　近隣の人々との生活を考え,自分の家庭生活について環境に配慮した工夫ができるようにする

《中学校　技術・家庭科》　　　［家庭分野］〈家族と家庭生活〉　販売方法の特徴や消費者保護について知り,生活に必要な物資・サービスの適切な選択・購入および活用ができること　自分の生活が環境に与える影響について考え,環境に配慮した消費生活を工夫すること　〈生活の自立と衣食住〉　生活の自立に必要な衣食住に関する基礎的な知識と技術を習得すること　食品の品質を見分け,用途に応じて適切に選択できること　日常着の計画的な活用を考え適切な選択

ができること(なお,上記の教育内容については必修)
《高等学校　家庭科》　　[家庭基礎]〈消費生活と環境〉

　[家庭の経済と消費]　家庭の経済生活,社会の変化と消費生活および消費者の権利と責任について理解させ,消費者として主体的に判断できるようにする

　[消費行動と環境]　現代の消費生活と環境とのかかわりについて理解させ,環境負荷の少ない生活を目指して生活意識や生活様式を見直すことができるようにする

　なお,現行の学習指導要領における消費者教育関連の教育内容は,社会科および家庭科の2教科に集中している。

(2) 学校における消費者教育の実施状況

① 小学校および中学校の場合

　小・中学校における消費者教育の実施状況についての本格的な調査報告はあまり見当たらない。小・中学校における消費者教育の実施状況,その問題点や課題,要望事項等を広く取り上げた調査研究が望まれる。

② 高等学校の場合

　高校における消費者教育の実施状況に関しては,内閣府「学校教育における消費者教育の実態調査報告書」[4](2001年)は全国の高校1,500校を対象として行われた本格的な調査であり,多くの貴重なデータを知ることができる。各調査結果について,詳細なデータが記されているが,ここでは主な結果を記すことにしたい(なお,数値は,小数点1位で四捨五入した)。

《消費者教育の実施状況》　　消費者教育の実施率は全体で82%である。
　内訳は公民・地歴科で70%,家庭科で92%である。
《消費者教育の年間実施時間》　　家庭科の場合,6〜10時間の実施時間が52%であり,全体の半数余を占めている。社会科の公民科の場合,1〜5時間が全体の76%である。消費者教育の年間実施時間は,家庭科に比べると,社会科はかなり少ない。家庭科の半数余の学校の消費者教育の年間実施時間は6〜10時間であり,3割弱は1〜5時間,2割弱は10時間以上である。

③ 「総合学習」の場合

「総合学習」のねらい　平成10年改訂の現行学習指導要領は「生きる力」の育成をねらいとするとともに，「総合的な学習の時間」（以下，「総合学習」）を新設した。「総合学習」のねらいは「学校における消費者教育」のねらいや趣旨にそのまま重なるものがあり，多くの人々が小・中・高校の「総合学習」に「消費者教育」が取り上げられることを期待し，熱い期待感とともに，それぞれのアイデア，実施計画案，実践記録などを発表している[5]。

《「総合学習」の実践》　都道府県などにより，「総合学習」として消費者教育を取り上げる。研究課題指定の小・中・高校による実践例がネット情報に公開されたりしている。また消費者教育に熱心かつ力量のある教師や消費者教育推進に理解のある学校によって，「総合学習」として消費者教育が取り上げられた実践記録は「総合学習」や「消費者教育」関連の専門誌にみることができる。しかし，一般的には，小・中・高校のいずれにおいても，「総合学習」のテーマとして消費者教育を取り上げる学校は残念ながら極めて少ないようである。

その理由の一つとして，学習指導要領の「総合学習」のテーマの例示には，「国際理解，情報，環境，福祉・健康など」とあり，消費者教育が入っていないということから，「総合学習」のテーマに消費者教育が取り上げられることは難しいようである。その他，消費者教育自身に関することも考えられるが，後で，「考察」のなかで，触れることにしたい。

(3) 消費者教育担当の教師の現状

小・中学校の消費者教育担当の教師については資料が得られなかったため，高校の消費者教育担当教師の現状について取り上げることにした[6]。

《消費者教育を実施しない理由》　消費者教育を実施しなかったと回答した教師は2割弱におよぶが，その理由の内訳は次のようである。「時間的余裕がない」64％，「研修に恵まれない」42％，「消費者教育の位置づけが明確でない」33％，「消費者教育の必要性を感じない」2％となっている。

「時間的余裕がない・研修に恵まれない」といった「やむを得ない理由」に対し、「消費者教育の位置づけが明確でない・消費者教育の必要性を感じない」といった「消費者教育に対し否定的な理由」を挙げるものが35％におよぶことは注目されよう。

《消費者教育に関する研修受講の有無》　消費者教育に関する研修の全体の受講率は4割弱であり、その内訳として、家庭科6割に対し、公民・地歴科は1割弱に過ぎない。

《消費者教育研修未受講の理由》　「消費者教育研修の機会に恵まれない」72％、「時間的余裕がない」64％、「研修の情報がない」53％、「研修に関心がない」10％。教員が研修を受けやすいように、適切な配慮が望まれる。

① **大学・短大についての調査**

1996年、(財)消費者教育支援センター編集による『全国大学消費者教育講義データ』が刊行された[7]。この調査に回答している大学は129校、短大は68校であった。当時の大学総数596校、短大総数565校当たりの百分比を試算すると、それぞれ約22％、約12％である。

この調査から約10年後の現在、大学における消費者教育関連の講義の開講率は若干の上昇が予想される。ただし、開講されている大学にしても、その講義を受講する学生はその大学の一部の学生であり、現在の大学生のなかで、消費者教育関連の講義の受講者の割合は極めて低率であろう。

② **教育系および家政学部系の学部・学科についての調査**

2001年、消費者教育支援センター編『高等教育機関の消費者教育－全国大学シラバス調査－』が刊行された。全国の教育系および家政系の大学を対象とし、各校の専門科目のシラバスと学生便覧を調査したものである。

消費者教育関連講義の開講状況については、家政系の場合、消費者教育関連の講義が開講されている学部・学科は81％に及んでいるのに対し、教育系の場合、開講されている学部・学科は49％であり、5割弱にとどまっている[8)9)]。

第Ⅰ部　消費者教育の理論・政策

2　学校における消費者教育についての考察

　1968年5月に公布された消費者保護基本法では，消費者の権利は認められず，消費者問題が生じた場合，生じた問題ごとに個別の法律をつくることにより，行政が消費者を保護するという消費者行政が一貫して行われてきた。事業者に対しては規制行政であり，消費者に対しては保護行政・支援行政であった。こうした消費者行政のもとで，自立した消費者の育成を目指す消費者教育は長い間，立ち遅れの状態であった。消費者問題に対して，立ち向かうよりは保護される消費者の具体的なイメージは，「物を選ぶノーハウに詳しい消費者」すなわち「賢い消費者」といった消費者像によって代表されよう。

　1994年7月公布の製造物責任法，2001年4月施行の消費者契約法にみるように，消費者の権利が認められない弱い消費者は，保護されればよいといった消費者行政のスタンスは次第に消費者の権利を認める方向に修正され，ついに下記のような八つの消費者の権利を明示した消費者基本法が本年（2004年）6月に施行された。

　　 ⅰ）基本的な需要が満たされる権利　　ⅱ）健全な生活環境が確保される権利
　　ⅲ）安全が確保される権利　　　　　　ⅳ）選択が確保される権利
　　 ⅴ）情報が提供される権利　　　　　　ⅵ）教育の機会が提供される権利
　　ⅶ）意見が反映される権利　　　　　　ⅷ）消費者被害が救済される権利

　「自立した消費者」とは，消費者基本法の第2条によると，「自らの利益の擁護及び増進のため自主的かつ合理的に行動し得る人」といえる。及川昭伍・国民生活センター顧問は「自立した消費者」について，「「保護される消費者」から，権利の主体として「自立する消費者」へと変わり，さらに新しい社会，新しいルールの形成に主体的に「参画する消費者」に変わっていく必要がある」と述べている。消費者像は，従来の「賢い消費者」から「賢い消費者，参画する消費者」へ転換することが必要であろう。このような視点から，消費者教育の現状について考察を加えることにしたい[10)11)]。

(1) 消費者教育の現状についての問題点
① 消費者教育の教育内容における問題点

現行の学習指導要領における消費者教育の教育内容は「(1)消費者教育の教育内容」に示したように，小・中学校では，主として社会科および家庭科で，消費者教育に関する教育内容を取り上げているが，その内容は質量ともに不十分であり，そのねらいは「賢い消費者」養成を目指すものといえよう。

高校の場合，社会科および家庭科，ともに小・中学校に比べ，格段に充実した教育内容が取り上げられている。しかし，消費者問題の歴史や消費者問題における行政・企業・消費者（団体）の役割や責任に関する基本的な知識はほとんど取り上げられていない。現行の教育内容では，小・中学校と同様に，高校でも「賢い消費者」養成がねらいであり，「新しい社会に積極的に参画する消費者」をねらいとした「自立した消費者」の育成には，不十分な教育内容といえよう。

(2) 消費者教育の実践における問題点
① 小・中学校での消費者教育の実践について

「学習指導要領における消費者教育」にみるように，取り上げられている消費者教育関連の教育内容は分量的に少なく，内容も基本的なものがほとんどであり，特に小学校や中学校の場合，消費者教育関連の教育内容についての授業は100パーセント実施されていると考えたい。

《消費者教育の学習と明示して，授業を行うかどうか》

社会科や家庭科のなかに，組み込まれている消費者教育関連の教育内容の授業の際，消費者教育の学習と明示して，授業を実施しているかどうかという問題がある。5年6年の家庭科担当の一人の教師は次のように述べている[12]。

「私は消費者教育的視点を持った授業は行ってきたが，これから消費者教育の学習をしますよといって授業をしたことは一度もなかったし，従って子どももまた消費者教育を学習したという意識はなかったと思います」と述べている。

こうした意識や感想は多くの教師に共通したもののように思われるが，消費

者教育を子どもたちに学習させたいという立場からは，かなり重要な問題点であり，本格的に取組むべき課題の一つと思われる。

《「学校における消費者教育」は一般に，どのように考えられ，どのように評価されているか》

1999年，東京都による「消費者教育調査」[13]によると，「学校において消費者教育は行われているか」の問いに対し，次のような結果が得られている。

学校において消費者教育は「行われている」と思う人は2割弱であった。その内訳は「積極的に行われている」と思う人0.2％，「ある程度行われている」と思う人19.3％。一方「行われていない」と思う人は7割弱であった。その内訳は「あまり行われていない」と思う人55.0％，「全く行われていない」と思う人11.8％。

「学校において消費者教育は行われていない」と思っている人が約7割という，厳しい評価が示された調査結果について，若干の考察を述べてみたい。

ⓐ 社会科や家庭科に，消費者教育関連の教育内容を加えることにより，消費者教育を行う「学校における消費者教育」の在り方に，不満があること。

ⓑ 社会科や家庭科に取り上げられている消費者教育関連の教育内容に，不満があること。

ⓒ 現在の学校には「消費者教育」という教科は設置されていないため，消費者教育は行われていないと思われたこと。

以上，いくつかの理由を挙げてみたが，おそらくそれらが多くの人々の意識のなかに混在し，こうした厳しい評価が下されたのであろう。考察の初めに記したように，社会科や家庭科のなかで消費者教育関連の教育内容の授業の際，消費者教育の授業と明示してから修業を行う教師は多くはなく，授業を受ける児童・生徒の側もまた消費者教育の授業を受けたという意識が少ないようである。いずれにしろ，学校における消費者教育の現状に対して，一般の人々から厳しい批判があることを忘れてはならないであろう。

② 「総合学習」における消費者教育の実践における問題点

小・中・高校における「総合学習」の新設は，消費者教育の推進の上で各方

第 2 章　学校における消費者教育の展望

面から期待されており，優れた実践例や指導書等が積極的に公表されている。

　一方，小・中・高校の各学校における「総合学習」の実践例についての調査報告に関する情報が得がたく，特に「総合学習」のなかで消費者教育がどの程度，またどのように取り上げられているのか正確なデータを持たないが，小・中・高校を通じて，「総合学習」としての消費者教育の実践校は極めて少ないのが現状と思われる。

　ⓐ　1998年改訂の小・中・高校の学習指導要領には，「総合的な学習の時間の取扱い」が収載され，そのなかの「課題の例」に，次のような説明がある。すなわち「例えば国際理解，情報，環境，福祉・健康などの……」のように具体的なテーマが挙げられている。消費者教育のテーマはまことに残念なことに，取り上げられていない。これは，学習指導要領の大きな指導力を考慮した場合，消費者教育にとって，大きな痛手といえよう。

　ⓑ　「総合学習」に消費者教育が進んで取り上げられていないという現状は，多くの学校および教員による消費者教育の評価が比較的低いことを示しているように思われる。消費者教育の重要性が十分認識され，高い評価を受け得るように，学校における消費者教育の意義・教育内容等々の十分な整備をなすことは私たち学会員の課題であろう[14]。

③　大学・短大における消費者教育の問題点

　一般に，大学や短大における消費者教育関連の講義の開講率は1〜2割と低率であるが，わずかに家政学部・学科の場合，約8割の開講率となっている。ただし学校における消費者教育に密接に関連する教育系の大学・学部での開講率は5割に過ぎない。「消費者教育論」のような，消費者教育そのものについての講義の開講率は，上記の開講率よりはるかに低く，大学で消費者教育を受講する学生の割合は依然として少数に止まっている[15]。

④　教育系の大学・学部における消費者教育の問題点

　「消費者教育」が教科ではないこと，教員免許取得条件のなかに「消費者教育」の履修が定められていないこと，これらの二つのポイントが教育系の大学・学部における消費者教育関連講義の開講率の低さに大きくかかわっている。

この問題は後に再度取り上げる。

⑤　学校における消費者教育推進に関する課題

　新設の「総合学習」は消費者教育にとって，待望の枠組みと考えられた。しかし，多くの学校では消費者教育が「総合学習」で扱われることは極めて少ないというのが，これまでの状況といわざるを得ない。その原因の一つとして，「学校における消費者教育」についての評価の低さ，理解・認識の不十分さといったものが挙げられよう。

　そこで，「学校における消費者教育」の理解・認識を促進するという課題に対する具体的な方策は何か。この極めて困難な課題の解決策は，やはり本学会に期待することにしたい[16]。

⑥　「学校における消費者教育」の体系化の課題

　現行の学習指導要領の社会科および家庭科における消費者教育に関連する教育内容は，各項目については具体的に掲げたようであるが，社会科および家庭科のそれぞれにおいて，小・中・高校の消費者教育の教育内容における内容の厳選，その配分などについては，慎重な検討がなされたのかどうか，さらに社会科および家庭科の関連者により，消費者教育の教育内容について協議・話合がなされたのであろうか。「学校における消費者教育の体系化」について，これまで多くの試案は提出されたにしても，現実に多くの学校において使用され，頼りにされる「学校における消費者教育の体系化」や「小・中・高校における消費者教育のカリキュラム」といったものは，残念ながら，まだ存在しない[17]。

　小・中・高校において，社会科・家庭科およびその他の教科により，どのように消費者教育の学習を進めるか，発達段階に応じた教育内容の精選，教育内容の明示，さらには「学校において消費者教育を学習する意義」についての簡明な趣意書などの作成が急務と思われる。すべての学校教育関連者が「消費者教育」の重要さ，その内容について，容易かつ適確に理解・認識し得るといった文書である。

　本学会では，学会創立10周年記念特別研究として，学会を挙げて，1991年12

月,「消費者教育10のＱ＆Ａ（消費者教育の基本理念）」を公表した。すでに10余年経過しており,（例えば学会創立25周年記念特別研究として）新しい構想によった21世紀版「消費者教育10のＱ＆Ａ（消費者教育の基本理念）」の発刊は時期的に極めて有意義であろう[18]。

3　学校における消費者教育についての展望

消費者被害や消費者問題の増加の傾向は今後も継続することが予測されるとともに,経済問題,金融問題,医療・福祉問題,高齢化・情報化・環境悪化の増大など多くの困難な問題のなかで,消費者教育に対する期待は年々増加し,学校における消費者教育への期待は近い将来,現在よりははるかに大きくなることが予測される。

「自立した消費者」育成に役立つ消費者教育の確立には,情報化,国際化,環境問題,健康・医療・介護問題,金銭・金融教育,消費者法などの新しい教育内容を積極的に取り入れる必要がある。本学会の研究・調査などに,今後の消費者教育に新しい分野を樹立する多くの優れた研究成果が公表されている。それぞれの内容を紹介する余裕がないため,後で文献名を記すことにしたい[19]。

1996年,四者(企業・消費者・行政・教育者)の交流推進を目的として,「消費者教育研究交流会」が小木紀之・本学会長により創設され,毎年,研究会を開催し,新しい話題提供・講演・研究報告などにより,広い視野からの消費者教育推進が進められている[20]。こうした企業・消費者・行政・教育者による「学校における消費者教育の体系化」研究会が早急に立ち上げられることを期待したい。具体的なカリキュラムの設定も含めた「学校における消費者教育の体系化」が完成すれば,21世紀の「学校における消費者教育」に明るい展望を約束するに違いない。同時に,「自立した消費者の育成」とともに,わが国の消費経済の発展・成熟にも,少なからぬ期待が持たれよう。

第I部　消費者教育の理論・政策

　本学会の国際交流については,「消費者教育のための京都国際シンポジウム」1985, 本学会創立10周年記念「名古屋国際消費者教育セミナー」1990は, わが国の消費者教育の推進に多大の成果をもたらした。2000年, 本学会創立20周年記念「アジア消費者教育フォーラム」では, パネルディスカッション「消費者の現状と克服すべき課題」[21]が開催され, 韓国・中国・マレイシア・日本の消費者教育の現状が報告され, 各国の報告を巡って討議がなされた。

　北欧5カ国では, すでに30年余にわたり, 国レベルの委員会を組織し, 消費者問題や消費者教育に関する協議により, 消費者教育の体系化や教育内容の整備を行い, 参加各国の消費者教育の促進に寄与してきたという[22]。わが国でも上述の「アジア消費者教育フォーラム」2000などが契機となり, アジア各国による恒常的な「アジア消費者教育フォーラム」や「アジア消費者教育委員会」などが誕生することを期待したい。

「教員免許法の履修科目への消費者教育の追加」に関する要望

　現在, 消費者教育は独立した教科ではないため, 社会科や家庭科の教員免許のための履修科目のなかに消費者教育は含まれていない。このことは教育系学部・学科における消費者教育の開講率が5割弱に止まっていることの最大の原因となっている。「消費者基本法」が施行され,「自立した消費者の育成」が消費者行政の緊急の課題となった今日, 社会科や家庭科にとどまらず, 小・中・高校の教員免許取得の履修科目として消費者教育を追加することを, 消費者行政を担当する内閣府及び「生きる力」を重視する文部科学省に, 提案したい[23]。

〔注〕
1) 及川昭伍「21世紀の消費者教育に期待する」（本学会創立20周年大会・記念講演）『創立20周年記念誌　日本消費者教育学会・二十年の歩み』2003年, pp.39~48。
2) 「消費者基本法」内閣府, 2004年。
3) 文部科学省「小学校学習指導要領」大蔵省印刷局, 1998年。

文部科学省「中学校学習指導要領」大蔵省印刷局，1998年。
文部科学省「高等学校学習指導要領」大蔵省印刷局，1999年。
4） (社)全国消費生活相談員協会「学校における消費者教育の実態調査」，内閣府国民生活局，2001年。
5） 森田陽子/小山佳寿子/小川育子/水谷節子「「総合的な学習」における消費者教育の位置付け」，『消費者教育第二十冊』，pp.161～168，日本消費者教育学会（2000年）
鈴木豊一「総合学習における消費者教育」，日本消費者教育学会第23回大会，研究発表(2003年)。なお「消費者教育」や「教育」の専門誌に多数の関連資料がみられたが，紙数により省略した。
6） (社)全国消費生活相談員協会，上掲「調査」。
7） 『全国大学消費者教育講義データ』(財)消費者教育支援センター，1996年。
8） 『高等教育機関の消費者教育－全国大学シラバス調査』同センター，2001年。
9） 東　珠実「高等教育機関における消費者教育の実態」(中京大学社会科学研究所・呉　世煌編集代表『消費者問題と消費者保護』成文堂，2004年) pp.313～336。
10） 及川昭伍　「消費者問題とは何か」(及川/森島監修・国民生活センター編『消費社会の暮しとルール』中央法規，2000年) pp.2～27。
11） 前掲(2)と同じ。
12） 「シンポジウム・学校における消費者教育」本学会第18回大会，徳島，日本消費者教育学会会報，第19号，1999年，p.15。
13） 消費生活モニター調査結果「消費者教育調査」東京都生活文化局，1999年。
14） 柿野成美「新学習指導要領にみる消費者教育」(シリーズ　消費者教育の新しい動き2/7)，国民生活，26，2002年。
15） 村尾勇之「大学における消費者教育」(前掲シリーズ　7/7)，同上。
16） 平田　昌「学校での消費者教育　－充実・発展を期待して－」，『消費者教育を考える　第一輯』(財)消費者教育支援センター，1996年。
17） 安田憲司「消費者教育と消費者学習」前掲(10)『消費社会の暮しとルール』pp.315～334。
18） 「消費者教育10のQ ＆ A(消費者教育の基本理念)」(本学会創立10周年記念特別研究)『消費者教育第十二冊』1992年，pp.271～295。前掲(1)の『創立20周年記念誌』pp.19～35にも所収。また，米川五郎「『消費者教育Q&A』作成の経緯」日本消費者教育学会会報，第12号，1992年，pp.72～99。

第Ⅰ部　消費者教育の理論・政策

19) 大藪千穂・杉原利治「持続可能な社会のための生活指標と消費者教育」(『消費者教育第十七冊』1997年，pp.13〜24) および両氏による関連研究。
　　森田陽子・小川育子「消費者のための法教育(1)」(『消費者教育第十七冊』1997年，pp.93〜100) および両氏による関連研究。
　　杣山貴要江『社会福祉と専門性』税務経理協会，2000年。
　　小木紀親「医療マーケティングと消費者」日本消費者教育学会，第24回大会，研究発表(2004年)。
　　(本学会員による研究成果は，新しい消費者教育の創造・推進に寄与するものであるが，紙数のため，ごく少数のみ，かつ筆者の私見により取り上げたことを許されたい)
20) 小田切純子「環境会計について」第5回消費者教育交流会講演，2000年。
　　堀内友三郎「コンプライアンス経営と消費者」第8回消費者教育交流会講演，2003年（紙数のため，他の講演・研究報告などは割愛した）。
21) 本学会創立20周年記念大会・アジア消費者教育フォーラムパネルディスカッション「消費者教育の現状と克服すべき課題」((前掲(1)『創立20周年記念誌』pp.81〜102に所収)
22) 大原明美訳『北欧の消費者教育』北欧評議会編，新評論，2003年。
23) 本学会は「教育課程審議会等への要望書」(1996年)のなかで，従来の教育職員免許取得に必要な専門科目に「消費者教育」を加えることを要望した(同要望書，日本消費者教育学会会報，第17号，pp.81〜83)。

第3章　企業消費者教育の意義

1　期待される企業消費者教育
　　―なぜ企業は消費者教育に取り組むのか―

　企業が作成した教材を教室で使用する教師が増えてきているという。企業提供の教材は行政作成のそれと並び学校消費者教育の推進の上で重要な補助教材として役立つ。
　企業がなぜ消費者教育にかかわるのかの根底には「消費者教育が消費者情報・消費者啓発をもとに，個人の適切な意思決定を可能ならしめるもの」との考え方が存在しているからである。この場合の適切な意思決定とは消費者教育を通して，経済社会への主体的な判断能力を持ち，意思決定ができる消費者は，必然的に良い商品・サービスを提供する企業を選ぶ。良質な顧客の増加は企業に利益をもたらし，同時に悪質企業を淘汰する。自らの企業が，利益を挙げ得る優良企業になるためには，教育を受けた消費者の育成が重要との企業認識を前提としている。また消費者政策の展開は企業にとって，ともすればコストのかかる政府（行政）規制としての裏腹の関係にある。したがって企業にとってよく教育された消費者を育成することはこうした面でのコスト軽減につながると同時に合理的消費者行動へ導く動機付けともなる。また企業と消費者の信頼関係をより密なものにする手段としての位置付けともなる。コンシューマリズム　メイクス　マネー（Consumerism makes Money），つまり消費者主義こそ長い目でみて，利益につながるものとなる。今日のわが国の消費者教育の状況は，自己責任にもとづく主体性を確立し，一人ひとりが生活のゆたかさを実現していく消費者像の確立を求めている。そのためにも意思決定を行い得る能力，批判

的思考力をもった消費者を育成していく上で学校消費者教育の強力な推進が望まれるわけである。この学校消費者教育の推進にあって企業の消費者教育に果たす役割も極めて大きいといえる。ただこの場合,「企業が果たすべき消費者教育の役割分担は消費者情報の提供であり,それは商品周辺情報に限らず,さらに一般化した商品に関連する生活情報の提供が期待される」(高橋明子氏)との声も強いことに留意する必要がある。また消費者情報の提供といった場合,①企業は消費者に何を伝えるべきか,②企業に求められる情報とはどのようなものか,③企業は情報をどのように伝えるべきかなど,その検討課題も多い。企業人の立場から発表された花王生活科学研究所(当時)の川崎賀世子氏の論文「消費者教育と企業の対応」(1982.2)は企業における消費者教育の課題を鋭く把えているので一部原文のまま紹介する。

「企業のこれまでの顧客教育は,自社製品の使用法の説明や実演など広告や企業のPR活動と重なる部分が多かったように思う。しかし今日の新たな企業をめぐる環境の下では,単に企業は自らの利益だけを追求していては成長しえなくなってきている。企業,消費者,社会各々の利益を考慮し企業の社会的役割を認識してはじめて,企業の成長に結びつく時代である。今後における消費者教育の役割は,単に販売促進活動としてのみ認識されるのではなく,企業と消費者が相互に啓発しあうことによって成長することを目指すものとして位置づけていくべきであろう。」。

「米国ではよく教育された消費者が一番良い消費者だという考え方がある。企業における消費者教育の目的は消費者に経済社会における消費者の役割を自覚させることにあるといえよう。企業は商品の機能性・経済性・安全性に関する情報を消費者に提供することによって,自分にとって最もコスト・パフォーマンスに優れた商品を主体的に選択できる消費者,すなわち企業にとって最も望ましい消費者を育成することができる。そしてこの企業姿勢は消費者の信頼を得る結果となり,企業が消費者教育に関わることは決して企業利益に反するものではない。」この川崎氏の企業消費者教育の認識は白鷗大学の佐藤知恭元教授の著『体系消費者対応企業戦略—消費者問題のマーケティング』(昭和61年

1月）での分析と一致する。

　佐藤氏は同書の「市場拡大戦略としての消費者教育」のなかで企業が行う消費者教育の定量的把握について触れ，1983年米国コカ・コーラ社の委託を受けジョン・グッドマンが実施した「消費者教育の損益勘定」(The Bottomline Benefits of Consumer Education) の調査結果を紹介している。この調査では二つの目標が設定された。第1は消費者教育によって企業にもたらされる利益を立証し，明確化することであり，第2は消費者の商品購入意思を誘導する面で効果的な教材を研究することであった。詳細は同書にゆずることとして，これらの調査結果によって，発見された結論は次の4点に集約された。
① 実施企業に対する信頼度の強化
② 実施企業の商品に対する購入意図の増加
③ 市場拡大，新規顧客獲得への貢献
④ 苦情相談業務のコストの低減

　したがって企業における消費者教育は「業界における差別化を図り，自社の利益を追求し，マーケットにおける優位性を確保する手段として，企業にとって，消費者教育はきわめて重要な役割を果たし得るものである。それと同時に，これらの活動を通じて消費者が合理的かつ正しい判断を下しうる能力を高め，またマーケット・プレイスにおける対等性を回復することに大きく貢献することにもなる」と結論づけている。

2　企業消費者教育の理論的視点

　ところで，企業における消費者教育について言及した論文は必ずしも多くないが，上述の指摘を補足する意味でメリーランド大学経営学部マーケティング担当准教授（当時）ポール・N・ブルーム（Paul N. Bloom）らの研究が参考になると思われるので紹介しておきたい。ブルームらはその論文「消費者教育：マーケターは関心を持っている」(Paul N. Bloom, Mark J. Silver "Consumer Education: Marketers take heed" Harvard Business Review, January-February, 1976) のなかで

企業の消費者教育が消費者，マーケター（企業）に何を意味するのかを説明している。以下，論文の要点を筆者なりに整理してみた。

(1) 企業における消費者教育のねらい

　消費者教育はいかに消費者情報を収集し，活用し，評価するかということを人々に教えることを目的とするものである。また基本的には消費者情報（商品やサービスの性質を明らかにするとか，市場の諸問題について手引きをするための視覚ないし口頭によるデータ）と同断に論じられるものではない。むしろ，消費者行動に影響をおよぼすための学習プロセスとして扱われるものである。企業は消費者教育をより満足した顧客を創造する手段であり，その運営に政府の干渉がほとんどないとみている。

(2) 企業における消費者教育の可能性

　企業は消費者教育の可能性を次のように理解している。
① 消費者（特に低所得消費者）が高度に複雑化した市場において，いくらかでも満足した取引を行えるようにすることができる。
② より啓発された消費者の欲望と必要性を満足させるにつれ，価格，品質，サービスについての消費者間競争をより活発させることができる。
③ 消費者保護のための費用のかかる政府規制の要請を少なくすることができる。
④ 消費者が自由経済システムにおける市民権の行使の在り方を学ぶにつれて，政治の舞台に消費者を登場させる度合いを多くすることができる。

(3) 企業における消費者教育が消費者行動に与える影響

　企業の消費者教育が消費者行動，マーケティング戦略，企業の公共政策に与える効果を展望することは難しい。そうした効果に関する調査は過去においても十分になされていないし，本来，教育というものは緩慢なプロセスをとるものであるから，今日までのところ，いかなる場合も効果測定はほとんど不可能

第3章　企業消費者教育の意義

である。しかし，「企業の消費者教育プログラムが成功し，消費者行動に変化をもたらすこともあり得ることだ」との仮説は成立する。それは消費者が次のような変化を遂げることを意味する。

① マーケティング調査のアンケートに回答することや，消費者としての欲望と必要性を企業に求めることに積極性がみいだせる。
② 購入する前に，価格，品質，サービスの比較のために役立つ情報を，より探し求めたり，活用したりする。
③ 扱う商品・サービスに関する適切な情報を比較的大量に提供し，同時に，消費者教育プログラムを大規模に実施しているマーケター（企業）から大部分の品物を買うようになる。
④ 健康とか環境に潜在的な有害性をおよぼす製品—タバコ，アルコール飲料，過剰砂糖添加の食品，ガソリンをくう自動車，エアゾール・スプレーなどは購入したがらなくなり，むしろ低コレステロール食品（健康食品），安全性の高い低公害車，健康医療器具などを志向するようになる。
⑤ 製品，サービス，マーケティング政策に不満がある場合は，より積極的にその救済策，賠償，回復を求めるようになる。
⑥ 市場機能に影響をおよぼすと考えられる法律についての論議の場には，消費者がより積極的に参加する傾向が出てくる。

こうした消費者行動上の変化は中流階層以上の消費者（大都市およびその周辺在住の消費者），若い消費者層に急速に起こり得ると考えてよいだろう。なぜなら，これら消費者は，消費者教育を受ける機会に常に恵まれているからである。今後は企業の消費者教育も，マーケテイング戦略的意味からも，消費者行動変化が極めて緩慢とされる低所得・貧困者，高齢者，辺境地の消費者に向けて，企業はその最善の方策をみいだす努力をすべきである。

(4) 消費者行動の変化が企業のマーケテイング政策の決定に与える影響

① 消費者の欲望と必要性の変化に対して，より迅速に，かつ効果的に対応す

る。消費者要求を吸い上げ，分析することは，企業がよりタイムリーに新製品を導入したり，製品計画の変更を行ったりすることを可能にする。そうすれば，新製品の導入の失敗をより少なくできるし，新製品のライフサイクルにおける導入と成長の段階をより短縮できるはずである。

② より消費者教育プログラムを大規模かつ積極的に実施するようになる。それは，これらのプログラムが消費者の企業に対するロイヤリティ（忠誠心）を誘引するのに役立つと考えられているからである。

③ 消費者の健康，安全にとって危険であるような製品を販売することを避けるために，より大がかりなプレ・テスト（事前検査）および品質管理の手順を踏むようになる。

④ 苦情処理体制（質問，アフターサービス，交換）のより実効的かつ有機的システムの開発に力を入れるようになる。

⑤ 商品販売に当たって，消費者に誤認を与えるような，まやかしの，あるいは，非論理的な方策をとることの反省と再考がみられるようになる。

⑥ 消費者の無知，情報不足につけこんで競争相手より高い商品価値をつけようとすることが少なくなる。

このブルームらの指摘から理解されるように企業消費者教育の取組みは企業の自らの練成にとって極めて必要なものとして把握できるであろう。そして企業消費者教育もまた，結果的には社会における消費者の権利と責任を自覚させ，自由企業体制を正しく方向付けるという消費者の役割認識にまでかかわっているということに注目したい。

3　企業博物館と生活文化

(1) 新しい企業主義としての生活文化戦略

今日，消費者は商品やサービスの単なる買い手や使い手として受け身の立場の存在ではなく，自分自身の生活価値観にもとづいてよりよい生活を営むための手段として，自らにふさわしい商品・サービスを選択していこうとの傾向が

みられている。生活の質のレベルアップに取り組み始めた消費者に対して、「消費者の求める新しい価値と来るべき時代の精神」（エスプリ・ヌーボ　L'Esprit Nouveau）を提供していくことも企業にとっての新しい消費者対応の一環にもなる時代がやってきているといえる。ところで、消費者の企業に対する信頼感は一朝一夕にして植え付けられるものではないし、またその形成はあらゆる情報や体験の積み重ねから出発しているといえる。

　そしていったん生じた消費者と企業の信頼関係は企業にとって無限の可能性、無限の利益を生ぜしめる無形固定資産ともなり得るものである。その場合の消費者、企業のいずれもの認識点は企業の存在意義にかかっている。つまり現代経済社会の中で自己（企業）がどういう位置を占め、どういう社会的役割を担っているのか、という点である。企業における生活文化の提唱も企業が送り手となって、消費者に一定の文化的な情報やサービスを与え、それによって企業と消費者、社会が共存共栄をはかる消費文化に対するコンセンサスを求めるコミュニケーション手段でもあるわけである。しかし、そこで大切なことは「ゆたかな消費社会を築くために、企業は基本的な消費者の生活問題を掘り起こし、積極的に生きた文化活動を展開しようとしているか」という認識の問題である。この場合、生活文化戦略の軸はコーポレート・フィランソロピー（Corporate philanthropy）ということになろう。フィランソロピーは生活の質を高めることを目的とした社会貢献活動のことであり、その語源はギリシャ語の「人を愛すること」による。コーポレート・フィランソロピーは「企業の本来の業務と直接関係ない分野でも、公共の目的のために経営資源を活用する責任」的側面を持つものである。一般的には社会福祉事業や文化・学術分野への企業寄与などがこれに該当する。そして、このコーポレート・フィランソロピーの関与は、企業のイメージ化、存在化に欠かせないものとなっている。その意味で「企業資料館」や「企業博物館」などはまさに「見えざる経営資源」として位置付けられているものであり、企業の品位・品格形成に大きな影響を与えていることが理解できる。一般的に、これら企業博物館は、①企業のイメージアップに貢献、②業種にかかわる情報知識の普及、③地域社会との友好

関係の保持，④知的リクリエーションの場の提供，⑤地域社会の文化形成に貢献を中心に活動しており，また社内的にも新人社員教育の場としても活用されている。しかも，これらに展示されている展示物は，ある意味での企業の提供する教材的役割を見学者に与えているといえる。これら企業博物館などは，アメリカにおける「アダプト・ア・スクール・プログラム」と並び，学校における消費者教育の推進に役立つものと思われる。

この「アダプト・ア・スクール・プログラム」とは「企業が特定の学校（高校や小・中学校）を養子（アダプト）とするプログラム」のことで，この特定の学校への寄付は機器や図書や金銭にとどまらず，企業が直接人材を派遣したり，人材のためのお金を寄付したりして学校教育の水準向上のために，学校と一緒に努力するプログラムである。企業の消費者教育の役割を担うプログラムとしても注目されている。

今後，企業博物館は企業文化活動の中核となりつつみえざる経営資源としてその重要性を増すものと考えられる。

第4章　消費者教育と環境問題

1 地球環境を視野に入れた消費者教育と環境教育

(1) 足元からの地球環境

　1972年のローマクラブの報告書『成長の限界』、ストックホルムでの第1回国連環境会議での「人間環境宣言」を源流とした流れは、リオデジャネーロで開催された1992年の「地球サミット」、「アジェンダ21」の行動計画により南北問題やジェンダー問題などをも包括し、更にヨハネスブルグで2002年に開催された「持続可能な開発に関する世界サミット」と年を経るごとに次第に幅を広げ、ゆっくりではあるが大きな川となって流れ続けている。子や孫の世代に引き継がねばならないこの地球に、これ以上負荷を与えない暮らしへの転換が迫られている。その流れに視点を当てて、ライフスタイルを変えるための教育を展開することは消費者教育の重要課題であると思う。

　46億年の地球の歴史からみても、35億年の生命の歴史からみても、ヒトの出現は一瞬の出来事である。本来人間は地球上の生命体の新参者であり、自然界の一員でしかない。しかも生命体が生存できるのは地球表面の生物圏と呼ばれるわずかな空間に限られている。たとえ宇宙に移住するとしても、人工的に生物圏の条件を満たした環境をつくらなければ、生命を保つことはできない。地球は地質年代的な長い時間をかけて、自然界のバランスを保ちながら生命体を維持してきた。この事実を無視した人間社会の活動が、今日の地球規模の環境問題を引き起こしている。地球温暖化、酸性雨、オゾン層の破壊、熱帯林の減少、砂漠化、海洋汚染、野性生物の減少など、地球規模の環境問題のほとんどは、人口増加と先進諸国に暮らす人々の生活が原因となっている。自然界の循

環とバランスを無視した経済優先と便利さ追求を続けてきた結果といえる。市場経済体制に組み込まれた現在の生活は大量の商品を購入し，消費し，廃棄することの繰り返しで成り立っている。そのような生活が半世紀あまり続けられただけで生存基盤が危ぶまれるほど地球環境を破壊し始めているならば，早急に足元から生活を問い直さなければならない。経済優先・使い捨て型の生活から，環境保全型・資源循環型で持続可能な消費へ価値観の転換が必要となる。

　消費者教育は広義の人間教育であり，持続可能な消費生活を自己責任において，意思決定しながら生きる基本の教育である。その意味で，環境とのかかわりを原点においた価値観を醸成する教育を展開するべきだと考える。

(2) 地球環境を意識した消費者教育
① 日本消費者教育学会における環境を考える消費者教育

　日本消費者教育学会では創立10周年記念特別研究として，「消費者教育10のQ＆A（消費者教育の基本理念）」を作成した。作成の経緯については日本消費者教育学会『会報』12号（1992年10月）に収録されている[1]。会長今井によるまえがきとともに全文は機関誌『消費者教育』第12冊に掲載されている。環境に関する部分は「Q10．消費者教育は環境教育とどう違い，どうかかわりますか」である[2]。内容の主な点は「－（略）－　消費者はその購入の意思決定に際しては，品質，機能，デザイン，価格など，個人的な経済利益価値だけでなく，購入しようとする製品に使われている素材が，また製品の廃棄が資源あるいは地球環境にどのような影響を与えるかの自覚，すなわち，地球市民として「商品購入に当たって，資源的に，環境的に配慮されたものを選ぶ」責任と役割，つまり公共的利益価値の自覚がますます求められてきている。－（中略）－－限りある資源を有効に利用し，環境を破壊しないようなライフスタイルの消費生活を営む人間の形成の教育が環境を考える消費者教育であり，環境を考える消費者教育は，人類の生存を将来にわたって保証するために，かけがえのない地球を守る環境倫理にもとづく地球市民人間開発教育である。－（中略）－－このように環境問題の教育と消費者問題の教育との関連は密接であるが，その

ために消費者の権利の侵害にかかわる消費者問題とその教育の焦点がぼけてしまわないことが大切である」となっている。

　この内容は今村の「未来志向・社会変革型の消費者教育」[3]，「持続可能な消費」を目指す消費者教育を意図しているように思う。

②　改正消費者基本法にみる環境保全の位置付け

　内閣府国民生活審議会消費者政策部会の報告，「21世紀型の消費者政策の在り方について」(2003年5月)[4]を受けて，「消費者保護基本法（昭和43年法律第78号）」が抜本的に改正され，「消費者基本法」として2004年6月から施行された。改正された「消費者基本法」では消費者の位置付けを「保護される者」から「自立した主体」へ転換し，「消費者の権利」を明確にしている。

　改正消費者基本法には，旧法に明記されていなかった条項が数多くあるが，その一つに「環境保全に配慮する」という文言がみられる。第1章総則の第2条「消費者政策」の5項と，事業者の責務などの第5条2項及び第7条2項に明記されている。消費者の役割の部分が削られた代わりに入ったのが第7条2項で，「消費者は消費生活に関し環境の保全及び知的財産権等の適正な保護に配慮するよう努めなければならない」となっている。漠然とした言葉ではあるが，とにかく法律の条文に「環境に配慮する」が入ったことに意味がある。

(3)　消費者教育の視点を取り入れた環境教育

①　環境教育推進法

　2003年7月に議員立法として成立し，10月から一部を除いて施行された環境の保全のための意欲の増進及び環境教育の推進に関する法律（平成15年法律130号）(環境教育推進法)の第1条で，「この法律は，健全で恵み豊かな環境を維持しつつ，環境への負荷の少ない健全な経済の発展を図りながら持続的に発展することができる社会（以下「持続可能な社会」という。）を構築する上で事業者，国民及びこれらの者の組織する民間の団体（以下「国民，民間団体」という。）が行う環境保全活動並びにその促進（－中略－）基本方針の策定その他の環境保全の意欲の増進及び環境教育の推進に必要な事項を定め，もって現在及び将来

の国民の健康で文化的な生活の確保に寄与することを目的とする」とされている。第2条3項の環境教育の定義については「環境の保全についての理解を深めるために行われる環境の保全に関する教育及び学習をいう」とされているが，第3条の基本理念には「循環型社会の形成」と「持続可能な社会の構築」がある。

この法律は「NPO法人環境文明21」がイニシアチブをとって「持続可能な社会に向けた環境教育・学習推進法をつくろう！推進協議会」を立ち上げ，あらゆる情報手段を駆使しての仲間集めやロビー活動によって，議員立法として成立にこぎつけた法律で，松浦のいう「政策提言可能な消費者」[5]として先駆的な成功例といえよう。「環境文明21」の藤村専務理事は環境教育の定義に「持続可能な社会の構築」が入らなかった経緯について詳しく述べた最後に「しかし私たちは，定義の読み方次第で環境教育の幅はいくらでも広げられると考えている」[6]と述べている。消費者教育においても，消費者基本法の「環境の保全に配慮」を幅広い視点で読むべきであろう。

② 環境教育・環境学習の総合的な推進

1999年の中央環境審議会の答申によれば「環境教育・環境学習は持続可能な社会を指向するものである。いいかえれば持続可能な社会の実現に向けたすべての教育・学習活動やそのプロセスは環境教育・環境学習といえる」となっている。また，環境教育・環境学習の展開で重視されなければならない点の第1に総合的であることを挙げており，1998年から2000年まで続けられた環境庁・文部省（当時）の委託研究「環境教育の総合的推進に関する調査」の最終報告書で，具体的な方策が提案されている。方策を総合的に進めることにより，「持続可能な地域社会づくりに主体的に参画できる人の育成」を目指すとされている。経緯については，環境庁側の調査検討委員会の委員長で京都大学環境保全センター教授，第7期廃棄物学会会長の高月による詳しい報告がある[7]。

「環境教育」も「消費者教育」も総合的な学問分野である。どちらからアプローチしても目標に向けて，進められると思う。日本の消費者教育は学際的教科としてヨーロッパ型に近い形をとってはいるが，内容的にはアメリカ型の経

済環境からの自立をめざして進められてきている。大原，長島が指摘するように[8]「責任ある市民としての自立・共同を目指すヨーロッパ型」と持続可能な発展を学校教育に位置付け，限られた地球上で共に生きる共生を加えた「自立・共同・共生に焦点をおいた北欧型の消費者教育」への転換が必要である。

2 日本消費者教育学会での環境関連の研究動向

(1) 大会のシンポジウム

　大会におけるシンポジウムで環境が取り上げられたのは，1992年第12回大会の「消費者教育と環境－環境教育との接点－」が最初である。1999年第19回大会のシンポジウム「消費と環境－持続可能な社会の構築と消費者教育」と2000年の創立20周年記念大会のシンポジウムでも議論されている。創立20周年記念大会の消費者教育シンポジウム「20世紀消費者教育の総括と21世紀への展望」ではパネラーの今村提言「持続可能性へ向けての消費者教育」[9]を巡って価値論も含めた活発な質疑応答が展開されている。今後更に議論を重ねて，現体系の見直し，新たな「Q＆A」共同研究など，消費者教育の体系に環境関連事項としての「持続可能性」を位置付ける努力が必要であろう。

(2) 研究発表と『消費者教育』の研究テーマから

　消費者教育学会設立から20年余り，その間，全国大会の口頭発表と学会機関誌『消費者教育』のなかから環境に関する研究発表と研究論文，研究ノート，実践記録，資料等の推移をたどってみよう。

① 学会の研究発表

　日本消費者教育学会では1985年第5回全国大会から，自由論題による研究発表が行われるようになった。第5回から1991年の第11回までに発表された論題には環境関連の論題は見当らない。1992年，ブラジルでの世界環境会議が開催された年の第12回大会に，初めて環境関連の発表がみられる。以後，毎年継続的に環境関連テーマの発表が行われている。1992年第5回から2003年の第23回

第Ⅰ部　消費者教育の理論・政策

までの発表件数についていえば，全体の発表件数に対する環境関連の発表の割合は17％となっている。

　② 学会誌『消費者教育』

　第一冊から第二十冊までの『消費者教育』に掲載されている全部の報文，研究ノートについての分析は中原[10]および今村・松葉口[11]によって行われているので，ここでは環境関連にしぼることにする。1992年の第十二冊に前述の「Q&A」が掲載され，翌年の第十三冊には資料と教育実践を合わせて5編がある。その後環境関連の報文，研究ノートの数が増加してきた。1992年から2003年までの総計は57編で，全体の24.5％になる。そのなかで，地球規模の環境問題に関連した論文は1995年の第十五冊から発表され始めている。第十五冊には中原の「消費者教育の体系への試案」が発表されて，バニスターとモンスマによる消費者教育の分類体系に，環境関連の項目を追加することを提言している。この報文で初めて「持続可能な消費」という文言が使われている。同じ第十五冊に「消費者教育と環境教育の連接を求めて」と題する今村報文が発表された[12]。長島の「消費革命の時代から消費者革命の時代へ」[13]も「環境問題と消費者教育論」を展開した報文である。その他にも2編の研究ノートがある。1996年の第十六冊には五編，第十七冊には9編の関連テーマがみられる。第十八冊に2編，第十九冊では6編，第二十冊では8編，第二十一冊には3編，第二十二冊では5編，第二十三冊には8編がみられる。アンケート調査とか教育実践を含めてすべて数え上げてみたが，「持続可能性」を意識した報告が次第に増えてきており，理論的考察や体系構築，カリキュラムの試案など，この分野の研究の方向性が少しずつみえ始めている。

3　持続可能な社会をめざして

(1) 循環型社会の形成に向けた法律

　「環境基本法（平成5年法律第91号）」のもとに「循環型社会形成推進基本法（平成12年法律第110号）」，「資源有効利用促進法（平成3年法律48号）」が制定さ

れ,「廃棄物処理法（平成9年法律第85）」が改正された。個別物品の特性に応じた規制として,容器包装,家電,建設,食品,自動車の各リサイクル法が次々に制定された。その外に「グリーン購入法（平成12年法律100号）」が制定され,日本の法律は問題点を残しながらも,ようやく循環型社会をめざして整い始めた段階である。

「循環型社会形成推進基本法」総則の第3条には「持続的に発展することができる社会の実現が推進されることを旨として,行われなければならない」とされており,めざすのは持続可能な社会であることを明らかにしている。

(2) 企業の取組み

地球環境問題に対する国際的な関心が高まるにつれて,わが国でも産業活動や製品・サービスなどが環境に与える影響を最小限にするための努力が始まった。政府機関や民間企業の環境保全政策や持続可能な発展への取組みの背景には,環境意識の高い消費・生活者（グリーンコンシューマー）の力が大きく関与している。日常の商品選択において,環境を意識して,できるだけ環境負荷の少ない商品を購入するようになってきたことや環境に配慮していない企業からは商品を購入しないという人たちが増えてきた。そのために,環境を意識しない企業は生き残れないという危機感が強く,環境保全と持続可能な発展についての様々な取組みがされるようになってきている。毎年出される企業の環境報告書は年を経るごとに数を増している。

ISO 14001認証取得状況は(財)日本規格協会調べによれば2004年4月末現在で15,248件に上っている。地方自治体,大学その他を含めた合計の件数であるが,そのうち企業の取得件数は70％を超えている。取得を契機にして企業の意識,行動は「持続可能な社会」に向かいつつある。環境対応が当たり前になった2004年度の報告書では「社会・環境報告書」,「サスティナビリティレポート」,「ＣＳＲ報告書」などと改題した報告書が目立つ。

(3) 消費者の意識と行動

　第7期廃棄物学会会長高月は「－中略－　市民活動としてもグリーンコンシューマー運動など積極的に環境配慮型製品を支える運動や自主的な取り組みの中から政策提言型の運動など幅広い活動展開が行われつつある。その中で，市民の意見を反映させるべく行政や事業者の活動に積極的に参画する方向性も見えるが，一方では，環境意識の高い市民と全く無関心の市民との意識や行動の差が広がるばかりで，なかなか環境意識のボトムアップがはかれない課題がある」と年頭の挨拶で述べている[14]。

　環境省は循環型社会推進基本法第14条に従って「循環型社会白書」を発行しているが，白書に差し込んだはがきによるアンケート調査と高校生に対するアンケート調査の結果を平成14年度版に掲載している。循環型社会のイメージ（三つのシナリオ）を選ばせた調査である。A：技術開発推進型，B：ライフスタイル変革型，C：環境産業発展型についての結果は，社会人も高校生もシナリオBが最も多く，約半数（一般48％，高校生51％）を占めている[15]。同じ調査を大学生に対して行った京都精華大学教授の山田はエントロピー学会第21回シンポジウムの基調講演で大学生の場合もほぼ社会人と一致したと報告した上で，「そういう人に自動販売機がなくなってもいいかと聞くと「いや困る」という場合が多いですね。」と述べている[16]。総論は賛成で意識は高くても行動に結び付かないことが多い。意識のボトムアップとこの意識と行動の乖離を何とか早くなくすためにも環境を意識した消費者教育の力が問われている。

(4) 今後の研究に向けて

　関東支部20周年記念特別公開講演会「持続可能な消費と生産に関する国連環境会議報告－消費者教育の視点から－」で中原が述べているように，「学会としては理論と実践を結び付けるための政策づくりが課題であると考える」[17]という講演の結びの言葉通り，政策づくりの段階に踏み出すべきである。また，大原・長島が4点に集約した「わが国の学校での消費者教育に対して示唆されることがら」[18]の検討，すなわち①総合方式をとり，持続可能な消費に向けた

ライフ・スキルの開発の目標を明確にした「学校教育における消費者教育としての体系化」、②「教育学的視点からの理論研究の蓄積」③「市民参加の領域についても具体的に学ぶ」カリキュラムの開発、④他の分野の教育と統合的・総合的に係る「ライフ論」について「再構築のための実践的議論の必要性」など、今後の研究に注目したい。

持続可能な社会、持続可能な消費に関する研究は松葉口により継続的に報告されており[19)～23)]、大藪・杉原による研究報告[24)～26)]もあって、今後の進展を見守りたい。

2005年から「国連・持続可能な開発のための教育の10年」が開始された。この分野の研究が更に進展することが期待される。

[注]
1) 米川五郎「研究活動の経過報告」、日本消費者教育学会報、第12号、1992年、pp.73～79。
2) 日本消費者教育学会「消費者教育10のQ&A（消費者教育の基本理念）」日本消費者教育学会編『消費者教育第十二冊』光生館、1992年、p.294。
3) 今村光章「消費者教育と環境教育の連接を求めて」、日本消費者教育学会編『消費者教育第十五冊』光生館、1995年、p.43。
4) 国民生活審議会消費者政策部会「21世紀型の消費者政策の在り方について」、2003年、p.59。
5) 松浦さと子「政策提言可能な消費者育成を目指す21世紀の消費者教育」、日本消費者教育学会編『消費者教育第二十一冊』2001年、p.27。
6) 藤村コノエ「NPOのイニシアティブで成立した環境教育推進法－その経緯とポイント－」、廃棄物学会編『市民がつくるごみ読本Ｃ＆Ｇ』、NO.8、2004年、p.24。
7) 高月　紘「ごみと環境教育」、廃棄物学会編『市民がつくるごみ読本Ｃ＆Ｇ』NO.8、2004年、pp.12～15。
8) 大原明美・長島俊介「北欧諸国の学校における消費者教育」、日本消費者教育学会編『消費者教育第二十三冊』2003年、pp.172～174。
9) 今村光章「持続可能性へ向けての消費者教育」、日本消費者教育学会編『日本消費者教育学会二十年の歩み』日本消費者教育学会、2000年、pp.58～62。

第Ⅰ部　消費者教育の理論・政策

10) 中原秀樹「20世紀消費者教育の総括と21世紀の展望」，日本消費者教育学会編『日本消費者教育学会二十年の歩み』日本消費者教育学会，2000年，pp.55～58。
11) 今村光章・松葉口玲子「消費者教育研究の動向と課題」，日本消費者教育学会編『消費者教育第二十一冊』2001年，pp.227～234。
12) 今村光章「消費者教育と環境教育の連接を求めて」，日本消費者教育学会編『消費者教育第十五冊』1995年，pp.39～51。
13) 長島俊介「消費革命から消費者革命の時代へ」，日本消費者教育学会編『消費者教育第十五冊』1995年，pp.25～37。
14) 高月紘「2004年新年挨拶～パートナーシップの下での製品アセスメント～」，廃棄物学会ニュースNO.78，2004年，p.1。
15) 環境省編『循環型社会白書（平成14年度版）』2004年，pp.9～10。
16) 山田国広「学会20周年を迎えて」，エントロピー学会誌「えんとろぴい」第53号，2004年，pp.4～5。
17) 中原秀樹「持続可能な消費と生産に関する国連環境会議報告」，日本消費者教育学会関東支部編『21世紀の消費者』日本消費者教育学会関東支部，2000年，p.89。
18) 前掲8)，pp.173～174。
19) 松葉口玲子「持続可能な社会にむけての消費者教育に関する一考察」，日本消費者教育学会編『消費者教育第十七冊』光生館，1997年，pp.37～48。
20) 松葉口玲子「持続可能な消費のための消費者教育に関する一考察」，日本消費者教育学会編『消費者教育第十九冊』1999年，pp.33～44。
21) 松葉口玲子『持続可能な社会のための消費者教育』近代文芸社，2000年。
22) 松葉口玲子「持続可能な消費のための教育:消費者教育と環境教育の連接カリキュラム開発に関する一考察」，日本消費者教育学会編『消費者教育第二十一冊』2001年，pp.31～40。
23) 松葉口玲子「持続可能な消費にむけた消費者教育における諸概念の分類試案」，日本消費者教育学会編『消費者教育第二十三冊』2003年，pp.85～93。
24) 大藪千穂・杉原利治「持続可能な社会のための生活指標と消費者教育」，日本消費者教育学会編『消費者教育第十七冊』光生館，1997年，pp.13～24。
25) 大藪千穂・杉原利治「持続可能な社会のための消費者教育」，日本消費者教育学会編『消費者教育第十九冊』1999年，pp.1～11。
26) 杉原利治・大藪千穂「持続可能な社会のための環境家計簿」，日本消費者教育

第 4 章　消費者教育と環境問題

学会編『消費者教育第二十冊』2000年，pp.41〜50。

第5章　消費者教育と生活問題

1　消費者問題と生活問題－生活問題の認識－

(1)　消費者問題と生活問題

　現代的な消費者問題は，大量生産・大量消費のシステムの確立とともに，構造的な問題として顕在化し，市場関係において，多くの消費者の生命（健康）や財産を脅かし，自己実現を阻害してきた。ＩＴ化，国際化，少子高齢化などが急速に進行し，これまでの生活システムが大きく変容しようとしている今日，消費者問題は，市場における消費生活上の問題を超えて，われわれが生きる多様な営みの全体にかかわる生活問題として認識される必要がある。

　そこで，本章では，消費者教育が対象とすべき問題を「消費者問題を中核とする生活問題」として捉え，問題の認識方法を明確にするとともに，現代における生活問題の諸相を概観する。更に，それらの問題に対応する能力を育成するために消費者教育がいかにあるべきかについて検討する。

(2)　生活問題の認識

①　「生活者」の問題としての生活問題

　「消費者」という主体が当面する問題を消費者問題とするならば，生活問題は，「生活者」を取り巻く諸問題として認識される（図表Ｉ－5－1）。

　「消費者」とは，人間生活のうちの消費という側面に注目した場合の，その主体の呼称である。しかし，アルビン・トフラーが「プロシューマー」[1]という造語を提示したように，消費者である人間は，生産者でもある。さらに，プロシューマーが人間生活のうちの経済生活に焦点を当てたいい方であるとすれ

図表Ⅰ-5-1　生活者の問題としての生活問題

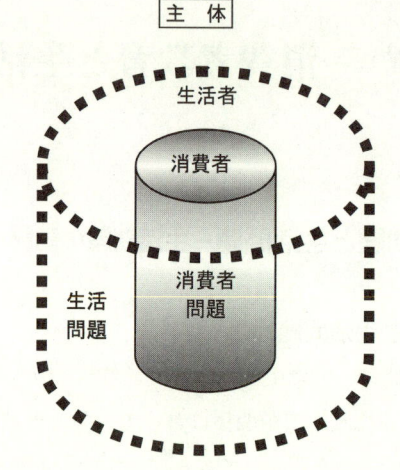

　ば，現実の人間生活には，経済的側面以外にも，精神的側面や文化的側面が存在し，それらを含めて，その主体は「生活者」と表現されることになる。この生活者が当面する広範な問題が生活（者）問題である。

　生きる主体としての「消費者」と「生活者」の解釈を巡る議論は，1980年代にすでにみられる[2]。当時は，消費者問題が多様化し大型化するなかで，「取引問題としての消費者問題」と「生活問題としての消費者問題」という二つの考え方[3]が提示された。生活問題として消費者問題を捉える場合，その範囲は商品・サービスの購入，使用という段階にとどまることなく，物価問題，安全性問題，福祉問題，さらに後述する環境資源問題など，消費者でもある生活者が対応せざるを得ない多数の問題に拡張されることが指摘されている[4]。

②　環境問題を含意する消費者問題としての生活問題

　近年，広義の消費者問題に取り込まれている重要な要素として，環境問題を挙げることができる。消費者問題に環境問題を含意すべきとする考え方は，1980年代末に台頭したグリーンコンシューマリズムに依拠する。従来，消費者問題とは「経済財を通して消費者の私益が損なわれる状況」を意味していたが，これに対し，新たな視点として導入された環境問題とは「自由財を通して市

民・住民の公益が損なわれる状況」をいう[5]。両者を含めた広義の消費者問題を「生活問題」として再定義し，それらの総合的・統合的な解決をめざそうとするのが，ここでの考え方である（図表Ⅰ－5－2）。

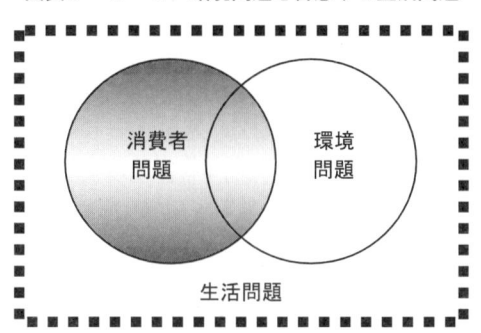

図表Ⅰ－5－2　環境問題を含意する生活問題

消費者問題　環境問題

生活問題

③　消費者問題に対する家政学的アプローチとしての生活問題

消費者問題には，経済学，商学，経営学およびマーケティング論，法学，家政学など，多様な学問分野からのアプローチがみられる。それぞれの学問分野は，以下にみるような固有の立場から消費者問題を捉えている。

経済学的にみた消費者問題は，情報の非対称性の問題として認識される。伝統的な経済学では，消費者や生産者は合理的行動をとるとされ，その前提として，市場における主体間の情報は対称であるとされてきた。しかし，現実の経済取引における消費者・事業者間の情報の非対称性は明白であり，それを原因として発生する消費者の不利益を総じて消費者問題として捉えるものである。

消費者問題または，商学や経営学，とりわけマーケティングの分野においても，しばしば取り上げられる。ここでは，製品やサービスを供給する企業などの組織が，顧客の目標，すなわち消費者のニーズやウォンツを見誤ったり，組織の売上や利益を追求するあまり，それらへの配慮を欠くときに発生する消費者の不利益が消費者問題ということになる。

法学的な立場からみた場合，法的紛争として顕在化した消費者問題は，民法や商法などの法解釈を巡る問題として，その合理的で妥当な解決をみいだすた

めの議論の対象とされる。ここでの問題は，取引問題を中心としながら，当事者の権利にかかわる人権問題をも含むものとして認識される。

　以上にみる諸学の多様な消費者問題へのアプローチは，総じて取引問題を対象とするものであるが，家政学の立場からの消費者問題へのアプローチは，生きる営みに関する幅広い事象を対象とする。家政学では，家族・個人がよりよい生命をつくり出し，自己実現を達成し得るような「ヒトと環境との相互作用」のあり方を研究する。したがって，家政学的に捉えた消費者問題とは，「人間とそれが必要とする環境が，人間が自己実現するにふさわしく相互作用していない状態のこと」[6]をいう。また，家政学における環境とは，物的環境（近接環境としての食べもの，着るもの，住まうもの，お金など，より大きい環境としての日光，水，空気，土壌など）および社会的環境（近接環境としての夫婦，親子，兄弟姉妹，親類，近隣など，より大きい環境としての地域社会，地方公共団体，国，世界など）[7]に関する広範なものであるので，環境との相互作用がうまくいかない消費者問題的な状態とは，衣食住問題から環境問題，社会問題などを含む多様なものとなる。これらは一般的にいう狭義の消費者問題の範疇を大きく超え，まさに「生活問題」として認識されるべきものである。

　このように，消費者問題には諸学からのアプローチがみられるが，家政学的な立場にもとづくとき，そこに「生活問題」をみることができる（図表Ⅰ-5-3）。

2　現代の生活問題の諸相

(1)　現代の生活問題の全体像

　前節では，「生活問題」の認識方法について三つの視点から述べたが，本節では，消費者問題への家政学的なアプローチにもとづいて，生活問題の現状を把握する。その全体像を捉えるために，四つの環境エリア（物的な近接環境，物的なより大きな環境，社会的な近接環境，社会的なより大きな環境）に現代の生活問題・生活課題に関するキーワードを位置付けると，図表Ⅰ-5-4のようであ

第5章 消費者教育と生活問題

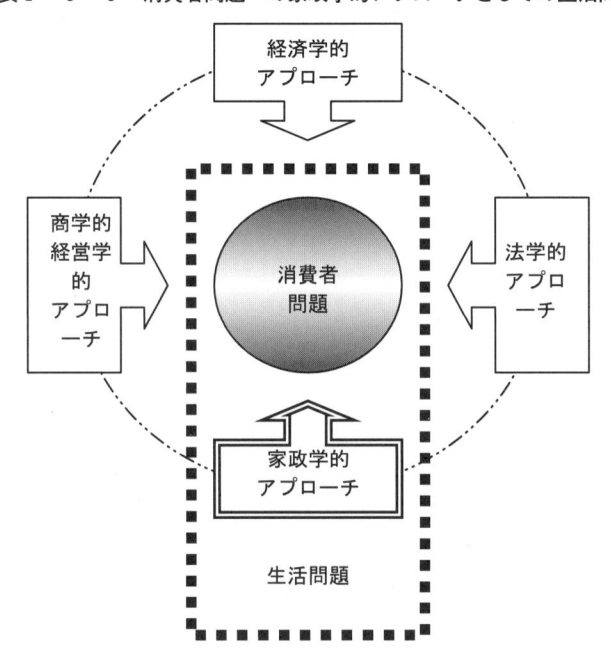

図表Ⅰ-5-3 消費者問題への家政学的アプローチとしての生活問題

る。図の内円の右半分（図中のA：物的な近接環境）には取引問題を中心とする狭義の消費者問題，外円の右半分（図中のB：物的なより大きな環境）には環境問題，内円の左半分（図中のC：社会的な近接環境）には家族やコミュニティにおける狭義の生活問題，外円の左半分（図中のD：社会的なより大きな環境）には国内外の政策などにかかわる社会問題が位置付けられることがわかる。

(2) 四つの環境エリアにみる生活問題の諸側面と政策的対応
① 物的な近接環境にみる消費者問題（図表Ⅰ-5-4のA）

物的な近接環境との関係において発生する問題には，衣・食・住生活問題，契約問題，物価問題・家計問題などがある。これらのなかで，近年，特に深刻な状況がみられるのは，食生活問題および契約問題である。

食生活問題に関しては，コンプライアンスの欠如した企業の活動により食の

53

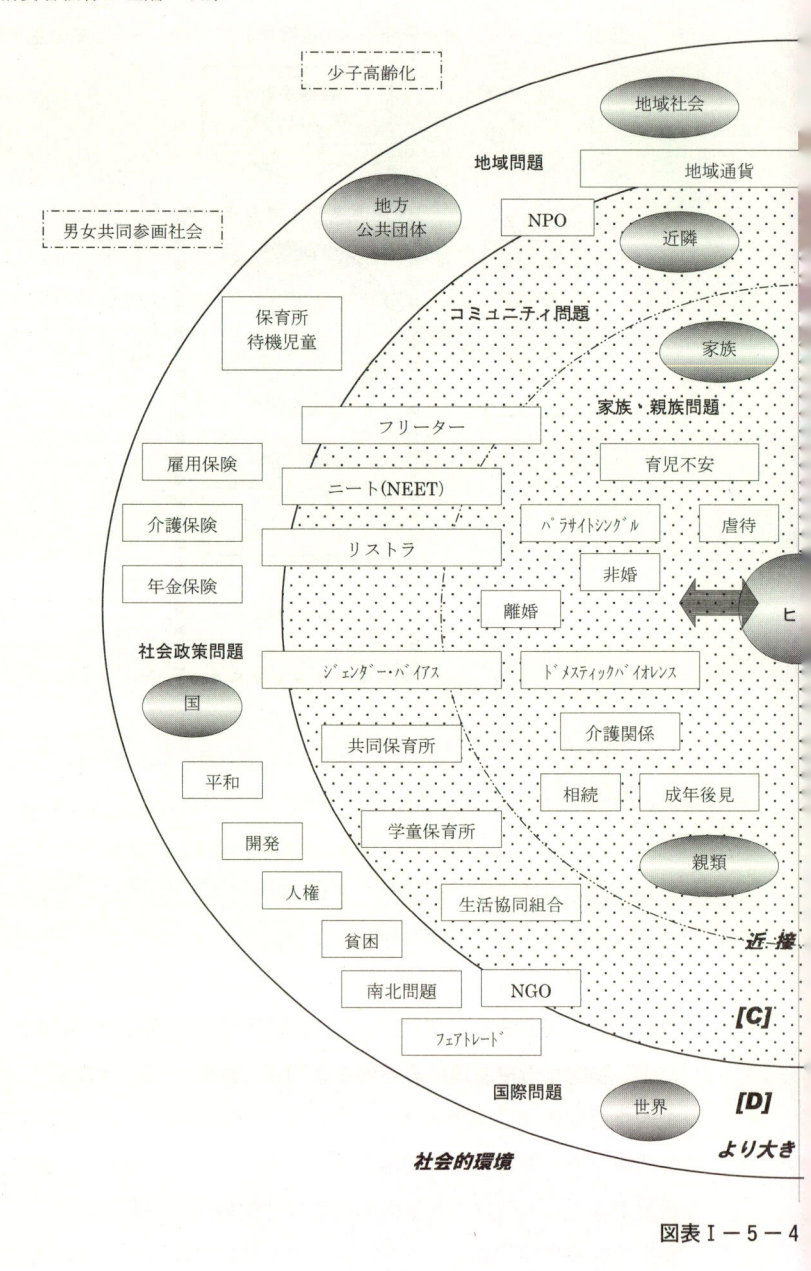

第Ⅰ部　消費者教育の理論・政策

少子高齢化

地域社会

地域問題　地域通貨

男女共同参画社会

地方公共団体　NPO　近隣

コミュニティ問題

保育所待機児童

家族

家族・親族問題

フリーター　育児不安

雇用保険　ニート(NEET)　パラサイトシングル　虐待

介護保険　リストラ　非婚　ヒ

年金保険　離婚

社会政策問題　ジェンダー・バイアス　ドメスティックバイオレンス

国　介護関係

共同保育所

平和　相続　成年後見

開発　学童保育所

人権　親類

生活協同組合

貧困　近

南北問題　NGO

[C]

フェアトレード

国際問題　世界　[D]

社会的環境　より大き

図表Ⅰ-5-4

第 5 章　消費者教育と生活問題

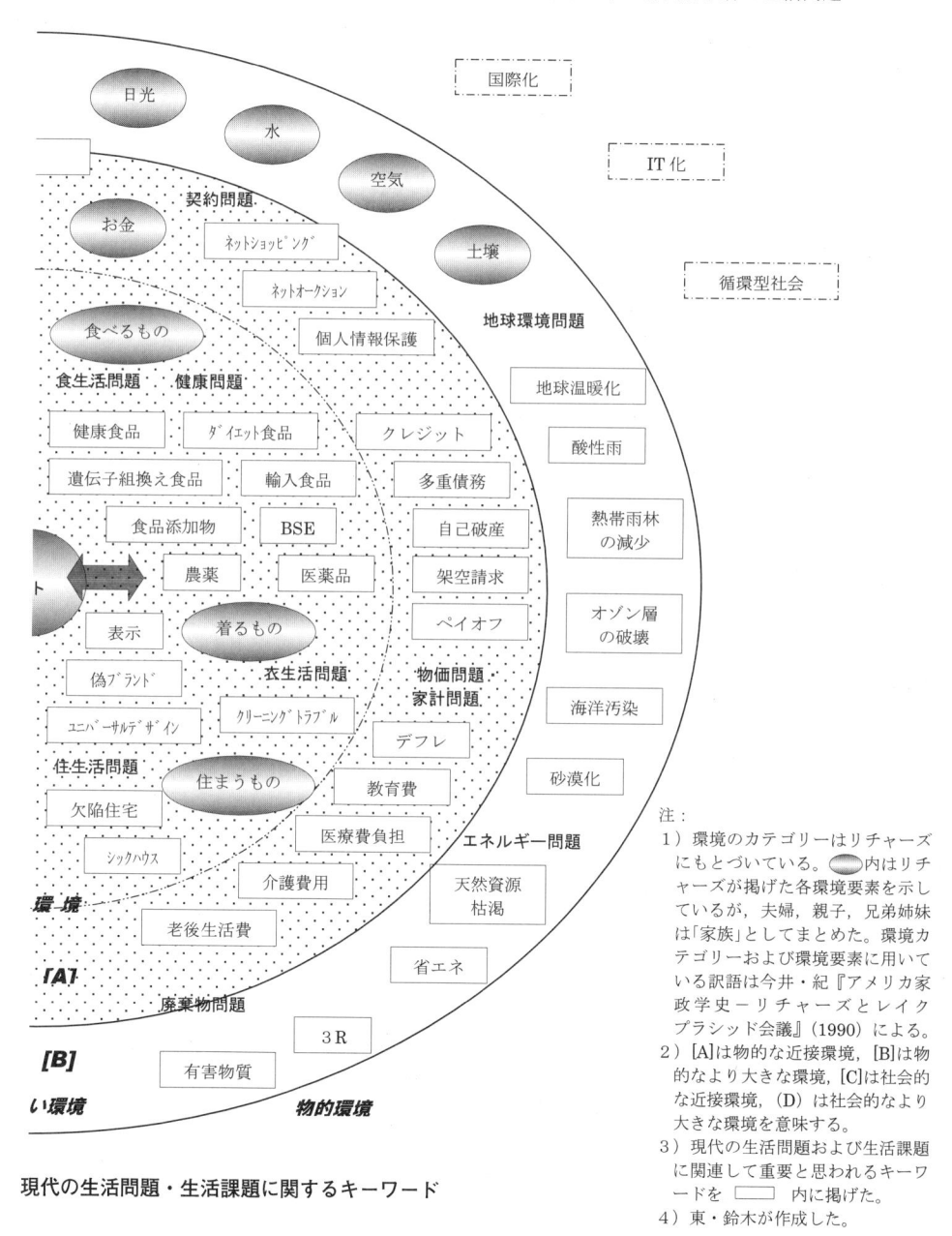

現代の生活問題・生活課題に関するキーワード

図中のキーワード：
- 日光、水、空気、土壌
- 国際化、IT化、循環型社会
- お金、契約問題、ネットショッピング、ネットオークション、個人情報保護
- 食べるもの、食生活問題、健康問題
- 地球環境問題、地球温暖化、酸性雨、熱帯雨林の減少、オゾン層の破壊、海洋汚染、砂漠化
- 健康食品、ダイエット食品、クレジット
- 遺伝子組換え食品、輸入食品、多重債務
- 食品添加物、BSE、自己破産
- 農薬、医薬品、架空請求
- 表示、ペイオフ
- 着るもの、衣生活問題、物価問題、家計問題
- 偽ブランド
- ユニバーサルデザイン、クリーニングトラブル、デフレ
- 住生活問題、住まうもの、教育費
- 欠陥住宅、医療費負担、エネルギー問題
- シックハウス、天然資源枯渇
- 介護費用
- 老後生活費、省エネ
- 環境 [A]
- 廃棄物問題
- [B]、3R
- 有害物質
- い環境、物的環境

注：
1) 環境のカテゴリーはリチャーズにもとづいている。◯内はリチャーズが掲げた各環境要素を示しているが，夫婦，親子，兄弟姉妹は「家族」としてまとめた。環境カテゴリーおよび環境要素に用いている訳語は今井・紀『アメリカ家政学史－リチャーズとレイクプラシッド会議』(1990)による。
2) [A]は物的な近接環境，[B]は物的なより大きな環境，[C]は社会的な近接環境，(D) は社会的なより大きな環境を意味する。
3) 現代の生活問題および生活課題に関連して重要と思われるキーワードを □ 内に掲げた。
4) 東・鈴木が作成した。

第Ⅰ部　消費者教育の理論・政策

安全が損なわれる問題が多発している現状を受け，2003年，包括的な食品の安全を確保することを目的に食品安全基本法が施行された。また，これと前後して，農林水産省に食品分野における消費者行政とリスク管理業務を担う部門として，新たに消費・安全局が設置された。さらに，鳥インフルエンザ問題を契機に家畜伝染病予防法等が改正されるとともに，ＢＳＥの蔓延防止措置の的確な実施をはかるため，トレーサビリティ法が制定されるなどの対応がみられた。他方，国際化に伴う輸入食品の問題として，過剰な農薬使用や原産地・原材料の偽装表示，健康食品と称する未承認医薬品の使用などの問題が多発しており，国際的なスタンダードやルールづくりが早急に求められている。

契約問題に関しては，ＩＴ化に伴う新手の問題が急増している。2001年に電子契約法が施行されたものの，インターネットの利用人口が2005年2月現在で7,007万2千人に達する状況下で，ネットオークションやネットショッピング，携帯電話を介した出会い系サイト，有料情報サービスなどに関するトラブルがあとをたたない。また，欧米を中心に拡大しているフィッシング詐欺が日本でも広がりをみせている。クレジットカードやキャッシュカードのスキミング同様，消費者自身による防止が困難なうえ，多額の被害を招く可能性が大きいことから，被害救済のための対応が急がれる。他方，ＩＴ化に伴い，企業や行政による個人情報流出問題も深刻化している。2003年5月には個人情報保護関連5法が制定され，今後，その実効力が問われるところである。このほか，急増する架空請求への対応などが緊急課題となっている。

②　**物的なより大きい環境にみる地球環境問題**（図表Ⅰ－5－4のＢ）

物的なより大きい環境との関係において発生する問題として，地球環境問題，エネルギー問題，廃棄物問題などが挙げられる。これらは，グリーン・コンシューマリズムの普及に伴い，広義の消費者問題として認識されてきた。

地球温暖化や酸性雨，天然資源の枯渇などに代表される地球環境を取り巻く問題は，20世紀の産業や経済社会の発展がもたらした影の部分として顕在化した。これらの問題の進行を食い止めるため，省エネや3Ｒ（リデュース，リユース，リサイクル）を具体的な行動とし，持続可能な消費生活を志向するグリー

ンコンシューマーとしてのライフスタイルの実現が求められている。2003年3月には循環型社会基本計画が策定され，循環型社会の共通イメージと数値目標が提示されるなか，国民，NPO・NGO，事業者，地方公共団体など，各主体の積極的な取組みが展開されつつある。

③ 社会的な近接環境にみる生活問題（図表I－5－4のC）

社会的な近接環境との関係において発生する問題として，家族・親族問題，コミュニティ問題などを挙げることができる。多様化する家族が当面する諸問題は，少子高齢化や男女共同参画社会への移行という社会的動向のなかで，近隣や地域社会，国の施策にもかかわる大きな問題として認識される。

少子化の進行に伴い，育児不安や幼児虐待などが社会的な広がりをみせる一方で，1990年代半ば以降のデフレ経済下における就職難が引き金となったフリーターの増加や就職意欲がないニート（NEET）の社会問題化など，若者の経済的自立の困難が指摘されている。このような状況のなか，2004年6月に公表された少子化社会対策大綱では，子育ての連帯や若者の自立に関する事項などが重点課題のなかに取り入れられた。他方，高齢化の進行は，家族および親族間における介護問題をクローズアップした。2000年4月に施行された介護保険制度が広く要介護者とその家族を支援しているが，サービス利用者が増大するなかで，見直し作業が進められている。また，認知症の高齢者に代わり家族が契約の締結を行う成年後見制度なども注目されている。

近年の家族に関するいま一つの問題は，未だ解消していないジェンダー・バイアスを巡る問題である。国際的な男女平等の潮流を受け，1999年には，わが国でも男女共同参画社会基本法が制定された。バランスのとれた職業労働生活と家庭生活の実現に向け，特に女性の経済的自立能力と男性の生活的自立能力を高めるような，生涯にわたる学習機会が保障されなければならない。

④ 社会的なより大きい環境にみる福祉問題（図表I－5－4のD）

社会的なより大きい環境との関係において発生する問題として，地域や国内外における多様な問題が挙げられる。それらは総じて，住民・市民や人類の福祉にかかわる問題として捉えることができる。

国際問題に関しては、テロや貧困、人権侵害などがヒトの生きる営みを直接的に脅かす状況下で、わが国の国際的立場が問われている。国内にあっては、前述の家庭における生活問題を解決するための政策的課題として、少子高齢社会や男女共同参画社会を実現するための諸制度の在り方が検討され、継続的な見直しが行われている。地域においては、NPOの萌芽期において、その設立・運営に際し、資金面を中心とした多様な困難がみられた。NPOは、保健・医療または福祉の増進、まちづくりの推進、環境保全、災害救援、子どもの育成、消費者保護など、地域社会の生活問題に密接にかかわり、その解決へ向けて独自の活動を行っている。1998年にはNPOに法人格を与える特定非営利活動促進法が制定された。さらに2003年の改正法では、活動の種類が追加され、認証の申請手続きが簡素化されるなど、NPOが設立・運営しやすい条件整備が進められるなか、新しい市民参加型地縁ネットワークの形成が着実に進行している。

3 生活問題への対応能力を育成する消費者教育

(1) 生活問題と主体形成

生活問題の真の解決のためには、上にみたような行政からのサポートに依拠するだけでなく、生活主体の自発的なエンパワメントが必要不可欠である。特に、「21世紀型消費者政策」の基本理念において、消費者の位置付けが「保護から自立へ」転換したことを受け[8]、生活主体形成教育としての消費者教育が極めて重要となっている。

四つの環境エリアとの関係からみた場合、物的な近接環境（A）における生活主体を「(狭義の)消費者」、物的なより大きな環境（B）の生活主体を「地球市民」、社会的な近接環境（C）における生活主体を「(狭義の)生活者」、社会的なより大きな環境（D）における生活主体を「市民・住民」、として捉えることができる。今後の消費者教育においては、これらの四つの生活主体として必要な能力をバランスよくつくり出すことが重要である。

(2) 四つの主体形成能力と統合的アイデンティティの確立

「(狭義の)消費者」に求められる資質とは,その購入行動が個人・家計の利益を最大にするようなバイマンシップ,「(狭義の)生活者」に求められる資質とは,家族や近隣とのよりよい人間関係をつくり出すパートナーシップ,「市民・住民」に求められるのは,地域や公共の利益を追求するシチズンシップ,「地球市民」に求められるのは,時間と空間を超えて自然と人類との共存関係を確立しようとするグローバル・シチズンシップということができよう。

バイマンシップの形成のためには,商品知識はもとより,消費経済や流通,マーケティング,金融などに関する幅広い経済知識および法知識,IT取引に必要な情報リテラシーがなくてはならない。また,家計を通して家族・個人が実現したい価値を見極め,消費行動を調整する力が不可欠であることから,生活者としての自己実現やパートナーシップ形成に関する能力も必要となる。パートナーシップ形成のためには,家族・個人のライフスタイルや生涯の生活設計にもとづく家庭観,家族観,勤労観の涵養が重要であるとともに,コミュニティにおいて個人・家族の自己実現をサポートする組織を立ち上げ,新たな協働・共治・共生の仕組みを創出し,マネジメントする力の育成が求められる。また,これらの共生の仕組みは,全体的な社会システムのなかで展開されることから,シチズンシップ教育が極めて重要となる。経済的・社会的・政治的諸制度を理解し,人間社会が向かっている方向を認識・評価し,市民・住民として公益を志向するライフスタイルを確立することがここでの目標である。これを地球規模で捉えたとき,求められるグローバル・シチズンシップとは,世界の人々と生き合い,分かち合うという共生観と,その持続可能性を追求するために人類と地球環境資源との関係を再考するという自然観であり,後者はエコロジカル・シチズンシップとして理解される。

一方,バイマンシップが志向する私益,パートナーシップが志向する共益,シチズンシップが志向する公益は必ずしも同じ方向にはなく,しばしばトレードオフの関係にある。したがって,生活問題の根源的解決のためには,自然的・社会的・経済的・精神文化的存在であるホリスティックな人間として,責

第Ⅰ部　消費者教育の理論・政策

任ある選択を行うことが肝要である。すなわち，消費者教育においては，価値選択や批判的思考，それにもとづく意思決定などに関する統合的なアイデンティティを形成し，生活環境に適応し，それを醸成しながら自己実現をはかる力の育成が求められるといえよう。

[注]
1) アルビン・トフラー著，徳岡孝夫訳『第三の波』中央公論社，1980年。
2) 「座談会「いま，生活者は－"消費者"と"生活者"と－」」，生命保険文化センター『くらしのインフォメーション』創刊号，1983年。
3) 米川五郎・高橋明子・小木紀之編『消費者教育のすすめ』有斐閣，1986年，p.4。
4) 同前書，p.5。
5) 水谷允一・呉　世煌・塩田静雄編著『消費者のための経済学』同文館，1997年，pp.123～128。
6) 今井光映『アメリカ家政学現代史Ⅱ　コンシューマリズム論～ホリズム論』光生館，1995年，p.17。
7) ここでの環境の捉え方は，エレン・リチャーズの理解にもとづいている。今井光映・紀嘉子『アメリカ家政学史－リチャーズとレイクプラシッド会議－』光生館，1990年，p.21参照。
8) 内閣府国民生活局編『21世紀型の消費者政策の在り方について』国立印刷局，2003年，p.9。

[参考文献]
1　今井光映・中原秀樹『消費者教育論』有斐閣，1994年。
2　西村隆男『日本の消費者教育』有斐閣，1999年。
3　今井光映『アメリカ家政学現代史Ⅱ　コンシューマリズム論～ホリズム論』光生館，1995年。
4　内閣府編『平成16年版　国民生活白書』国立印刷局，2004年。
5　国民生活センター『2004年版　くらしの豆知識』2004年。

第II部
消費者教育の現状と課題

　　第1章　金融教育と消費者教育
　　第2章　家庭科教育と消費者教育
　　第3章　商業(ビジネス)教育と消費者教育
　　第4章　消費者志向の企業経営
　　第5章　経営倫理と消費者教育
　　第6章　商品教育と消費者教育
　　第7章　商品の安全性と消費者教育
　　第8章　消費者教育と生活経営

第1章　金融教育と消費者教育

1　金融教育の原点―大衆貯蓄運動による道徳的金銭教育の普及―

　戦後，未曾有の経済混乱を経て，1946年の金融緊急措置令の実施など，経済復興への歩みを始めた日本経済の課題は，通貨への信認の回復，インフレーションの回避と物価安定であった。それは同年10月の第90回帝国議会で「通貨安定についての共同決議案」の可決となり，さらに政府の貯蓄増強推進の閣議決定を生んだ。　つまり，当面の経済危機を克服するため，国民に貯蓄を奨励することにより，日本銀行券の還流を促して，産業復興の資金を充足させるとともに，インフレを回避して通貨を安定させることに主眼が置かれた。

　同年11月には，通貨安定対策本部が設置され，その下に通貨安定推進委員会が置かれた。また，本部および各委員会それぞれの事務局が，日本銀行本店および各支店，事務所に設けられた。このようにして，政府と大蔵省，議会と日本銀行は一体となって全国規模の救国貯蓄運動が展開されることになった。運動の内容としては，1)「子ども銀行」の育成を強化する，2)地域，職域における国民貯蓄組合の結成奨励，3)貯蓄心の涵養（育成）と生活改善運動との連携となっていた。最初の「子ども銀行」は1948年1月に，大阪南大江小学校において社会科学習の一環として開設された[1]。

　以後，通貨安定推進委員会は，1949年には，貯金推進委員会に，1952年には貯蓄増強中央委員会，1988年には貯蓄広報中央委員会と名称を変え，さらには2000年には金融広報中央委員会となって現在に至っている。　すでに貯蓄増強中央委員会の時代に，金銭教育指定校制度を発足させ（1973年），文部省の協力を得ながら，小学校を中心にして，児童の正しい金銭観，物や心を大切にする

第Ⅱ部　消費者教育の現状と課題

価値観を育成するための金銭教育の普及をはかってきた。したがって，30年におよぶ全国の学校や幼稚園での金銭教育の実践は，お金や物を大切に扱う，無駄をしない，命を大切にするといった道徳的倫理観の育成に軸足が向く傾向が強かったといえる。

　2000年6月の金融審議会の答申のなかで，金融に関する消費者教育（金融消費者教育）の必要性が示されたことを受けて[2)]，金融広報中央委員会は，金融に関する消費者教育のわが国の拠点となった。2001年には「金融消費者教育の指導指針」を策定し，教材開発や教員向け研修会の開催などの事業を行って，金融消費者教育のイニシアチブを固めつつある。そして2003年には，金融教育研究推進校制度を設けて，甲府市立商業高校が最初の研究指定校となり，金融教育や投資教育に積極的に取り組んでいる[3)]。

2　現代的ニーズとしての金融消費者教育

　今日の経済構造は市場開放・規制緩和が急速に進み，工業製品，農産物に続いて，情報・通信・金融といったサービス部門に市場化，グローバル化の波は押し寄せ，特に金融分野においても，1990年代以降，金融自由化が堰を切ったように進展した。バブル崩壊以来の不良債権処理を巡って金融機関の経営体力の差は歴然とし，激化する競争の中で金融再編が現在もなお進行中である。

　消費者の金融サービス利用の視点からみると，投資信託の銀行窓口での販売開始，確定拠出年金の導入，ペイオフ解禁と，とくにこの数年間の動きはめまぐるしいほどである。銀行，保険，証券などの業態の垣根もみえにくくなり，金融商品の広告はあふれ，消費者の選択の幅が広がる一方で，確かな情報を得て，妥当なリスク判断を迫られているといってよい。

　こうした金融環境の劇的ともいえる変化（いっぱんに「日本版金融ビッグバン」と呼ばれる，図表Ⅱ－1－1参照）は，金融商品の販売者側に対して，消費者への重要事項の説明義務や，不十分な説明によって消費者が損害を被った場合の損害賠償請求の権利を認める法制度（金融商品販売法）を生み出すと同時に，消

費者の金融に関する基礎知識の普及や学習機会の保障を必要とすることになった。

金融庁は2002年11月に文部科学省に対して，学校教育での金融教育の推進を求める異例の要請文[4]を出したのも，こうした背景があったからである。

図表Ⅱ－1－1　日本版金融ビッグバンの歩み

1996年11月	橋本首相「我が国金融システムの改革～2001年東京市場の再生へ向けて～」と題する声明文発表
1997年6月	金融監督庁設置法成立・施行
1998年4月	改正外国為替法の施行
1998年6月	金融システム改革法成立（12月施行）
1998年12月	投資信託の銀行などでの窓販開始
1999年10月	株式売買委託手数料自由化
2000年4月	金融商品販売法成立
2000年7月	金融監督庁を金融庁に改編
2001年11月	証券関連税制改正（租税特別措置法改正）成立
2002年4月	ペイオフ解禁
2003年4月	郵政公社発足

3　金融消費者教育の目的

わが国では，前述したように金融サービスについての消費者教育の必要性を指摘する声は，金融ビッグバン以後特に強くなってきた。

1986年に金融サービス法を制定するなど，すでに金融のビッグバンを経験した英国では，金融自由化に伴う消費者保護策をとっていた。しかし，個人年金の販売競争で，予期せぬ損害が多くの消費者にもたらされたため，消費者保護策の再考が行われた。消費者保護を目的として，新たに1997年に設立された金融サービス機構（Financial Service Authority, 略称 FSA）は，次のように金融教育の意味を述べている。

第Ⅱ部　消費者教育の現状と課題

　金融教育の目的は，「消費者が十分な情報にもとづいて，選択することができるようにすること，また自らの金融に関する問題をよりよく取り扱うことができるようにすることにある。また，それは消費者からの圧力が高まり，金融市場での競争を促進し，革新が引き起こされます。そしてそれは通貨の価値と質を高めることも意味する」[5]と。

　米国のFRB議長グリーンスパンは，「金融教育は，消費者に，より低コストで商品やサービスを手に入れる優れた買い手となる力を与える。しかも，効果的に消費者の真の購買力を高め，消費，貯蓄，投資を行うより多くの機会を与える。さらに，金融教育は，退職生活や子供の教育のために，予算を立て，貯蓄計画をつくり，負債を管理し，戦略的な投資決定を行い得る必要な知識を個人に提供するものである。」と述べ[6]，また，同時に金融教育を始める年齢は，早ければ早いほどよいと指摘している。

　一方，わが国においては，金融に関する消費者教育の意義を次のように示したものをみいだすことができる。

　「①消費者は多様な金融商品・サービスを利用することによるメリットを十分に享受することが可能となる。②金融を巡るトラブルの発生防止・消費者保護に役立つ。③健全で合理的な家計の運営およびそれを通じた市場機能の強化に資する。」[7]

4　金融消費者教育の方法

　金融教育は，消費者の，消費者行動，負債行動，貯蓄行動，投資行動をより洗練されたものにしようとするものである。では金融教育がどのようにこれらの問題を取り扱っているのだろうか。図表Ⅱ－1－2は米国の金融経済教育の推進組織ジャンプスタート（Jump Start）が開発した中高生が理解すべきパーソナルファイナンスについての枠組みである。

第1章 金融教育と消費者教育

図表Ⅱ－1－2　Jump Startによる金融教育のベンチマーク[8]

収　　入	マネー管理	支出とクレジット	貯蓄と投資
収入源 収入に影響する要素 起業心 税と政府サービス インフレと購買力 社会保障と医療 企業支援の貯蓄プラン	ニーズとウオンツ 金融上の意思決定 予算 金融上の責任 保険，リスク管理 金融情報源 ファイナンシャルプランニング 法的文書（遺言等）	比較購入 機会費用 支払手段 消費者情報 消費者苦情の手続 クレジットコストと記録 クレジット問題（破産等） クレジットと消費者保護法	貯蓄や投資の理由 貯蓄，投資商品 リスクとリターン，流動性 複利，時間価値 72の法則，ドルコスト平均法 分散投資 投機と情報源 金融市場の規制 企業支援の貯蓄プラン

5　金融消費者教育の普及

　金融教育が展開されるとすればいかなる組織が，これを担うべきであろうか。これを最初に育て上げたのは，前述の金融広報中央委員会である。本部事務局は中央銀行である日本銀行内に設けられている。そして本部事務局の下に，全都道府県に金融広報委員会がおかれている。各地では金融広報アドバイザーとして事務局から任命された人々が，地域における金融教育のリーダー的役割を果たしている。

　しかし，これまで金融関連分野において，教育資料をつくるとか，あるいは研修会を開催することに対して熱心であったのはむしろ業界団体である。特に，保険会社とクレジット会社が1980年代頃から力を入れてきた。特に，販売員の戸別訪問による販売が中心だった生命保険会社では，保険自体の不明確性のなかで，企業間の競争が熾烈であったため，トラブルがしばしば起こった。そのために，生命保険の正しい普及をねらって，生命保険文化センターが業界の基金によって設立された。そして今日まで学校教育あるいは消費者一般向けに，生活設計教育や保険教育が積極的に展開されてきた。

一方，クレジット会社は，クレジットシステムの拡大をねらって，同様に学校向け教材開発などを積極的に進めてきた。多重債務問題は70代の末に現われ始めた。そして路上で若者を標的にして，高額商品を売り込む悪質商法も目立つようになって，それらは80年代にキャッチセールスと呼ばれた。実際の販売目的を隠蔽して行う悪質商法では，取引金額が高額であったため，クレジット会社や消費者金融会社と結び付いて，クレジット契約を介在させる形態がほとんどであった。こうして，クレジット会社は，クレジットやローンへの批判に対処するために，また，若い世代を未来の顧客として，クレジットやローンに対して肯定的な考え方を普及させる教育を進展させてきた。

1980年代の政府の消費者保護政策は，特に地方自治体の消費者保護行政部門において，地域の消費者教育として1970年代に比べて発展してきた。全国各地にある消費者センターは，消費者のための最も利用しやすい相談窓口であって，消費者情報を提供するよく知られた公共施設である。

80年代後半以降，政府は自己責任時代の消費者政策の在り方を今日まで模索してきた。そして規制中心の消費者政策から教育，情報提供に軸を置く政策への変換を目指すようになった。

1990年には，消費者教育支援センターが，経済企画庁および文部省の支援のもと，公的な民間機関として設立された。同センターは，主に学校での消費者教育の推進に着手するようになった。今日では，消費者教育推進の前線基地として，同センターの事業は多くの学校教育関係者から支持されるようになった。

6 米国，英国と日本の金融教育の相違点

米国では，金融に関する教育は，1960年代の学校における消費者教育の経験や，1970年代からの全国規模での経済教育の展開にみられるように，早くから自立を促す実践的な教育としてカリキュラムに組み込まれ，今日まで行われてきた。しかし，日本と異なり，学習内容は地域や学校の裁量に任され，統一的なカリキュラムとして実行されることはほとんどなかった。また，学校での

経済教育や金融教育を地域の企業が支援するシステムも，以前から存在していた[9]。

クレジットシステムの先進国としての金銭管理教育は，小学校においての小切手についての学習や，高校でのクレジット教育，投資教育など，従来から盛んに行われている。近年では，退職企業年金制度である401(k)の施行に伴って，一般従業員に対する投資に関する教育もよく行われている。

市場経済の一方の担い手としての消費者を育てることが，健全な市場を生み出し，その結果として自社の利益を含めて，経済全体をゆたかにするという認識があるので，金融教育への企業の支援も活発である。前述のジャンプスタート（Jump Start）と金融教育全国基金（National Endowment for Financial Education, 略称NEFE）は，ともにこの分野の代表的な機関であり，加えて，多くの非営利組織が合衆国の金融教育を支えている。

英国では民間組織の動きもあるが，現在では金融サービス機構（前述71頁）を中心とする活動が，金融教育では最も注目されている。特に，この数年では，学校教育の指針であるナショナルカリキュラムに金融教育を組み込む作業が進められている。ファイナンシャルリテラシー（金融読み書き能力）を育成するために，資格カリキュラム庁（QCA）と教育雇用訓練省（DfES）に積極的に働きかけて，2000年から必修科目になったシティズンシップ教育において，金融学習を推進する努力を行っている。

英国では，ニートと呼ばれる若者の無職者やホームレスの増加，政治離れなど先進国に共通の悩みを背景に，将来の社会を担う子どもを対象に，シティズンシップという新たな教科横断型の科目を，2000年から導入し，2002年には中学校レベルで必修とした。シティズンシップでは，社会的・道義的責任，コミュニティ参加，政治的リテラシーの三つの能力を育成することによって，コミュニティの再生，あるいは民主社会の活性化をめざしている。

シティズンシップ教育は，市民として生きていく上での基礎を勉強する科目であり，お金に関する学習も当然に含まれる。教育雇用訓練省は，金融能力（Financial Capability）は重要で，人々が金融について複雑な決断をする機会が

増加していると指摘し，金融能力のガイドラインを発行した[10]。図表Ⅱ－1－3は，ガイドラインに示された年齢に応じたキーステージごとの育成すべき金融能力の内容の一部である。

図表Ⅱ－1－3　英国教育雇用省[11]による金融能力の内容

	金融能力	金融に関する実行力	金融に関する責任能力
Key Stage 1 基本を理解する Age 5-7	・お金とは何か，お金の交換機能 ・お金はどこから来るか ・お金はどこへ行くか	・お金を管理する ・お金を使う，予算を立てる ・情報コミュニケーション技術の活用 ・リスクとリターンの基本	・個人の人生における選択 ・消費者の権利と責任 ・金融のインプリケーション ・情報コミュニケーション技術の活用

　以上の，先行する米英の金融消費者教育は，わが国にどのような示唆を与えるだろうか。米英では基本的な市場理解，経済社会の理解，市民としての資質の育成という従来の市場認識型消費者教育の路線上に，個人ファイナンスの目標設定を考える金融教育も置かれている。

　これに対して，消費者問題理解から消費者教育が出発しているところに，日本の消費者教育の限界もある。1989年のカリキュラム改訂に影響を与え，部分的にせよ消費者教育を学習指導要領に位置づけられたとされる86年の国民生活審議会の意見書「学校における消費者教育について」は，高齢者をターゲットにした85年の豊田商事事件や，拡大する若年層のキャッチセールス被害に対処すべく契約教育の必要を訴えたものであった[12]。

7　消費者教育としての金融教育

　たしかに，国民生活センターの統計から見ると，過去10年間の金融関連のトラブルが急速に増加していることが確認できる。なかでもサラ金，フリーローンに関する相談が突出している（図表Ⅱ－1－4参照）。金融商品は目に見えない商品であるがゆえに，商品の品質評価は難しく，デパートで買った商品のよ

うに問題があっても返品することができない商品である。それゆえに商品選択に当たっては，その判断の拠り所となる情報のみが頼りとなる。法律による規則は，問題発生の事後に，再発を防ぐため徐々に整備されてきたが，次々と新しい商品が開発されると，法律の整備も間に合わない。むしろ，業者は法律の網をぬって，違法すれすれの行動をとることもまれではない。このような状況では，消費者は自らの能力を高める絶え間ない学習を必要とする。また，消費者の学習の機会を提供したり，あるいは学習の意欲を高めるための支援活動が，行政の施策としてますます求められてきている。

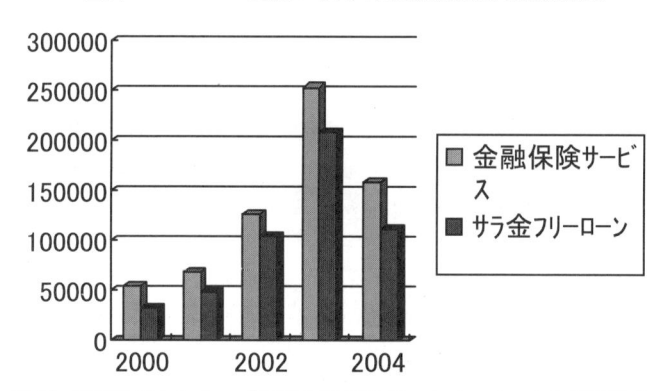

図表Ⅱ－1－4　過去5年間の金融関連消費者相談件数

出所）国民生活センター「消費生活相談データベース」より著者作成。

　各地の消費者センターでは，相談の増加傾向に対処するために，相談員が金融問題に関する勉強会を開催するところも多い。また，分野の専門性を特化させ，金融専門の相談対応をするセンターも現れた。金融教育は法律規制によっては限界のある部分を埋めるものである。この点に関しては，金融分野に関連する専門家の責任は重大で，消費者自立へ向けた不断の教育活動へのサポートが必要とされる。

　同時に，英米の金融教育に学ぶものは多く，基本的な市場理解，経済認識を深めつつ，個人の金融上の意思決定能力を高める新たな金融消費者教育がプログラムされる必要がある[13]。

第Ⅱ部　消費者教育の現状と課題

〔注〕
1） 貯蓄増強中央委員会『貯蓄運動史』1983年，pp.14〜18。
2） 金融審議会答申，21世紀を支える金融の新しい枠組みについて，2000年6月27日。
3） 2004年度の金融教育研究校は全国で19校となっている（内訳は高校15，中学校4）。
4） 金融庁「学校における金融教育の一層の推進について」2002年11月。
5） Financial Service Authority, Consumer Education:A strategy for Promoting Public Understanding for Financial System, 1999.
6） At the Jump Start Coalition's Annual Meeting Washington, D.C., April 3, 2003.
7） 金融広報中央委員会「金融に関する消費者教育の指導指針」，2002年，p.2。
8） ジャンプスタートのホームページ http://www.jumpstart.org/guide.html から作成。
9） 西村隆男『日本の消費者教育』，有斐閣，1999年，pp.118〜120。
10） DfES, Financial Capability through Personal Financial Education Guideline for Schools at Key Stages 1 & 2, 3 & 4, 2000.
11） 英国の教育省庁の名称は従来の教育科学省（Dept. for Education & Science）が，1992年には教育省（Dept. for Education）に，95年には教育雇用省（Dept. for Education & Employment）に，さらに2001年には教育雇用訓練省（Dept. for Education & Skills）へと変更された。
12） 西村隆男，前掲書，pp.63〜66。
13） 経済の変容がすすむなかで，国民の金融リテラシー向上をめざす金融庁が設置した金融経済教育懇談会は，2005年6月，金融経済教育の推進に関する論点整理を公表した。

第2章　家庭科教育と消費者教育

1　家庭科における消費者教育の視点

　家庭科教育において，消費者教育は重要な部分を占めている。例えば家庭科教育が重視する観点については，平成10年7月の「教育課程審議会答申の改訂の基本方針」に「(ア) 衣食住やものづくりなどに関する実践的・体験的な活動を通して，家族の人間関係や家庭の機能を理解し，生活に必要な知識・技術の習得や生活を工夫し創造する能力を育成するとともに，生活をよりよくしようとする意欲と実践的な態度を育成することを，より一層重視する……」「(ウ) ……環境に配慮して主体的に生活を営む能力を育てるため，自ら課題を見出し解決を図る問題解決的な学習の充実を図る」と述べられている。下線部は，消費者教育のねらいと重なっている。すなわち，消費者教育は，自分の生活や次世代の生活をよりよいものにするために，どのような生活を営めばよいか，その在り方を考え，実践することができるために必要な資質や能力を育てることを目指すものといえるからである。

　わが国の消費者教育を担当する教科の一つである家庭科は，消費者教育をどのように位置付けているだろうか。かつて，家庭科の消費者教育は，賢い購入や消費者被害回避の教育，いわば対症療法的学習の段階があった。しかし，消費者教育自体が，狭義のバイマンシップ教育から，グリーンコンシューマーやプロシューマーの育成へと質的に転換し，体質改善の教育へと変革していくなかで，家庭科が消費者教育に求めるものも変化してきた。家庭科は実践的能力・態度の育成を目指す教科であることから，理念だけでなく，行動・態度を伴うことにはなる。そこで，現在，家庭科における消費者教育がどのような教

育を目指しているかを述べたい。

(1) 家庭生活における消費への認識

家庭科では、家庭生活の向上をめざすが、その消費生活の在り方にかかわるところに消費者教育との接点がある。ところで、家庭科は、この家庭生活をどのように捉えているのであろうか。かつて、クローズドで私的な領域であった家庭生活は、その多様な機能が、商品化・社会化されている現代では、社会と相互に関係するシステムと捉えざるを得ない。このように、現在、消費の場について私的領域と公的領域との関連を抜きにして論じることができなくなっていることは、逆に、生産の側にとっても同様であり、生産の場に生活者の視点が求められることになる。この生産側の要求に対して、生活者にとって望ましい環境を醸成するための建設的な意見を提案できる力を育てる家庭科でありたい。

(2) 消費者市民の育成

家庭生活の場に公的領域がかかわる現在、家庭生活の向上・改善のために、生活重視の価値観とともに市民意識を持つ生活者の育成が求められる。自らの家庭生活を私的領域と捉えることから脱却して、自らの生活が社会から規制され、逆に自らの在り方が社会の在り方を規制することを認識し、そのことへの責任を自覚して行動する市民を育てることが求められる。平成元年より、家庭科を小中高すべての男女児童・生徒が履修することとなり、すべての男女が、生活者の立場から消費と生産とを学ぶことが可能になった意義は大きい。これによって、個々の実生活に軸足を置いた堅実な市民の育成が可能になった。

(3) 社会教育における消費者教育への家庭科教育の役割

消費者教育は、生活的・経済的・精神的に自立し、自己責任で生活を営む社会人に対して、社会教育の場で行うのが効果的かもしれない。消費者教育の成果が現実の自分の生活に直結し、実感を伴うからである。今後、生涯学習社会

の発達とともに，消費者教育の機会も増大するであろう。しかし，生涯学習社会がいかに成熟したとしても，学校教育が果たす導入学習の役割は大きい。自立した消費者として，社会に対する役割と責任とを自覚した市民としての在り方を，体系的に学習できるのは，学校教育をおいて他にはない。将来，受けるであろう社会教育の内容を，自己の生き方にどのように組み込んでいくか，その方法や理念を身に付けさせることが学校教育の大切な役割である。家庭科における消費者教育に，この視点を欠くことはできない。

2　小学校家庭科における消費者教育

(1)　学習指導要領にみる消費者教育

　平成10年12月に告示された小学校家庭科の学習指導要領[1])において，消費者教育に関する内容は，「物や金銭の使い方と買物」という内容に示された。従来，消費者教育は，「C　家族の生活と住居」領域に含まれていたが，今回は，「家庭生活と家族」「衣服への関心」「生活に役立つものの製作」「食事への関心」「簡単な調理」「住まい方への関心」「物や金銭の使い方と買物」「家庭生活の工夫」の八つの内容のまとまりの一つとして示されている。その意図は，内容間の関連を持たせた題材構成を進めやすくすることにある。「物や金銭の使い方と買物」の単独内容だけでなく，たとえば「簡単な調理」と関連させて，調理実習の食材の買物学習を通して，目的に合った物の購入を具体的に学習することや，エコクッキングの視点から調理学習を構成することもできる。また，「生活に役立つものの製作」と「物や金銭の使い方と買物」とを関連させると，死蔵衣類を自分の生活に役立つものに再生する学習を通して，リサイクル・リフォームの学習だけでなく，生活の中での物の必要と欲求充足とのアンバランスについて，具体的に気付かせる学習が可能になる。

　このように，小学校では，できるだけ身近な課題を通して，消費者としてのものの見方を養ったり，生活の課題に気付く学習を大切にしようとしている。

　更に，子どもたち自らが気付いた生活課題を，どのような見通しを持って，

解決してゆくか，課題解決の方法について具体的な場面を通して学ぶことができるように，課題解決型学習を重視した授業の実施が求められている。

(2) 実態と課題

日本家庭科教育学会が家庭生活について全国の小中高生を対象に行った調査の結果[2]から，子どもたちの実態をみてみると，衣食住の家事への参加は，学年が上がるにつれて参加率が高くなっているが，小学校家庭科を学ぶ5・6年生の参加度は非常に低く，日常的な生活体験を通して，生活課題を実感する機会に乏しい。となると，学習の場において，具体的な生活場面における消費者としての在り方やものの見方を学ぶ機会を重ねていくことが必要になる。この調査によると，省エネ，環境問題，資源節約，消費活動などについて，子どもたちの反応や実態が必ずしも良好ではない。

理論的・体系的な学習は，中等教育段階を中心に行うとして，まず感受性がゆたかで，好奇心が旺盛な児童期には，家庭における消費が，どのように営まれているかなど，まず身の回りの実情へ関心を持たせたり，そのなかで，子どもの目からみて気付いた課題を，どのように解決していくか，その進捗状況への興味などを大切にさせたい。消費者としての感性や，実践・課題，解決への意欲や成就感を体験させておくことは，実践力のある消費者を育成するために不可欠な要素となる。

3 中学校技術・家庭科における消費者教育

(1) 学習指導要領にみる消費者教育

平成10年12月告示の中学校『技術・家庭』の学習指導要領[3]において，消費者教育に関する学習内容は，家庭分野の二つの内容「A　生活の自立と衣食住」「B　家族と家庭生活」のうち主にBの「(4)　家庭生活と消費」の部分に示されおり，またこの項目はすべての生徒に共通に履修させることになっている。「(4)　家庭生活と消費」は「家庭生活における消費の重要性に気付かせ，販売

方法の特徴や消費者保護に関する学習を通して，物資やサービスの適切な選択，購入及び活用などができるようにするとともに，環境に配慮した消費生活ができるようにすることをねらいとしている」[4]項目である。

上述(4)の「ア　販売方法の特徴や消費者保護について知り，生活に必要な物資・サービスの適切な選択，購入及び活用ができること」では，中学生の身近な事例を取り上げて具体的に考えさせ興味・関心を持たせるように工夫しながら，単なる買い物論の学習にとどまらない，自分や家族のライフスタイルや消費行動を見直すことを含めた消費者としての自覚を高める学習内容となっている。(4)の「イ　自分の生活が環境に与える影響について考え，環境に配慮した消費生活を工夫すること」では，環境に影響を与えている消費生活の事例と改善のための生活の工夫，環境に配慮した選択・購入，ごみを少なくする暮らし方などが学習内容として示されている。現行の学習指導要領は，「環境に配慮して主体的に生活を営む能力を育てるため，自ら課題を見いだし解決を図る問題解決的な学習の充実を図る」[4]ことを改善の基本方針に挙げており，環境を視野に入れた学習内容を積極的に盛り込んでいる。

平成元年に家庭科に消費者教育の視点が盛り込まれたが，今回の学習指導要領では更に消費者教育が強化されている。また，消費者教育の内容に環境の視点が加わり，環境に配慮した消費生活が工夫できるようにすることをねらいとした内容，すなわちグリーンコンシューマーや消費者市民としての自覚を促す内容が含まれており，消費者教育としての幅の広がりがみられる。

(2) 実態と課題

中学校教師を対象に調査した結果をまとめた「21世紀の消費者教育においてつけるべき能力水準2」[5]では，中学校段階で付けるべき能力課題として41項目を示しているが，その多くの項目の分担が家庭科に期待されているという結果が示されている。学習指導要領と合わせてみた場合，本当に家庭科がこの期待に応えられるのであろうか。

上述のように消費者教育に関する(4)の項目は必修項目としての扱いではある

が,『技術・家庭』の授業時数(選択を除く)は第1学年70単位時間,第2学年70単位時間,第3学年35単位時間であり,十分な学習時間を確保するのは難しい。更に,少ない時間のなかで学習指導要領の改善の基本方針に示されているような問題解決的な学習を通して消費者教育を行うことや消費生活の工夫ができるまで学習を深化させる授業は困難が予想され,有効な教材開発が期待されるところである。また,中学生の消費生活の実態調査をもとにした消費者教育への提言には,金銭教育の必要性[6]や自己形成の大事な時期にある中学生を捉えかつ消費者教育は大きく時代とともに変化する必要があることを指摘しているもの[7]などがあり,消費者教育の内容については生徒の実態も踏まえつつ絶えず検討していく必要があるだろう。

　さて,『技術・家庭』は非常に特異な教科でもある。この教科を消費者教育の視点からみると,「技術分野」は主に生産者,「家庭分野」は主に消費者の視点からの学習である。そして「技術分野」と「家庭分野」は「生活」というキーワードで統合されている。そこで生産と消費をつなぐ学習,すなわち生活者とも訳されているプロシューマーを意識した学習の展開が可能となろう。技術と家庭の連携は,生産と消費を結ぶ学習を可能にできると同時に,限られた授業時数のなかで学習の視野を広げ深化させることができる有効な方法になり得ないだろうか。

4　高等学校家庭科における消費者教育

(1)　学習指導要領にみる消費者教育

　平成11年3月告示の高等学校学習指導要領では,『家庭総合』(4単位)に「消費生活と資源・環境」,『家庭基礎』(2単位)および『生活技術』(4単位)に「消費生活と環境」という項目の学習内容が示されている。高校生はこれら普通教育に関する3科目のなかから1科目選択必履修することになっている。『家庭総合』の「消費生活と資源・環境」の項目には更に「消費行動と意思決定」「家庭の経済生活」「消費者の権利と責任」「消費行動と資源・環境」の内

容が，また『家庭基礎』『生活技術』の「消費生活と環境」の項目には「家庭の経済と消費」「消費行動と環境」の内容が示されている。

専門教育に関する科目として『消費生活』（2～4単位程度）も設置されている。この科目の内容は「経済の発展と消費生活」「財・サービスの選択と意思決定」「消費者の権利と責任」「消費生活演習」の4項目で構成されている。

高等学校においても現行の学習指導要領においては，環境を視野に入れて消費者教育の内容が更に充実されている。高等学校段階では消費生活の現状と課題の把握，消費者問題と消費者の保護，消費行動と資源や環境とのかかわり，環境保全とライフスタイルの確立など，学習内容を身近な生活から国際的地球的視野に広げて捉えることや，社会認識をより深め問題意識を持つこと，社会経済システム全体の見直しと創造ができることなどを通して主体的な判断と行動ができる消費者の育成が求められているが，これらは市民意識を育む消費者教育が求められているものでもある。すなわち消費者教育にグリーンコンシューマーやプロシューマーさらに幅広くシチズンシップを育成する教育としての期待が寄せられていると捉えることもできよう。

(2) 実態と課題

高等学校家庭科に対しても消費者教育の期待は大きい。普通教科としての家庭科の学習指導要領において消費者教育の内容をみると，3科目のなかでは『家庭総合』の内容が最も充実しているが，選択履修率は2単位の『家庭基礎』が多くなっていることから，消費者教育のための時間の確保，内容の充実は難しい状況が推察される。更に専門教育科目の『消費生活』の履修者は非常に限られている。現状では家庭科教育は多くの期待に十分応えられないのではないかと考える。

そこで，"環境保全型ライフスタイルを見据えた消費行動ができる高校生"のための教育プログラムの作成の提言[8]のように，生徒の実態を捉えた消費者教育の内容の検討だけでなく，家庭科も含む幅広い消費者教育の場・機会や消費者教育の方法，担当教員の資質などについても考えていく必要があろう。

第Ⅱ部　消費者教育の現状と課題

〔注〕
1）『小学校学習指導要領（平成10年12月）解説―家庭編―』文部省，1999年5月，p.3。
2）『家庭科で育つ子どもたちの力』日本家庭科教育学会，2004年7月，pp.21〜60。
3）『中学校学習指導要領（平成10年12月）解説―技術・家庭編―』文部省，1999年9月，p.70。
4）前掲書 p.3。
5）石岡富貴子「21世紀の消費者教育においてつけるべき能力水準2―中学生の場合―」，『消費者教育第二十一冊』2001年，pp.81〜91。
6）『全国調査からみた家庭科の学習効果と家庭科カリキュラムへの提言』日本家庭科教育学会，2004年，pp.73〜74。
7）落合　良，松岡明子，鈴木真由子，田内寛人，安田憲司「子どもの生活および消費行動の実態と消費者教育の課題―中学生の意識―」『消費者教育第二十一冊』2001年，pp.145〜154。
8）鈴木真由子，落合　良，松岡明子，田内寛人，安田憲司「高校生の生活および消費行動の実態と消費者教育の課題」，前掲書，pp.203〜213。

［参考文献］
1　『小学校学習指導要領』文部省，1998年12月。
2　『小学校学習指導要領(平成10年12月)解説―家庭編―』文部省，1999年5月。
3　『中学校学習指導要領』文部省，1998年12月。
4　『中学校学習指導要領(平成10年12月)解説―技術・家庭編―』文部省，1999年9月。
5　『高等学校学習指導要領』文部省，1999年3月。
6　『高等学校学習指導要領解説　家庭編』文部省2000年3月。

第3章　商業(ビジネス)教育と消費者教育

1　新しいビジネス教育の意味

　学習指導要領の改訂（平成11年3月29日）により，商業教育はビジネス教育としてその装いを新たにした。しかし120年以上の伝統を有する商業教育に配慮し，本章のタイトルを「商業（ビジネス）教育」としたことを許されたい。
　本章執筆に当たって考えられることは，今回の改訂で商業教育は「ビジネス教育」としてその一新をはかったが，消費者教育との関連性からすれば旧指導要領に比してどのような変化をきたしたのだろうか。そして商業教育を単に生産者サイドからのみとらえるという従前のスタンスはそのまま堅持してよいのか，という点である。商業教育が専門教育（職業教育）である以上，有為な職業人の育成は商業教育の主要かつ重要な課題であることは指摘するまでもないが，職業人や起業家・管理者，経営者の育成をめざすとしても，その基底には，消費者に関する理解が前提としてなければならない。
　従来の伝統的商業教育（生産者サイドに立つ教育）が消費者の立場に立つ学習を導入するようになったのは平成に入ってからではないかと思う。商業教育は長い間企業中心の生産者志向の教育を続け，消費者教育には容易にその門戸を開こうとはしなかった。それは，昭和60年代商業教育に消費者教育を導入しようとした際，消費者教育を「特定の思想領域」としてこれを警戒するという当時の管理職の「笑うに笑えない話」が実在した事実，企業による公害の問題を商業の教科・科目で扱うことを避けようとする一部管理職の存在などをみても，当時がいかに生産者サイド重視の時代であったかが推察できるのである。家庭科の男女共通履修の実施が迫った数年前のことであった。

2　商業（ビジネス）教育を巡る社会の変化

(1)　企業社会の変化

　商業教育界に，商業教育がわが国の戦後の経済復興と高度経済成長を根底から支えてきたという自負があるのはごく自然であろう。このことをみても商業教育が職業教育としてわが国経済の発展・興隆に多大な貢献を成してきたという一般的認識は容易に理解できるはずである。したがって，伝統的商業教育が生産者サイドに立ったものであるのはいうまでもないことであった。

　企業に対し有為な人材を供給するための教育が商業教育であったし，今後もそのスタンスは変わらないであろう。しかし社会の動向は日に日に変化し，経済優先社会から生活優先社会にシフトして久しく，企業の在りようも利益第一主義から企業を取り囲む環境を重視した方向へと向かいつつある。これら企業社会の変化と，成熟した市民社会を迎えようとする現在を捉えた上で消費者の在り方を考えることが必要である。

　例えば，経済同友会では2000年12月には「21世紀宣言」のなかで以下のような提言を行っている。「市場そのものを『経済性』のみならず『社会性』『人間性』を含めて評価する市場へと進化させるよう，企業として努力する必要がある。」とし，さらに「社会の期待と企業の目的とが市場のダイナミズムを通じて自立的な調和が図られるようになることである。」としている[1]。

　すなわち，企業活動の行き過ぎた「結果第一主義」や「株主利益至上主義」がわが国固有の文化，伝統，慣習を反映した社会ニーズや価値観と著しい乖離をもたらした，との反省を述べている[2]。いわゆる最近の企業の社会的責任論（CSR）の文脈の中味から，われわれは企業人自らが語る企業の在り方や企業と社会の在り方など，企業の将来のあるべき姿を興味深く窺うことができるのである。そこには利益第一主義を掲げた高度成長時代の企業の影は薄れ，株主や従業員，地域住民，市民，行政，取引先，消費者など企業を取り巻く利害関係者（ステークホルダー）重視の経営理念が鮮明に打ち出されていることに注目

することができる。

(2) 新しいＣＳＲ（企業の社会的責任）論

かつての企業中心社会がいわゆる猛烈社員に代表されるような「会社人間」の出現によって，本来最も大切にしなければならない家庭や子どもの教育などを犠牲にし，地域共同体を崩壊させ，地球環境に多大な負荷を与え続けた事実にみられる企業活動の負の部分にわれわれは目をそらしてはならない。

バブルの崩壊後の現在，企業と企業を取り巻く環境および企業と社会の関係の変化は最近の企業の社会的責任論（CSR：Corporate Social Responsibility）をみれば明確に理解できる。最近にいう真の意味での企業の社会的責任論を一言で整理してみると，それは「経済的価値」「社会的価値」「人間的価値」の創出に対する責任をいう。市場そのものが「経済性」のみならず「社会性」「人間性」を含めて評価し得る市場へと需要サイドがイニシアチブを取れるようにシフトさせることが当面の課題となる。単に企業利益を社会に還元するフィランソロピーの考え方ではなく，CSRを事業の中核に取り込むべき「投資」として理解するのである。それはコンプライアンス（法令・倫理遵守）以上に自主的な取り組みとされている[3]。

経済同友会代表幹事の小林陽太郎（2003年3月）は，第15回企業白書のなかで，「企業と社会の相互性」と題して以下のように述べている。

「企業は，株主のために利潤を追求するだけの無機的なマシーンとしてモデル化して捉えられるべきではない。企業は，生身の人間がそれぞれに固有な価値観や嗜好を持って，株主・顧客・従業員などの様々な立場で参画する場であり，それらの人々が相互に影響し合い信頼を培っていく場であり，また，お互いの多様な利害を交換・調整していくバランシング・ゲームの場である。さらに，企業と社会との関係は相互的なものである。企業の存在意義や目的は，その時代の社会の価値観やニーズ，ステークホルダーの利害や意思などとの相互関係のなかで導き出されるものであり，時代とともに変化する。また，企業と社会の関係は，企業が社会からの要請を受けるという一方向の関係にあるので

はなく，企業からの働きかけによって個人や社会の価値観にも影響をおよぼすという双方向の関係として捉える必要がある[4]。

3 商業（ビジネス）教育の新たな枠組み

(1) 商業（ビジネス）の各分野における能力とコンシューマーリテラシー

図表Ⅱ－3－1　ビジネス分野で養成すべき能力

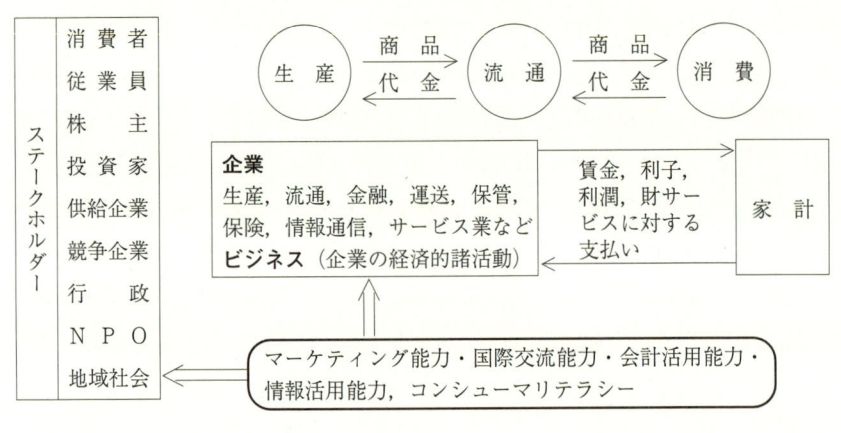

```
[図表：ステークホルダー（消費者、従業員、株主、投資家、供給企業、競争企業、行政、NPO、地域社会）

生産 →商品／←代金 流通 →商品／←代金 消費

企業：生産，流通，金融，運送，保管，保険，情報通信，サービス業など
ビジネス（企業の経済的諸活動）

家計 ←賃金，利子，利潤，財サービスに対する支払い

マーケティング能力・国際交流能力・会計活用能力・情報活用能力，コンシューマリテラシー]
```

出所）吉野弘一『商業科教育法』実教出版，2002年6月，p.134により，筆者作成。

　高校の商業（ビジネス）教育で養成しようとする能力は，以下にみるように①マーケティング能力，②国際交流能力，③会計活用能力，④情報活用能力が挙げられるが，「コンシューマーリテラシー」を加えたらどうか，と考える。それは(Consumer＝消費者　literacy＝読み書きの能力があること）という意味からすれば，「消費者としての基本的理解力」とでもいえようか。

　ところで，本来生産者サイドに立つ商業（ビジネス）教育が文字通り消費者サイドに立つ消費者教育には本来馴染まないのではないかとする疑問が生ずる。このことが，公民科や家庭科に比し商業科における消費者教育の研究が一般的に成り得なかった主要な原因である。この点については参考事項を紹介しながら論じてみることとする。

第3章　商業(ビジネス)教育と消費者教育

(2)　商業教育への消費者教育の導入
　　──消費者教育研究会（(財) 消費者教育支援センター）による
　　　　　　提言「消費者教育の推進方策に関する今後の在り方について」より──

　専門教育（職業教育）としての商業（ビジネス）教育にも「消費者教育を導入すべきである。」とする指摘が，先般公表された「平成14年度内閣府委託調査」（(財) 消費者教育支援センター，平成15年6月）報告書にある。すなわち「消費者保護とはすべての──消費者としての──利益を保護するものであり，一部の人間の利益を代弁するわけではない。また，消費活動が主に家庭内で行われるのは事実であるが，しかし，消費者問題は家庭内の問題ではない。消費者問題とは社会の構造に由来する社会問題なのであるから，消費者教育もおよそ現代の市民全てが──職業や性別にかかわらず──身につけるべき教養と位置付けることができる」(同報告書p.147　提言8)とした上で，第一に，「……数学においては利率の計算について，さらに保健や商業，そして技術科のような生産者としての教育の中でも消費者問題について扱うことが望ましい」(同報告書p.143　提言2)，第二に「特に従業員教育の一貫として企業による消費者教育をより一層進める」というものであった。すなわち「……消費者保護のルールを明確にすることは秩序ある市場の形成に繋がるのであるから，適切な（教材を使用する側の意見をも反映した）教材を作成して配布すること等は企業の利益にも通じる。さらに，企業の社会的責任としても消費者教育に応分の（例えば経済的な）負担を期待することもできる。

　また，企業の立場から消費者に対して情報を発信するのみでなく，企業の中での従業員研修においても消費者の視点を教えれば，消費者教育のさらなる普及に繋がるであろう。例えば，新人研修で消費者教育をすることを義務付けるなら，この研修を受けた者が経営に携わる立場になったときに，消費者のニーズや利益を的確に反映した企業活動をすることが期待できるので，企業や経営者のモラルを高めることになると思われる。」(同報告書p.146　提言6)と述べていることからみても，職業教育したがって専門教育としての商業（ビジネス）教育に消費者教育を導入していくことの意義を理解することができる。

4 高校「商業」の新学習指導要領のうち,流通ビジネス分野における消費者教育の内容について

「ビジネス基礎」については,(1)商業の学習ガイダンス(商業(ビジネス)教育における消費者教育の意味)(2)経済生活とビジネスに対する心構え(消費者本位の流通の在り方と流通業のビジネス倫理について)。「商品と流通」については,(1)産業経済の発達と消費生活 イ 消費生活の変化(消費者のライフスタイルの変化)(3)商品の多様化 イ 商品開発の基本的考え方(商品の安全性と製造物責任(PL)法)「マーケティング」については,(5)顧客満足(CS:Customer Satisfactions)の実現 イ 消費者対応活動(ACAP:The Association of Consumer Affairs Professionals:(社)消費者関連専門家会議)による豊富な資料を教材に消費者関連専門家会議の活動の意義に触れる方法もある。ACAPの宣言にある「この激動の時代にあって,消費者の声に耳を傾けずして企業の生き残る道はない」とする理念は,商業(ビジネス)教育における消費者教育の理論的背景をなす,とみてよい。その他,グリーンマーケティング(Green Marketing)またはソーシャルマーケティング(Social Marketing)などに触れることも考えられる。「経済活動と法」については,(3)財産権と契約 ア 取引と契約 イ 売買契約と賃借契約 (5)社会生活に関する法 ア 消費者と法(消費者基本法,消費者契約法), イ 労働と法 ウ 家族と法 (6)紛争の予防を解決(斡旋,調停,少額訴訟,裁判外紛争処理制度(ADR:Alternative Dispute Resolution))「国際ビジネス」では,(2)我が国の企業経営 ウ 企業の社会的責任(CSR)などの指導が可能である。

第3章 商業(ビジネス)教育と消費者教育

図表Ⅱ－3－2 教科の組織

●消費者教育展開可能科目

科 目 群	分 野	該 当 科 目	
流通ビジネス科目群	流通ビジネス分野	ビジネス基礎	商品と流通● 商業技術 マーケティング●
国際経済科目群	国際経済分野		英語実務 経済活動と法● 国際ビジネス●
簿記会計科目群	簿記会計分野		簿記 会計 原価計算 会計実務
経営情報	経営情報分野		情報処理 ビジネス情報 文書デザイン プログラミング
総合的科目群		課題研究●	総合実践●

出所）文部省『高等学校学習指導要領解説』平成12年3月 p.18により，筆者作成。

図表Ⅱ－3－3 ビジネスの基礎・基本の能力と学び方

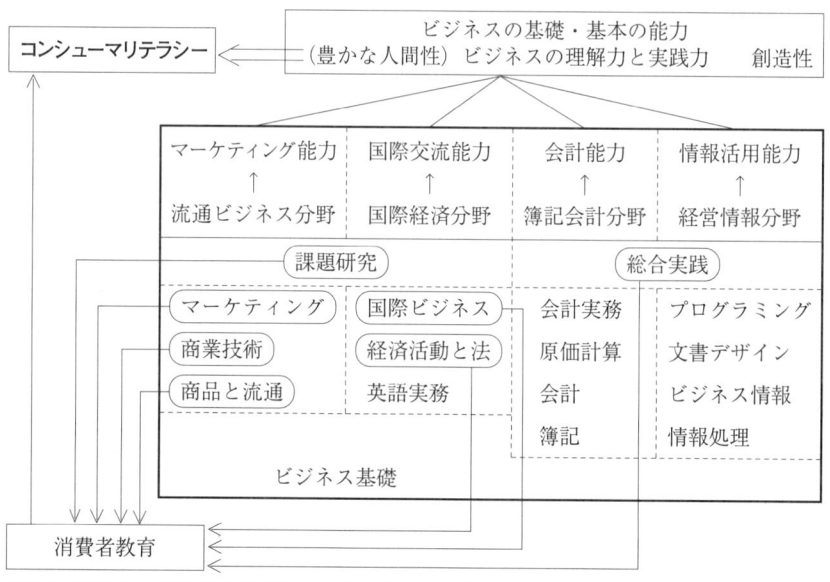

```
コンシューマリテラシー ←──  ビジネスの基礎・基本の能力
                     （豊かな人間性）ビジネスの理解力と実践力  創造性

        ┌────────────┬────────────┬────────────┬────────────┐
        │ マーケティング能力 │ 国際交流能力    │ 会計能力      │ 情報活用能力    │
        │      ↑       │      ↑       │      ↑       │      ↑       │
        │ 流通ビジネス分野  │ 国際経済分野    │ 簿記会計分野    │ 経営情報分野    │
        ├────────────┴────────────┼────────────┴────────────┤
        │      （課題研究）               │      （総合実践）               │
        ├────────────┬────────────┼────────────┬────────────┤
        │ マーケティング  │ 国際ビジネス    │ 会計実務      │ プログラミング   │
        │ 商業技術     │ 経済活動と法    │ 原価計算      │ 文書デザイン    │
        │ 商品と流通    │ 英語実務      │ 会計        │ ビジネス情報    │
        │           │           │ 簿記        │ 情報処理      │
        └────────────┴────────────┴────────────┴────────────┘
                            ビジネス基礎

  消費者教育
```

出所）吉野弘一『商業科教育法』実教出版，2002年6月 p.59により，筆者作成。

第Ⅱ部　消費者教育の現状と課題

〔注〕
1）　(社)経済同友会・第15回企業白書『市場の進化と社会的責任経営』－企業の信頼構築と持続的な価値創造に向けて　要約　－　2003年，p.2。
2）　同掲書，p.2。
3）　同掲書「エグゼクティブ・サマリー」p.7。
4）　同掲書「エグゼクティブ・サマリー」p.3。

〔参考文献〕
1　大蔵省印刷局『高等学校学習指導要領』大蔵省印刷局，1999年。
2　文部省『高等学校指導要領解説・商業編』実教出版，2001年。
3　(財)消費者教育支援センター『消費者教育事典』有斐閣，1998年。

第4章　消費者志向の企業経営

1　消費者志向の視点

　グローバル化の進展や流通構造の変化などにより，地場産業は新たな対応を迫られている。本章は，国際経済環境の変化と長引く国内不況などへの日本・福井眼鏡産地の対応策を，「消費者志向」をキーワードに考察しようとするものである。
　そこで，第1に福井産地の技術革新の過程から「消費者志向」を考察する。第2に産地最大手のシャルマングループを事例に「消費者志向」に迫る。これらの検証によって，眼鏡産業の発展にとって「消費者志向」のマーケティングが重要であることを確認しようとするものである。

2　福井産地の現状

　日本の眼鏡産業の中心産地は福井県である。福井県の眼鏡枠出荷率が97.2％とほぼ100％に近づいている。2001年のデータによると，全国出荷額657億9,000万円に対して，福井産地は639億7,400万円を占めている。10年前から80％を超えていたが，現在では完全に産地集中型となっている。
　この福井産地の中心は鯖江市である。鯖江市には，「完成品メーカー」（眼鏡枠を組み立て・完成させる），「部品メーカー」（丁番・ネジなど眼鏡枠部品を生産する），「中間加工メーカー」（ろう付け加工，研磨加工，メッキ加工，塗装，七宝加工，組立加工など作業工程の一部を専業に行う）が広範に立地・操業している。それらに，眼鏡機械メーカー，レンズメーカー，材料販売業者・産地卸商社などが加

わり，地域内分業体制を確立している。眼鏡の製造過程は複雑で200から250工程にもおよぶといわれるが，ヨーロッパでは企業内一貫生産体制が中心であるのに対して，福井産地は地域内での分業体制が特徴となっている。

図表Ⅱ－4－1　眼鏡枠の産地別出荷額の推移

(単位：百万円・％)

	1997年		1998年		1999年		2000年		2001年		
	金額	構成比	金額	構成比	金額	構成比	金額	構成比	金額	構成比	前年伸率
全国	82,818	100.0	90,767	100.0	77,710	100.0	80,403	100.0	65,790	100.0	△18.2
福井	77,560	93.7	87,067	95.9	75,301	96.9	78,598	97.8	63,974	97.2	△18.6
東京	3,020	3.6	2,252	2.5	1,010	1.3	798	1.0	833	1.3	4.4
その他	2,236	2.7	1,448	1.6	1,399	1.8	1,007	1.3	988	1.5	△2.4

＊1999年以降は眼鏡の部分品を除く。

出所）『眼鏡白書2003～2004』㈱サクスィード，2003年10月。

3　眼鏡フレームの製造工程と福井産地の技術革新

　眼鏡産業の発展は，製造工程の各段階における技術革新と眼鏡材料の進化によってもたらされたものである。そこで，まず眼鏡フレームの製造工程について述べ，その上で福井産地の技術革新について述べたい。福井産地の技術革新ということは，日本の技術革新でもあることを，あえて付記しておきたい。

(1)　眼鏡フレームの製造工程

　金属製フレームの製造工程は，200～250の工程があるといわれている。機械によって製造可能な箇所もあるが，手作業でなければできない箇所も多い。次に製造工程の概略について述べたい。

① 　デザイン………まずメガネをどんな形にするのかを決める。デザイナーは，自らの感性・デザイントレンド・機能面を考慮しながら，アイデアを形にしていく。

② 図面形式………工場のラインにのせるための図面を作成する。かけ心地や耐久性といった機能面を満たすものでなければならない。同時に，製造過程で技術的なトラブルが生じないような工夫も折り込んでいく。

③ 金型製作………眼鏡フレームを構成する金属パーツは，材料の金属を金型でプレスし打ち抜いたり，模様をつけたりする。この金型をつくるには，彫金の専門的技能を有する熟練工の完全な手作業となり，職人芸に頼っている。

④ 部品製造………プレス機に金型を取り付け，金属のパーツを加工する。用途に応じて数トンから，時には数百トンもの大型プレス機を使用する。

⑤ リム成型………眼鏡のレンズを固定する丸い輪を，「リム」という。ベンディングマシンに設計データを入力すると，自動的に材料の線材を曲げてカットし，リムを形成する。材料の線材は「リム線」と呼ばれ，あらかじめレンズがはまりこむ溝が内側に掘られている。

⑥ ろう付けによる組立………主要な部品（リム，ブリッジ，テンプル）をろう材で接合すると，おおまかなメガネの形が出来上がる。

⑦ 研磨………モーターで高速回転するバフに，メガネを押し当てて磨く。プレス後の断面や，ろう付けで荒れた表面を滑らかにする。そのあと，四角い箱状の道具（バレル）のなかに研磨剤を混ぜたクルミのチップとメガネを入れ，これをモーターで回転させて，メガネ全体を磨く。

⑧ メッキ………金属性のメガネの場合，表面をきれいに着色し，また錆の発生を防ぐためメッキを施す。

⑨ 組立………テンプル，鼻パットなどをネジでとめて組み立てる。単純な作業であるが，ロット数が小さいため，機械化することができない。仮のレンズをはめこむ。

⑩ 洗浄………製造の過程で付着する油，汚れを洗い落す。洗剤を満たした洗浄槽のなかで，超音波をかけて微振動させて汚れを洗い落す。その後，流水で洗剤を洗い流し，温風を当てて乾燥させる。部品段階から最終仕上げまで，洗浄は10回以上行われる。

⑪ 最終検査………寸法，形状は間違いないか，傷，汚れ，歪みはないかなど，あらゆる角度から確認する。合格したものは，ブランド・タグを付け，一個ずつ袋に詰めて出荷する。

(2) 福井産地の技術革新

眼鏡産業の発展は，製造工程の各段階における技術革新と眼鏡素材の進化によってもたらされたものである。そこで，産地の技術革新について述べたい。福井産地の技術革新ということは，日本の技術革新でもあることを，あえて付記しておきたい。

福井産地は地域分業体制が確立している。メタル枠製造，プラスチック枠製造，サングラスや既製老眼鏡製造などの完成品メーカーのほか，丁番，ネジ製造，パット・パットアーム，モダン，ろう付け，研磨，メッキ，塗装，七宝，金型，眼鏡機械など各分野の事業所が立地している。福井製フレームの品質の高さは，その各分野ごとのたゆみない技術革新によるものである。その特徴点は，多品質・少ロットという小回りの利く生産ラインに加え，短納期システムが確立されている点にある。

福井製フレームの材質を特徴づけるものは，「チタン」である。チタンは軽くて強く，しかも耐食性に優れている。1980年に福井産地はチタンフレームの開発に成功し，チタンフレームへの流れをつくったのである。チタンは加工しにくい材料であり，当初は純チタンのろう離れや，カラー剥げ，折れたり切れたりということもあったといわれる。これらの問題点をすべて解決し，今日では生産量の約50％をチタンフレームが占めるに至ったのである。これまでに，チタン系金属のプレス，曲げ，切削，研磨，鍛造，接合，表面処理などの加工技術を開発するとともに，加工機械も開発してきたのである。

福井産地のフレームの進化は，眼鏡素材[1]の進化に負うところが大きい。眼鏡素材は洋銀，真ちゅうから始まり，セルロイド，アセテート，洋白，ニッケル合金へと転換し，近年ではステンレス，チタン，超弾性合金など，難加工材の活用で世界をリードしている。進化の過程でβチタンの加工技術，チタンの

第 4 章　消費者志向の企業経営

図表Ⅱ－4－2　眼鏡素材比較表

材料 (Material) (Japanese) (English)		成分 (Element)	特性 (Property)				
			比重 Specific Gravity	耐食性 Corrosion Resistance	バネ性 Elasticily	加工性 Machinabillty	ロー付性 Brazing Property
メタル (Metal)	洋白(Ni合金) German Silver	Cu64,Ni18,Zu18	8.78	3	3	5	5
	モネル(Ni合金) Monell	Ni67,Cu28,Fe2,Mn1	8.90	3	2	3	5
	ステンレス(SUS304) Stainless Steel	Ni8,Cr18,Fe74	8.00	5	4	2	3
	Ni-Cr合金 Ni-Cr Alloy	Ni84,Cr13.5,Ag1.2,Cu1	8.67	5	4	3	4
	純チタ Pure Titanium	Ti99	4.50	5	3	3	2
	超弾性合金(NT合金) NT-Alloy	Ti50,Ni50	6.50	5	5	2	1
	アルミニウム Aluminum	Al99	2.70	1	2	5	0
	ジュラルミン Duralumin	Al89,Zn5.5,Mg2.5,Cu1.5 etc	2.80	1	2	5	0
	金無垢(K18) Gold	Au75,Ag,Cu	16.90	5	2	5	5
	マグネシウム合金 Magnesium Alloy	Mg95,Al3,Zn1 etc (AZ31)	1.78	1	1	1	0
プラスチック (Plastic)	アセチ Celluloid Asetate		1.30	4	4	5	－
	セルロイド Celluloid		1.34	4	3	3	－
	CP Cellulose Propionateku		1.20	5	5	成型	－

＊5：Good　~3：Acceptable　~0：Poor

出所）株式会社シャルマンご提供の資料により，筆者作成。

精密鋳造技術など，材料の加工技術が総合的に蓄積されていったのである。ちなみに，現在使われている眼鏡素材をみると，世界市場の素材は，アセチ3，洋白5，チタン1，NT1の割合となっている。それに対して日本市場の素材は，アセチ1，洋白3，チタン5，NT1の割合である。世界市場では洋白，日本市場ではチタンが主流を占めている[2]。

次に，各部門の技術力について述べたい。日本製品のクオリティの高さは，金型づくりが担う部分が大きい。フレーム形状や模様が複雑になるなか最先端

のコンピュータ・機械を駆使して、精度の高い金型をつくり上げている。CAD/CAMによる3次元化は金型づくりの中枢部ともいえる。マスターの面取りや、「焼き入れ」といわれる熱処理にも日本独特のノウハウがある。また、ブリッジ、テンプル、ヨロイなどのプレス加工は、日本では往復運動と回転運動を互いに移行させる装置を使ったメカニカルプレスが主流である。マスターを固くするための焼き入れに対して、プレス加工したパーツは材質によっては「なまし」といわれる熱処理を行っている。これによって、プレス前の金属内部のひずみや固さのムラを取り除き、弾力性を持たせる。新鋭設備を駆使した高度な加工プログラム作成技術が、パーツの加工技術の精度を高めている。

　各パーツを接合するろう付け技術について、福井産地には特出した技術が保有されている。同じ金属だけではなく、異なった金属との接合方法や、ＮＴ合金の登場に伴う新しい接合技術も開発している。ろう付けは必ず職人の手が入る重要な工程である。ろう付けの最終検査は、ろう材が流れすぎていないか・不足していないか、肌荒れ・傷はないか、変形・位置ずれなどの目視チェックである。そのほかに引っ張り破壊検査、Ｘ線検査、せん断検査などを行う。ろう付けの出来がよいか悪いかがフレーム全体のバランス、強度に影響するのである。

　金型づくりやろう付けについて前述したが、それらの技術を背景として福井産地のパーツの精巧さはトップレベルとして知られている。近年チタンパーツが主流を占め、リムロックや丁番、小ネジなどがデザインに直接影響するため、形状も加工工程も複雑になってきている。部品メーカーの開発意欲は高く、洋白から鉛を抜いた材料を最初に開発したのは、福井産地の部品メーカーである。洋白に鉛を入れた切削剤は切削性はよいが、ろう付けの温度がかかると鉛だけが分離し、折れやすくなる。一見、同じ形状の部品でも材料の違いが、後の工程に影響するのである。

　福井産地は表面処理技術でも、世界のトップレベルの技術を誇っている。近年、眼鏡フレームのカラーバリエーションが多様化し、カラーとカラーの組み合わせが増えてきている。表面処理ではメッキ、塗装、七宝、転写などを組み

第4章　消費者志向の企業経営

合わせたものが多くなってきている。

　さらに，フレームづくりへの第一歩として，非常に重要なポジションを占めるのは，企画・デザインの部門である。ユニバーサルな視野に立って商品開発を進める必要があり，そのためにもデザインの果たす役割は大きい。デザイナーは企画段階でのコンセプトをもとに，頭に描いたイメージをデッサンで形にし，具体化していくのである。その過程で設計，試作，製造，営業などあらゆる部門との綿密な打ち合わせを行う。福井産地には，フリーランスや企業内のフレームデザイナーが大勢いる。また，福井県は「デザイン立県」を目指し，デザインによる交流や新たな価値の創造，デザインを正しく評価する風土づくりなど，様々な施策が行われている。

図表Ⅱ－4－3　眼鏡産業と眼鏡材料の変遷

	世界眼鏡産業の変遷	福井産地の沿革
～1985	世界(特に先進国)市場の眼鏡生産国はドイツ国の独壇場 世界の四大眼鏡メーカーRodennstck, Metzler, Marvits, Carlzeiss	1905年(M36)，増永氏，大阪より福井に眼鏡枠製造を導入…手工業生産。手工業生産から除々に機械加工生産へ。日本製品のほとんどが，ドイツのCopy。日本国内市場は，プラ枠からメタルフレームへ。 1980年，福井産地チタンフレームの開発。 除々に日本メーカーのフレームが世界的に認められる。
	【世界市場の素材】 アセチ/CP/洋白　4：3：3 アセチ/CP・ナイロン/洋白/カーボン 3：3：3.5：0.5	【日本市場の素材】 セル/アセチ/真鍮　5：1：4 真鍮から洋白へ 洋白/ステン/Ni-Cr合金/金張り 3：3：3：1
1985～1995	ドイツのメーカーの衰退 代わって，イタリア(Luxottica. Safilo) 日本のメーカー台頭	
	【世界市場の素材】 アセチ/CP・ナイロン/洋白/カーボン 2：3：4：1 アセチ/洋白/チタン　3：5：2 アセチ/洋白/チタン/NT 2：5：2：1	【日本市場の素材】 アセチ/洋白/チタン　3：4：3 アセチ/洋白/チタン/NT 1：3：5：1
1995～2000	イタリア(Luxottica. Safilo)，依然健闘 中国，韓国のほか，東南アジア諸国が，Bolumezone商品の主生産国として台頭。 中国をはじめとする低人件費国が，眼鏡の主要生産基地となる。 生産商品は，Bolume商品にとどまらず，高級品にも移行。	日本メーカー，Bolume商品の生産は衰退。 高級品のチタンのみに特化。
	【世界市場の素材】 アセチ/洋白/チタン/NT 3：5：1：1	【日本市場の素材】 アセチ/洋白/チタン/NT 1：3：5：1

＊アセチ＝アセテート
出所）　株式会社シャルマンご提供の資料により，筆者作成。

4 福井産地有力企業の展開

　産地有力企業であるシャルマングループの業務展開を跡付けることによって，今後の福井産地の在り方を考察する礎としたい。

　シャルマングループは，1956年フレーム部品を製造する堀川製作所（現株式会社ホリカワ）を設立したのが始まりである。部品製造の下請けでは完成品メーカーの受注待ちで自分で売ることができないので，1974年に完成品製造に乗り出した。完成品をつくっても問屋経由の販売では，自社による積極的な売り込みはむずかしい。そこで1975年に販売会社のシャルマンを設立し，眼鏡業界で初めて小売店と直接取り引きを始めたのである。当時はまだ問屋が大きな力を持っていた時代である。問屋の反対は激しく，加えて自社ブランドの認知度も低く，小売店に売るのは困難を極めた。そのピンチを救ったのは，ピンクやカラーフレームのヒットであった。1981年に当時の西ドイツから金属メッキで着色する機械を導入し，ネオカラーフレームを製造し発売したところ，小売店から引き合いが急増した。ネオカラーフレームの市場投入は，堀川馨社長の決断によるものであった。これによって，シャルマンは販売量を一気に拡大し，小売店との直接取引は軌道にのったのである。

　当社は自社ブランドの販売拡大に力を注ぎ，今や「Charmant」は単一ブランドとして全世界で約300万枚を販売する世界トップブランドである。一方で国際化戦略を推進するため，国内眼鏡フレームの製造で培った技術とノウハウを生かし，ワールドライセンスの取得にも力を入れている。現在，当社が抱えるワールドブランドは「EsPrit」「HUGO Hugo Boss」「BOSS Hugo Boss」「MICHAIL KORS」「ELLE」の五つである。欧米に本拠地を置くこれらのブランドを，日本の一企業が取得できたことは極めて異例である。

　海外進出も国内同様に小売店に直接売るスタイルで臨んでいる。1982年に米国法人「CHARMANT INC U.S.A」を設立した。円高不況のさなかの決断であった。業界各社が東南アジア市場への進出に力を入れていたのとは路線を

第Ⅱ部　消費者教育の現状と課題

異にし，本格的な国際戦略の第一歩として，大市場の米国を選択したのである。当初こそ苦労したが，見事に為替リスクを克服するとともに，小売店の信頼を得て販路を確立したのである。この成功体験をもとに87年には，ドイツに現地法人「CHARMANT GMBH EUROPE」を設立した。これによって，欧州諸国全域への販売網を築いたのである。商品のクオリティを重視する欧州市場での成功は，当社の技術・品質の水準の高さを立証するものとなった。91年には，香港に東南アジア諸国の販売拠点となる「CHARMANT HONG KONG COLTD」を設立した。更に，94年には英国という順で設立し，現在では9カ国に販売会社を展開している。

生産拠点の展開についてみると，1992年に自社ブランド「ARISTAR」の製造を，中国の広東省で開始した。世界市場にリーズナブルな価格帯の商品を供給するためで，月産能力は30万本体制である。

1990年には，イタリア最大大手の眼鏡メーカー，Luxottica社と，東京に企画・販売の合弁会社「MIRARI JAPAN」を設立した。Luxottica社は自社商品やイタリアのデザイナーズブランドを欧州，米国，カナダなどに販売しており，年間販売量において世界トップクラスの企業である。「ジョルジオ・アルマーニ」などLuxottica社が世界販売権をもつ四つの有名ブランドを，合弁会社が日本国内と東南アジアで販売することとなったのである。その後，技術提携も含め，世界展開に当たってのパートナーとして提携を強めている。

当社は，眼鏡業界はいうにおよばず福井県内きっての国際色ゆたかな企業風土を築き，国内2社のほか海外に12社を展開している。㈱シャルマンの2001年連結決算は，280億円(700万枚)である。内訳は日本24.5％，アメリカ28.2％，EU21.7％，アジア他5.2％，OEM他20.4％である。2001年末時点での従業員数は日本817名，北米301名，EU197名，アジア・オセアニア2,051名で，合計3,366名である。また，ハウスブランド連結売上高は39％，ライセンスブランド（17ブランド）売上高は41％，残り20％はOEMである。

第4章　消費者志向の企業経営

5　消費者志向のマーケティング

　イタリア，中国，フランスなどの眼鏡メーカーとの競争が激化する福井産地の発展にとって，キー・ポイントは何であったであろうか。それは，消費者志向のマーケティングの展開である。福井産地の発展の大きな契機の一つとして，眼鏡フレームにかかわる技術的情報の集積，蓄積した技術・ノウハウから1980年にチタンフレームという画期的製品を生み出したことを挙げることができる。アセテートフレームからメタルフレームへの消費者志向に沿って，チタンフレームを開発したのである。

　次に，シャルマングループ発展の契機である。シャルマングループにとって第一の契機は，1975年に販売会社のシャルマンを設立し，眼鏡業界で初めて小売店と直接取引を始めたことである。社員自身がメガネ店に出向くことによって消費者志向を感知できる体制が整ったのである。第二の転機は，消費者志向に沿ってカラーフレームを製造したことである。1981年に当時の西ドイツから金属メッキで着色する機械を導入し，ネオカラーフレームを製造し発売したところ，小売店から引き合いが急増した。ネオカラーフレームの市場投入は，堀川馨社長の決断によるものであった。これによって，シャルマンは販売量を一気に拡大し，小売店との取り引きが軌道にのったのである。

　そこで，最後に福井産地の方向性について考察したい。「消費者志向のモノづくり」を推進することである。「消費者志向のモノづくり」へのこだわりが，人をつくり，地域をつくる。①消費者が望むものを知り，反映する商品企画，②商品と販売の企画力，デザイン力，営業力をもった人材育成，③つくられたものが，きちんと利益になって還元される流通構造，④つくられた価値を積極的に提示する地域ブランド化が求められている。

　以上，消費者志向のマーケティングの重要性を考察した。世界市場において，高級品はイタリア・フランス・ドイツ製品，ボリューム商品は中国・韓国・台

99

第Ⅱ部　消費者教育の現状と課題

湾製品と競合している。わが国は消費者志向を強め，販売ネットワークを確立することなどによって，高級品分野で生き残りが可能と結論付けたい。

[注]
1) 眼鏡素材の特徴と使用状況は次の通りである。
   〈メタル〉
   ① 洋白と呼ばれるNi合金は，安価でしかも加工性（切削やロー付け）に優れていることから，メタル商品の主流となってきた。
   ② モネルもNi合金。固くバネ性が悪いことからリム（玉型）に最適なため，これもよく使用されている。
   ③ 耐食性がよい素材として，ステンレスやNi-Cr合金。加工性がよくないが，最近は増えてきている。
   ④ 軽く耐久性が優れているということ。また近年はニッケルアレルギーにならない素材として増えてきている。
   （日本メーカーが商品化して広まったが，今では海外メーカーも含めて一般化している）
   ⑤ NT合金は，チタン50％・Ni50％の合金。チタンのように軽量で腐食しない特性のほかに，超弾性/形状記憶性がある。
   ⑥ アルミニウムやジュラルミンは，チタンよりも更に軽い素材として眼鏡フレームに使用され始めている。表面処理に難。
   ⑦ マグネシウム合金は，自然に優しい素材（土に帰る素材）として注目されつつあるが，難点をカバーするには至っていない。
   〈プラスティック〉
   ① セルロイドは燃えやすいため，今はほとんど使用されていない。
   ② 代わってアセチが主流。板状のアセチ生地からフレームを削ってつくる。
   ③ CP（セルロース・プロピオネート）やナイロンは，材料を溶かして射出成型によってフレームをつくる。

2) 世界の眼鏡産業の変遷をみると，1985年まではドイツの独壇場である。1985年～1995年をみると，ドイツのメーカーが衰退し，代わってイタリア，日本，フランスのメーカーが台頭している。
　　1995年～2000年の時代にも，依然イタリアが健闘を続けている。また，この時期に中国，韓国のほか，東南アジア諸国がボリューム・ゾーンの主生産国と

第4章 消費者志向の企業経営

して台頭してきた。2000年以降は，中国をはじめとする低人件費国が，眼鏡の主要生産基地となりつつある。生産商品はボリューム生産にとどまらず，高級品も手がけ始めている。

眼鏡材料の変遷をみると，1960年代に日本国内市場は，プラスチック枠からメタルフレームへ移り始めた。1980年には，福井産地はチタンフレームの開発に成功し，チタンフレームへの流れをつくったのである。そして，除々に日本メーカーのフレームが世界的に認められることとなる。

〔参考文献〕
1　松本　懿「鯖江眼鏡産地の形成過程とその特徴的要因」，『生活経済学研究』第14巻，生活経済学会，1999年，pp.177～199。
2　松本　懿『地域づくりの要諦』横山出版，1999年。
3　鯖江市『眼鏡産業21世紀への提言』鯖江市役所めがね課，1993年。
4　鯖江市『鯖江市商工業の概要』鯖江市役所産業と生活課，2002年。
5　鯖江市『鯖江市と眼鏡産業』鯖江市役所産業と生活課，1999年。
6　宮川泰夫「鯖江眼鏡枠工業の配置」，日本地理学会『地理学評論』49-1，古今書院，1976年。
7　奥村博子「鯖江市における眼鏡枠工業の局地的分布の構成とその存立基盤について」，人文地理学会『人文地理』29-2，古今書院，1977年。
8　大坪指方(元治)『福井県眼鏡史』村井勇松，1970年。
9　大坪指方・大坪元昭『越前めがね-増永二代の歩み-』増永準一，1976年。
10　『眼鏡白書2002－2003』㈱サクスィード，2002年。
11　『北陸の中堅120社』日本経済新聞社，1998年。
12　『TECHNO－JAPAN 2003』眼鏡光学出版，2003年。
13　『Privateys』2003年1月号，近代光学出版，2003年。
14　西田安慶「福井県眼鏡産業の発展課程と今後の展望－マーケティングの視点に立って－」愛知産業大学経営研究所所報第5号，愛知産業大学経営研究所，2002年。
15　西田安慶「わが国眼鏡産業の現状と今後の展望」東海学園大学研究紀要第8号（分冊1）経営・経済学研究編，東海学園大学経営学部，2003年。

第5章　経営倫理と消費者教育

1　経営不祥事と消費者

　不祥事が相次いで報道されている。不祥事とは関係者にとって好ましくない事柄・事件のことをいう（広辞苑第5版）。関係者とは誰をいうのか。その組織内だけではない。いわゆるステークホルダー（利害関係人）でそこには消費者も含まれる。連日の報道にも，またかまたかで驚かなくなっている。なぜこのようなことが起こるのか。誰が考えてもよくないことが次々と起こっている。誰が考えてもということは経営にかかわる者にはわからないのであろうか。経営倫理という概念がある。果たしてこの考えは何であろうか。欠陥自動車で事故に遭い命を失った方，温泉のブランドを信じて湯治に行った方，産地を信じて購入した方，いずれも悪質な経営行動によって損害を被っているのは消費者である。このような事実は消費者の学習で防ぐことができるのであろうか。経営倫理という概念を検討してこのなかで消費者という位置付けはどのようになっているのか。本章のねらいとするところは消費者教育とは単なる商品・サービス知識の教育，家庭生活にかかわる知識教育だけでなく，もっと広く経営教育にかかわることであることを指摘していきたい。今や就業者数は6千万人を超え15歳以上65歳未満人口の74％を占める。彼らは働く場として経営組織のなかにいる。昨今の不祥事は組織の幹部が関係していただけで自分は知らなかったという声がある。しかし，そうであろうか。何かおかしいと感じている場合も多い。それがそのまま経過している。これは組織にとっても問題が大きい。今，ここで組織という言葉を使っているのは企業に限定されないからである。役所でも不正が多い。学校，病院など非営利組織でも不祥事が多い。組織

全般に通じることであり，そこの構成員の経営倫理が問題となる。

2　経営倫理とは何か

　組織体は一定の目的を実現するために複数の人間が協働する人間集団を意味する。したがってその組織活動は組織体の構成員が遵守しなければならない，いわゆる組織の掟が必要とされる。真の協働の実を挙げようとすれば，そこでは組織の統合をはかるためにも構成員の業務上の権限と責任が明確化されていることが欠かせない。また，それらの権限にもとづき，例えば上司が業務命令を出し，部下がそれを遵守することが求められるなど，組織のルールが守られなければ，組織活動の効率的な運営もできないばかりか，組織もバラバラになりかねない[1]。組織の掟と個々の組織構成員の人間としての側面の間には葛藤と調和が常に存在するし，人的資源が組織活動のなかでどのように活かされるかは，極めて重要な経営課題である。経営倫理の重要な分野として，こうした経営課題に直接関係するのは，経営倫理が組織体内の人権をはじめとする人間性の尊重や重視を特に重要としていることからも窺うことができる。企業内部において社員一人ひとりが組織のルールを遵守して進める業務活動の過程で，この人間性が軽視ないし無視されたりする場合には，これを是正し，人間性も重視しながら組織のルールを遵守することが求められる。企業が効率や競争の重視を中心に組織運営を行うことにより，人間性はもとより企業外部の存在である社会の各種ステークホルダーを軽視ないし無視して迷惑をかけたり損害を与えたりすることは好ましいことではない。人間性とともに社会性を重視しなければならない[2]。しかし，企業となるとこの人間性原理，社会性原理だけで生き残っていけない。効率性や競争性を考えねばならない。このことは企業経営の根幹として効率性原理と競争性原理として論じられてきている。効率性と人間性，競争性と社会性，それぞれこの二者間には相反的になる傾向にある。すなわち効率向上のためには過労死を招いたり，人権を無視する場合が生じたりすることも考えられるし，競争に勝つためには手段を選ばず法令違反を犯す

こともあったりする。効率性と競争性は生産効率が向上すれば単価が安くなり競争力が強化されるし、競争力が向上すればシェアが拡大し、効率性がアップするというように補完関係にある。人間性と社会性も人間性尊重は社会のためになるし、社会性重視は人間の生活に種々のプラスを生むことになる[3]。そこで問題は人間性原理と効率性原理、社会性原理と競争性原理との間にある相反的な関係をどのように考えるかである。経営倫理の実践であり、これは組織を構成するトップだけでなく構成員全員がジレンマを知覚することが経営倫理的な経営であるといえる。企業経営は企業戦争といわれるように仲良しクラブではない。戦争状態である。戦争状態に倫理が存在するであろうか。人を殺戮することは最も倫理に反することである。利益を上げることも倫理に反するといえなくもない。利益を確保しないで人のために製品・サービスを提供すれば人間性、社会性に貢献できる。競争性と効率性を考えなくてもよければ問題は生じない。しかし、現実はそうではない。社会貢献だけを考えているのでは、継続的に企業を経営することができない。企業における経営倫理に「公正」という概念が生まれてくる。この「公正」という尺度が問題になる。企業の構成員は一面では消費者である。消費する糧は企業活動から得られる。ボランティア活動だけでは生活の糧は生まれない。企業活動の「公正」な利益確保をするための物差しが経営倫理である。もう一歩進めれば組織の中にいる者が自分の利益（私利私欲）のために行動することがあればこれは企業だけでなく非営利組織でも経営倫理に反する行動である。これは個人の倫理観の問題となる。組織のトップとして組織を守るために組織に不利になる情報を隠蔽して社会に損害を与える行動も出てくる。この行動自体は人間性と社会性の問題となってくる。

　経営倫理とは経営価値4原則、組織体の倫理の問題、組織構成員のジレンマの知覚、個人倫理の限界の問題がある。したがって組織のトップのリーダーシップの発揮が極めて重要である。個人倫理と経営倫理の接点は後述する公益通報者保護のシステムづくりが重要であり、組織のシステムの問題である。組織を構成する者が誰のために組織活動するかである。収益を上げるのは消費者満足を得た結果である。非営利組織でも同じことがいえる。組織構成員にこの

ことをしっかり教育しなければならない。組織構成員は消費者に自社の存在価値を知ってもらい公正な利益を確保することを承諾してもらわねばならない。

3 経営倫理とコンプライアンス

経営倫理とは何かについて前項で論じたが，そのなかで競争に勝つためには手段を選ばず法令違反を犯すこともあったりすると記した。法令違反は許されないことである。コンプライアンスとは法令遵守を意味する。法律を破ることは倫理に反することである。悪法もまた，法なりという言葉があるが立法にまで話がおよぶと紙幅が足りないので拡大しない。したがってまず，どんな法律があるかを知らなければならない。総会屋への利益供与事件，汚職事件など跡を絶たない。悪いということを知りながら組織として実行しているケースも数多い。リコール隠しなどは積極的に不正を行った結果であるし，牛肉偽装事件でも当事者は積極的に不正を働いているといえる。組織としての行動は法に従わねばならない。赤信号みんなで渡れば怖くないという言葉がある。組織のなかで法に反したことであってもみんなでやる，今までやってきたから大丈夫という考え，これくらいのことをしないと企業戦争には勝てない。戦争だから多少，倫理に反しても企業の社員，すなわち家族を守ることの方が大切という考えも出てくる。社員，家族を守るためには社会に反してもよいのか，消費者を欺いてもよいのか。ここで前述した組織の構成員は一面では消費者ということを思い起こさねばならない。家のなかで起こったことをすべて外に出さねばならないか。何を出すべきで何を隠しておいてよいのか。構成員全員がコンプライアンス意識を持つことが必要である。英語でcomplianceは（要求，命令などへの）追従，応諾と訳されるが，医療など薬に関しては「患者が医師の処方や指示通り薬を飲むこと」をいう。現在，経営問題でいうコンプライアンスは法令への遵守に限らないで自社の倫理綱領，業界の自主行動基準の遵守，社会の良識や常識の遵守の方向へ概念が広がっている。日本経済団体連合会が2003年4月に発表した「企業倫理・企業行動に関するアンケート」[4]では①80％近くの

企業が企業倫理・企業行動指針を整備している。②経営トップは様々な手法で社内に企業倫理の重要性を訴えているという。特に年頭所感発表時には3分の2の企業が訴えている。③全社的な取組み体制として70％の企業が企業倫理担当役員を任命しているか，する予定である。ところが企業倫理の浸透・定着状況のチェックについては企業ごとに大きな温度差があり，企業倫理・企業行動関連専門部署が設置されている企業は2割もない。監査役あるいは総務・法務・人事等他の部署の兼務である[5]。経営にかかわる者がコンプライアンス経営を行うためにはまず，企業，消費者ともに倫理教育が大きな役割を果たすと思う。今，教育基本法の改正が叫ばれているが人間教育の基本にある「自ら考え行動するたくましい日本人」を育成するためにゆたかな心～倫理観，公共心と思いやりの心～を育む教育が必要である。特に道徳教育でルールを守り，責任感，正義感を持つ教育を進めなければならない。グローバル化が進み，国際社会の一員として世界に生きる日本人としてのアイデンティティを持たなければならない。国際社会に出て行けば出て行くほど自らを日本人として意識する機会が増え，自国の存在に無関心ではいられなくなる。国際社会における自国の地位を高めようと努力するようになる。この思いが国を愛する心につながるものがあり，国を愛する教育を育むことが必要である。ひいては企業を愛する心，家族を愛する心へ通じるものである。信ずる宗教を持たない者が多いわが国では，戦後教育の歪みが大きな綻びとなってきているのが現在である。人間は消費者と組織の構成員という二面を持っている。消費者教育，職業人教育のいずれもが戦後の教育では欠けていたことがここで認識され新たな局面を迎えている。企業経営の中心には消費者があることはいうまでもない。企業経営にかかわる者にとって消費者重視のコンプライアンス経営を考えることは極めて意義深いことである。

第Ⅱ部　消費者教育の現状と課題

4　消費者教育と企業のかかわり

　わが国の経済社会は高齢化，ＩＴ化，サービス化，グローバル化が進んでいる。並行して規制緩和が進行している。規制緩和は消費者に自己責任を求める。金融問題では特に目覚しい変化が起こっている。預金，保険と高齢者に必要な資産管理の仕組みも大きく変わった。どうしたらよいかの戸惑いも大きい。ＩＴの導入もあらゆる場面で行われている。自己責任という名のもとで今まで全く使ったことのないＩＴというインフラが生まれている。企業で消費者満足をキーワードに行動するのがマーケティング担当者である。これにかかわる者がいかに消費者教育に関心を持つかが重要である。消費者教育とは消費者運動のことではない。賢い消費者を育成することである。賢い消費者はよい事業者の商品・サービスを選択する。消費者発信情報は瞬時に公開される時代である，変化の激しい経済社会においては消費者に商品・サービスの購入・使用方法など身近な生活行動力を時代に適応するように誰が教育するかである。この役割を果たすのは学校であり，社会であり，企業である。もちろん家庭の果たす役割も大きいが，商品・サービスを開発する企業が最も早く近い位置にある。企業が行う消費者教育には従来以上の内容が求められる。消費者教育において求められることは各企業の経営倫理，すなわち自主行動基準を公開することである。わが社はこのような考えで経営しているということを企業の内外に公開することが重要である。また，関連する法律，規則等も確認し，わが社のコンプライアンスについて語るべきである。もちろん，商品，サービスの知識教育も必要であるが，それ以上に今の企業に求められる消費者教育は企業の経営姿勢を消費者に知らせることである。若年者も高齢者も生涯，消費者である。経営者，企業のマーケティング担当者も消費者である。事業者と消費者では情報格差が大きいのは当然であり，事業者は経営倫理観を持って消費者教育の推進者になることが必要である[6]。

5　新しい消費者教育

　消費者教育が極めて注目される時代になった。改正消費者基本法では基本理念で「消費者の自立することを基本」として取り上げ，学校，地域，家庭，職域その他様々な場を通じて消費生活に関する教育を充実することを掲げている。消費者の自立は企業の経営行動に大いにかかわってくる。不祥事を起こした企業の製品には不買行動が拡大するし，一方では安全，環境，健康によい製品，それらを提供する社会的責任に関心が高い企業に対し消費者は高い評価をする。企業内にある社員も一面では消費者であり，社内情報であっても社会的に重大な影響をおよぼすと判断されるときは，その内部情報を外部へ発信する事例も出てきている。まさに社員でありながら行動する賢い消費者に変わりつつある。終身雇用制，年功序列制の崩壊とか企業への忠誠心がなくなったとかいわれるが，そうではない。まさに経営倫理観にもとづく行動であり，消費者教育を進めることによって，今後ますます賢い消費者は増加していくと思われる。企業内にいる社員である消費者が社会全体の消費者に対し，是々非々を発信できるシステムづくりが急速に進んでいる。公益通報者保護制度も整備されつつある。新しい消費者教育に求められることは自立した，自ら行動できる消費者をいかに育成するかである。従来，家庭科教育で行われてきた消費生活に役立つ知識教育だけでなく消費者教育は公民，地理歴史を始め学校教育の多くの科目で行われねばならない。消費者の権利をしっかり教えることが最も重要である。企業はマーケティング活動を最も重視する。その中心に置かれる消費者に対し，積極的に教育に取り組むことが必要である。企業だけでなく非営利組織を含む組織人が経営倫理を学ぶことは，消費者として自立し，行動するために必須である。消費者に満足してもらうのがマーケティングの基本である。これらのことを考えると根本的には初等・中等教育に「消費者教育」という教科目を設置することが求められる。現在，家庭科で消費者教育が中心的に展開されているが，商業，公民，地理歴史にもかかわっている。本来は消費者科目を設置しな

ければ消費者の権利を身に付けることは困難である。しかし，このことは現実的に簡単なことではない。したがって，いま初等・中等教育において生きる力を育む起業家育成教育が盛んに取り組まれ始めたが，同時に消費者教育をもっと積極的に取り組まねばならない。企業人の一面は消費者であり，生きる力を育む教育はこの両者の教育なくして実現できない。わが国では学校や家庭で宗教教育がほとんどなされていない。倫理・道徳教育をどこで行うかである。神に誓って宣誓とか国に対し忠誠とかいうが根底には神がある。古くはアリストテレスの時代から神の許しを得て商業は成り立っていたのである。利益を上げることは神の許しが必要である。等価交換であればよかった。それを正当化するのが，企業を継続させるための公正な利益であり，消費者の満足であった。宗教教育のないわが国では神に変わる核が求められる。それは消費者の満足，国民の幸福である。今，次々と起こる不祥事をみるにつけ各種倫理教育（消費者倫理，経営倫理，マーケティング倫理）を行わねばならない。多くの不祥事の事例を取り上げ，是々非々を議論することは初等・中等教育から行うことができる消費者教育，経営倫理教育である。倫理・道徳教育をお説教に終わるのではなく消費者の権利を中心に置き，経営・マーケティング・消費生活という場面で教育することが新しい消費者教育である。

第 5 章　経営倫理と消費者教育

〔注〕

1） 水谷雅一編著『経営倫理』同文舘出版，2003年，p.9。
2） 同上，p.10。
3） 水谷雅一編著『経営倫理』同文舘出版，2003年，p.13。
4） 日本経団連HP，http://ww.keidanren.or.jpapanese/policy/2003/034pdf
5） 「企業倫理・企業行動に関するアンケート」集計結果（中間取りまとめ），日本経済団体連合会，2003年4月，会員企業1,260社に対し，2002年12月10日から2003年3月31日にかけアンケートを実施し，613社（回収率48.7％）から回収した。
6） 日本企業経営学会編『企業経営研究第6号』堀田稿，2003年，pp.7～9。

〔参考文献〕

1　水谷雅一編著『経営倫理』同文舘出版，2003年9月。
2　水尾純一著『マーケティング倫理』中央経済社，2000年10月。
3　今井光映・中原秀樹編『消費者教育論』有斐閣，1994年1月。
4　消費者問題研究グループ小木紀之座長『生活創造時代の企業と消費者』家政教育社，2001年4月。
5　谷本寛治著『企業社会のリコンストラクション』千倉書房，2002年11月。
6　水尾順一・田中宏司編著『CSRマネジメント』生産性出版，2004年5月。

第6章　商品教育と消費者教育

1　商品教育・研究の系譜

(1)　高等教育における商品教育・研究

　商品教育について，日本商品学会・商品教育に関する委員会は「商品をめぐる諸問題を正しく理解せしめ商品に関する有効な諸知識を教育すること」と広く捉え，「国民が経済，社会の諸行動において正確な判断を下しゆたかな生活を達成するためにぜひ必要なことである」[1]と述べている。

　このような観点に立つわが国の商品教育は，明治初期から商業学校や高等商業学校など商業学校の教育で始められ，商業教育上の主要科目として「商品」が設置され重要視されてきたが，今日その教育態様は，高等教育（大学・大学院）における商品教育と中等教育（高等学校）における商品教育に大別される。

　このうち高等教育の大学における商品教育は，主として「商品学」，「商品学演習」などの科目名で，大学の経営・経済・商学部などで設置され，自然科学系，社会科学系，人文科学系の商品学教育・研究者などによって「商品研究」をもとに教育が展開されてきている[2]。

　それは，「商品学はその歴史的発展過程ならびに現状の分析によって明らかであるように，学的性格や内容などにおいて一様なものではなく，いくつかの系列ないし類型にわかれる複数の系譜が示される」[3]と故飯島義郎名誉教授が論述しているように，商品学はさまざまな分脈にわかれていることによるものである。

　したがって，商品研究のスタイルも同様に複数の系譜がみられ，「歴史的には主に売るという視点からの研究が行われてきたが，消費者問題が顕在化し，

消費者としての基本的要求である商品の安全性の確保と品質内容の保証が商品の最重要課題となってきた」[4]ことから、「使う」という視点からの商品研究・消費者商品研究が必要とされ、そのための取組みが重要視されるようになってきた。

(2) 中等教育における商品教育

中等教育における商品教育は、明治17年（1884）公布の「商業学校通則」による商業学校の教科目に「商品」が設置されたのが始まりであるが、昭和18年（1943）の「中等学校令」で「工業及び資材」に名称が変わり、後に新制高等学校になって、商業に関する学習指導要領として戦後初めて発刊された、「昭和25年版高等学校学習指導要領商業科編」で「商品」という科目名が復活した[5]。

以来、今日まで54年間にわたり定着し、高等学校商業教育のなかで重要な地位を占めてきたが、平成15（2003）年度から学年進行で実施されている現行学習指導要領から、従来の「流通経済」と「商品」の内容を整理統合し科目名称も「商品と流通」に改められ、これまでの「商品」の学習内容とは大きく異なる新たな商品教育が展開されることになった。

この間の商品教育について概観すると、時代の進展や社会経済状況の変化などにより大きな変遷がみられる。すなわち、初期の商品教育はそのもととなる商品学の影響を受け、「工業及び資材」という名称に示される通り、もっぱら原材料品のみを取り上げ、しかも製造工程や品質鑑定という理化学的面が強調されていた[6]。

このような傾向は、科目名が「商品」に復活された「昭和25年版高等学校学習指導要領商業編」でも残存しており、教科の目標でも「商品を科学的に観察する能力と態度を養う」と科学的に学習するよう強調されている。

次いで、新しい商業教育の方向として注目された、「昭和31年版学習指導要領」では生産第一主義の捉え方を排し流通経済に重点を置いた「商品」の把握を第一に描き出すと同時に、ここでも商品実験重視の方向が打ち出され、さらに昭和35年版指導要領でも「商品を鑑識する技能」の修得を目標として明示さ

れるなど実験重視の教育は一層強化されることになった[7]。

さらにこうした実験実習を中心とした商品教育の普及徹底をはかるため，当時の文部省は「学習指導書－商業経済関係科目編その4（商品科）」を昭和35年に発行し，「商品」の実験・実習の具体的な指導法について解説し実験例61を提示した。また，一橋大学，全商協会，日本商品学会などの協力を得て，日本商品学会が昭和30年（1955）から「商品科実験講習会」を「産業教育指導者養成講習会」として実験実習の講習会を開催した[8]。これらにより高等学校における商品実験が定着し，商品教育振興のために大きな役割を果たした。

その後における技術革新の急速な進展と，国民所得の伸長と購買力の急伸に起因する消費者志向の現れが，高等学校「商品」の改訂の要因となり，昭和48年版学習指導要領では，その目標・内容及び指導方法等の改善がはかられた。

そのなかで，商品実験にについては，目標で「流通の立場から」と限定し，商品の「鑑識」から「鑑定」に改め，さらに「商品の市場における特性」という表現を用いた。これらは，商品の品質の格付けを行える程度の鑑定（定性分析）を行えばよいとされ，また，消費者志向に対応して，「市場における特性」として商品の第一次品質だけでなく，第二次品質についても商品研究の対象とするという方向に変わった[9]。

その後，学習指導要領は，昭和53年，平成元年，平成11年と，今日まで3回改訂されているが，昭和53年改訂では，資源・エネルギーや環境問題への対応，平成元年では，商品の安全性や品質および契約の問題など消費者保護に関する実情の理解，環境問題，廃棄物の問題，資源問題などの多くは商品を通して発生している点に注目させ，平成11年改訂の現行学習指導要領では，「産業経済の発展や消費生活の変化と商品や流通の変化に柔軟に対応することの重要性を理解させ，具体的な商品事例を通して新たな商品の提案など創造的な能力と態度を育てるようにする」[10]などと時代に即応した商品教育に改善がはかられてきている。

2 商品教育における消費者教育の視点

　商品教育は上述のとおり，主として，高等教育では商学系の大学や中等教育にあっては高等学校における商業教育において行われてきている。その商業教育は，わが国では「将来，商業に従事しようとする者に対して，商業に関する知識や技能を授ける教育」であるとするのが従来からの通説であり，基本的には現在でも広く行われている考え方である[11]。

　しかし，教育内容は時代の進展につれて変化を生じ，その範囲や目標は次第に拡大され，職業教育としてのみならず消費者教育としても重要なものである。

　つまり，商業教科目は職業的，実際的，実務的なものであり，また，個人の消費経済目的にも役立つという特徴がある。

　もともと，「商業教育のみならずすべての教育は，国民生活の向上に役立なければならないものである。そして商業教育は従来生産と流通の面を通じて国民生活の向上に貢献しようとしてきた。しかし，生産も流通も結局は消費のために存在するものであり，生産・流通の面の教育だけがいかに発展しても，消費の面の教育がそれに伴わなければ，国民生活の向上はあまり期待できない」[12]。

　昭和45年（1970）10月改訂された高等学校学習指導要領「商業」の教科目標の2に「経済社会における商業の機能や産業における経営の重要性を理解させ，国民経済の発展に寄与する態度を養う」という商業教育の理想と使命を掲げている。「経済社会における流通の機能や，集団生活における経営管理の機能の重要性を理解させることは，ビジネスに従事する者にとって必要であることはもちろんであるが，さらに一般の人々にとっても大切なことである。いっぽうにおいて，とかく営利の追求に走りがちになる実業界に対する啓蒙とともに他方において一般社会人の認識を深め，それが相まって望ましい経済社会の建設に貢献するところに商業教育の理想と使命がある」[13]。

　このことは，明治以来わが国の商業教育の伝統であったし，現在においても

第6章 商品教育と消費者教育

偽装表示事件や欠陥隠し事件など企業のコンプライアンスを損なう不祥事が頻発している状況下では，その重要性はますます高まっていると思われる。

　消費者教育の視点から，近年，商業教育とりわけ商品教育において，消費者教育的取組みが見られるのは歓迎すべきことである。平成11年改訂の現行学習指導要領の「商品と流通」において，消費生活の変化や消費者意識の変容などに加え，流通を支える関連活動に関する基本的な内容について学習させるよう改善されたことは，消費者教育の視点から評価される。

〔注〕
1) 日本商品学会・商品教育に関する委員会「日本の商品教育に関する実情調査（大学）報告」『商品研究』30-1・2，1979年，p.45。
2) 日本商品学会，前掲書，pp.29-44。
3) 飯島義郎『現代商品学の方法』文眞堂，1982年，p.2。
4) 岡部昭二『最新商品研究入門』中央経済社，1988年，p.15。
5) 大埜隆治『高等学校新商業教育論』(株)市ヶ谷出版，1975年，p.284。
6) 福井照重「中等教育における商品教育－指導内容の変遷史－」『商品研究』通巻80・81，日本商品学会，1970年，p.35。
7) 福井照重，前掲書，p.37。
8) 北原三郎「商品科実験実習講習会記録」『商品研究』通巻82・83，日本商品学会，1970年，p.43。
9) 福井照重，前掲書，p.39。
10) 文部省『高等学校学習指導要領解説商業編』実教出版(株)，2000年，p.37。
11) 大埜隆治『商業教育』岩崎書店，1955年，p.1。
12) 大埜隆治，前掲書5)，p.7。
13) 大埜隆治，前掲書5)，p.84。

〔参考文献〕
1　文部省『高等学校商業科学習指導書－商業経済関係科目編（商品）』実教出版(株)，1960年。
2　岩崎金一郎「商品学の発達と最近の動向」『経済評論』日本評論社，1961年。
3　西村隆男「消費者問題と消費者教育」『商品研究』(通巻152.153)，日本商品学会，1988年。

3　ブランドと消費者教育

(1)　ブランド[1]はなぜ掴みどころがないのだろう

　AブランドとBブランドのバッグがあって,「AブランドとBブランドはどこが違っていて,どうしてそのブランドが好きなのか」と問われた時に,外見から認識できるバッグの模様や形,ロゴマークなどの違いはいえても,ブランドの違いを明確に回答することはかなり難しい。それはブランドが「無形性」「間接性」「多層性」「関係性」という四つの性質[2]を持つからである。

　人はブランド自体を,目でみることも手で触わることもできない。直接測定することも困難であり,抽象的なものである(無形性)。そして企業がブランドに優れた・ユニークな価値を付与していると思ったとしても,その価値を消費者が認めなければ,価値があるわけではない。ブランドは,その価値を認める消費者がいて,初めて価値あるブランドとなる。ブランドの価値を高めるのも低めるのも消費者であり,企業は消費者に働きかけるという間接的な方法でしかブランド価値には関与できない(間接性)。また,ブランドは質的に異なるベネフィットを2重にも3重にも有し,商品やサービスの機能的な品質を保証するだけではなく,それを持つことによって消費者の精神的・情緒的ベネフィットをも満足させることができる(多層性)。さらに企業は有するブランドの力を利用して,商品カテゴリーの拡張や事業の拡張なども行いやすくなる(関係性)。

　このようにブランドは実体を伴わないが,商品やサービスに目にみえない価値を付与する役割を担っている。そこには,企業の理念,アイデンティティが明確化されており,企業は消費者とのコミュニケーションを通してそれを伝え,長い年月をかけて消費者の心のなかに多層的に,しかも関係性を持ってブランドは評価・形成されていくのである。だからこそ,消費者は名前を聞くだけで,あるいは商品をみるだけで,そのブランドイメージが自然と脳裏に浮かぶのであり,それは言葉を超えたものとして存在しているのではなかろうか。

第6章　商品教育と消費者教育

(2) 不況知らずのスーパーブランド

バブルが弾けた後の長い不況の時代においても，ブランド商品だけは他の商品とは別世界のように売れ続けてきた。ルイヴィトン，プラダ，エルメスなどの高級ブランド店が銀座や青山などに次々と路面店をオープンさせ，開店初日には入店客を制限するほどの盛況さであった。

2001年1月24日の新聞[3]には，「ブランド愛止まらない　ヴィトン　日本人お買いあげ，国内で昨年1千億」という見出しが飛んだ。不況の真っ只中の1994年にルイ・ヴィトンは日本国内での売上を400億円にし，その後右肩上がりで順調に売上を伸ばし1999年には800億円を超え，2000年に1,000億円を突破した[4]。そして2003年度は前年比12.7パーセント増の1,529億円であった。消費が落ち込む中，スーパーブランドだけが，価格競争を回避し売れ続けている。

企業にとってブランドを構築することの意味は何か，ということになれば，前述したスーパーブランドのように，持続的な競争優位を確立し，売れ続ける仕組みを構築[5]することに他ならない。ブランドを「自らの商品サービスが『何ものであり』，『他とどう違うのか』ということを表明する」[6]ものと捉えると，企業はブランドを通してユニークな・優れた価値の提案（提供価値）を行うことになる。その価値が消費者の期待する価値（期待価値）と一致，あるいは近いものならば，消費者は素晴らしいものと認め購買の対象になる。そしてブランドは消費者の心のなかに，あるまとまった意味領域を占めることになり，ブランドを通した企業と消費者との長い絆の構築へと連なる。スーパーブランドといわれるものは，まさに消費者の期待価値をいつも約束してくれる，決して裏切らないと評価されているものだといえる。

(3) なぜ，ブランド品は消費者の心を掴むのだろう

ブランドは消費者にとって象徴的意味を持つ。ブランドは消費者に情緒的ベネフィットと自己表現的ベネフィットを与える[7]ことができる。それは消費者がブランド品を持つことによって誇らしさや幸福感，安心感などを感じることができ，またブランドを通して自己を表現することができることを意味する。

第Ⅱ部　消費者教育の現状と課題

消費者は自分のライフスタイルやパーソナリティ、そして他者の自分に対するイメージの形成にブランド品が大きな役割を演じることを知っている。それだからこそ消費者の心を掴むのだろう。たとえ高価格であってもパフォーマンスも大きく、したがって価値も大きくなることを消費者は理解しているのだ。

しかし、どこまでブランド品の購入は、自己表現の手段として存在するのだろうか。「消費の外部性に関するインターネット調査」[8]によると、ブランドにもバンドワゴン効果が成立し、ルイ・ヴィトンのバッグは、その効果が最も強いブランドだという。つまり、人が持っているから自分も欲しい、流行に乗り遅れたくないという外部効果を取り込んだ心理で購買されるブランドのバッグと位置付けられた。ルイ・ヴィトンのバッグは、購入者の自己表現・自己実現という個性の発露のためではなく、皆と同じものを持ちたいという流行現象のシンボルとして存在するものと読み取れる。

一方、フェンディのバッグはスノッブ効果が強いという。他人とは違うものが欲しいという心理で購入されるのであり、貴重であればあるほど、購入したいと思われるバッグということになる。また、辻[9]の調査では、ブランドのバッグを選択する基準は、女子学生では「憧れ」であり、その母親では「流行」が第一位だという。しかし、藤巻[10]は次のようにいう。「買う喜び、持つ喜び、見せる喜びのためにブランドは存在する。ただのはやりで選んだら、ブランドに失礼だ」。「ブランドを身につけるのではなく、ブランドが身につく人間になろう。それには自分のスタイルを確立すること」であると。

藤巻の簡潔な言葉のなかにブランドを購入することの意義が見事にいい表されている。自分のスタイルを確立し、それに合わせてブランド品を購入することの重要性、そしてそれこそがブランドが消費者にもたらす自己表現的ベネフィットなのである。

(4)　ブランドを学ぶことは消費において必要不可欠

ブランドは本質的には市場に存在し、コモディティをブランドにするにもまた普通のブランドをスーパーブランドに育て上げるのにも、消費者が大きく関与

第6章　商品教育と消費者教育

する。ブランドを知らずして，流行に流されただけのブランド関与ではあまりにも寂しい。

　前述の藤巻は「ブランドが人を連れて歩いているような例も見るが，そういう風にならないで」と述べているが，ブランドが自己表現的ベネフィットを有するものであるがゆえに，そのブランドと消費者との関係が不釣合いであることはむしろ悲しい光景であるといえよう。そうならないために，ブランドを理解し，ブランドが消費者に提供する価値は何か，自分の期待価値は何かを知ることに心がけねばならないだろう。消費者は流行に流されず，自分自身の情緒的ベネフィットや自己表現的ベネフィットを表現できるブランドを自分でみつけ出し，それを大切にし，そしてスーパーブランドにまで高めるようにそのブランドにかかわっていくことなのである。

〔注〕
1) アメリカマーケティング協会の定義「ある売り手の財やサービスを他の売り手のそれとは異なるものとして識別するための名前，用語，デザイン，シンボルおよびその他の特徴」『マーケティング辞典』アメリカマーケティング協会。
　コトラーの定義「ブランドとは，名前，語，サイン，シンボルあるいはデザイン，あるいはそれらの複合したもので，ある売り手の財・サービスを競争者のそれと識別するためのもの」Philip Kotler:Marketing Management 10th edition, Prentice Hall.
　経済産業省企業法制研究会の定義「企業が自社の製品等を競争相手の製品等と識別化または差別化するためのネーム，ロゴ，マーク，シンボル，パッケージ・デザインなどの標章」。
　経済産業省企業法制研究会『ブランド価値評価研究会報告書』2002年。
2) 阿久津聡他『ブランド戦略シナリオ』ダイヤモンド社，p.17。
3) 『朝日新聞』2001年1月24日。
4) 『週刊東洋経済』2001年8月25日号，p.30。
5) 青木幸弘「ブランド構築とメディアの役割」ニッポン放送・博報堂共同研究プロジェクトVol.6, 2002年，p.1。
6) 和田充夫『ブランド価値共創』，同文舘出版，2002年，p.12。

第Ⅱ部　消費者教育の現状と課題

7）　Aker.D.A　陶山計介他訳『ブランド優位の戦略』，ダイヤモンド社，1997年，pp.153〜159。
8）　JMRブランド戦略チーム「準拠集団アプローチによるブランド再構築戦略」
　　http://www.jmrlsi.co.jp/menu/report/global01/ls2-1-1.html
9）　辻幸恵「ブランド選択の基準」京都学園大学経営学部論集第9巻第3号，2000年，p.47。
10）　藤巻幸夫　朝日新聞2004年7月17日　be on Saturday

第7章　商品の安全性と消費者教育

1　商品の安全性

　商品の安全性を考える際に，思い出すのは「マズローの法則」である。マズロー（A. Maslow）は，人間の欲求は，まず生存欲求があり，次に安全欲求，所属欲求，承認欲求，自己実現と進んでいくと言った。マズローの法則では，第2番目に安全欲求を重要課題にしている。

　われわれの暮らしには様々な危険を伴う商品がある。どのような危険が生じているかを知る手がかりとして極めて参考になるのが「くらしの危険」という国民生活センターが出している情報である。第1号は1977年6月に出ているが，これには「二段ベッド」が載っている。その内容の一端を紹介すると，「生後6か月の女児が母親が離れたすきに二段ベッドの上段の頭の部分の枠の14cmの隙間から体をずり落し，首を吊るような形になってぐったりしているところを発見され，救急車で運ばれたが死亡した」というものである。以下，「幼児用ぶらんこ」，「三輪車」，「包装用乾燥剤」，「電気毛布」……と商品は多岐にわたっている。

2　食品の安全性

　さて，われわれが生きていく上で，絶対必要なものは食品であるので以降は主として食品を中心に論を進めたい。ここで「食品衛生法」では，食品を「薬事法で定められている医薬品，および医薬部外品を除くすべての飲食物のこと」と定義している。この食品そのもの，若しくは含まれている物質や病原体

などが健康に害をおよぼすようなことがあってはならない。その場合，二つの考え方がある。このような有害となるようなものは「ゼロでなければならない」。もう一つは，「リスクアンドベネフィット」の考え方で，危ない程度とそれを除去することによって生じるデメリットとを天秤にかけてどちらを取るべきかの考え方である。最近は機器分析の発達によって，従来ならば検出されない微量（0.01ppt：百兆分の一）の物質でも検出できるようになった。この程度の微量になると，通常は有害とみなされる物質も体には影響をおよぼさないということが多い。一般に，どの程度の危険性ならば許されるかというと10万人に1人のがんが生じる程度との考えが支配的である。それでもその10万人の1人のなかに私が入ったらどうしようと思う人もいるだろう。そういう人には，がんの35％は食事（添加物や農薬は除外して），30％はタバコといわれていることを考える。次に，がんは早期発見するなら昔と違いもはや「死に至る病ではない」といって聞かせれば，大方の人は納得できると思う。

3　食品の安全性問題とその対応の問題点

　2001年に発生した狂牛病（牛海綿状脳症）問題やその翌年以降に多発した食品表示の偽装，国の安全基準を超える農薬が検出された輸入野菜，国内の無登録農薬の使用，わが国では認可されていない食品添加物を使用した食品などが相次ぎ，消費者の食品の安全性についての不安感が強まっているのが実状である。次に2，3の例を挙げる。

(1) 狂　牛　病

　狂牛病は，正式には牛海綿状脳症（Bovine Spongiform Encephalopathy ； BSE）という。1986年に英国で初めて確認され，2000年には欧州大陸でも発生が相次いた。この病気に牛が感染すると，蛋白質の一種である「異常プリオン」が増殖し，脳の神経細胞を死滅させ，脳内にスポンジ状の空胞ができる。牛は発症すると，立ち上がれなくなったり，よろよろ歩きしかできなくなり，最後は確

実に死に至る。

日本における狂牛病患畜は，2001年秋に千葉県で発見されて以来2005年7月現在までに20頭を数えている。原因は狂牛病の牛を原料とした「肉骨粉」が疑われている。わが国では行政側の危機管理の欠如から消費者の不安を招き，牛肉の消費が落ち込むなど，大きな被害を生じた。

(2) 鳥インフルエンザ

渡り鳥などを介して入ってくる鳥インフルエンザ（人にまれに接触感染を起こすことがあるが，鳥インフルエンザに感染した鶏肉や鶏卵を食べても人には感染しない）の不安が，2004年1月わが国でも現実のものになってしまった。2月に発生した三例目の鳥インフルエンザでは，養鶏場側が役所への報告を故意に遅らせたため，防疫が遅れ感染の拡大を招き，消費者に不安を与えることになった。政府はホームページなどで，鶏肉や鶏卵を食べても安全であると訴えたが，消費者は主に新聞，テレビからの情報に頼っているのが現状である。したがって，周知徹底に欠ける感があった。新聞は単に事実を伝えるだけでなく，消費者はどう対処すべきかについての情報を誰でも目に付くような大見出しで取り上げる社会的な責務があろう。

(3) 不当表示問題

狂牛病の発生により，廃乳牛（高齢化し牛乳の出なくなった牛）の肉が売れなくなったため，農林水産省は酪農家保護の観点から国産牛肉の買い上げ制度（畜産農家への補償，国に代わって業界団体が買い取る）を発足させた。2001年にこの制度を悪用した雪印食品と日本ハムが輸入牛肉を「国産」の箱に詰め替え，ラベルを貼り替える偽装工作を行い，買い上げの申請をして不当な利益をあげた。

その後にも，牛・豚・鶏，米，茶，牡蠣，うなぎの蒲焼などの産地の偽装表示が多くみられ，企業不信の大きな原因になっている。

不当表示問題が発生した一因は消費者側にもある。ブランド名にこだわり，

自己の判断を放棄したことに基づくといわれるが，何といっても品質を見分けることが難しく，表示を信用する以外に方法がない場合は，企業倫理に頼るしか術がないのが実情である。

4　食品の安全・安心

安全性とは何か。「安全性とは現在の最高の科学技術水準で発見される限りの毒性がないこと」などと定義できようが，このごろのような新技術によって開発された遺伝子組換え食品などは，消費者一般には理解し難い[1]。だから安全だといわれ，仮に頭で納得できても感情的に反発する。だからこそ，現在は安全性より，安全・安心が重要なのである。したがって，それに応えるには表示を課して何を選ぶかは消費者に任せたほうがよい。とともに安全であるといわれる理由をわかりやすい図を用いて説明する努力を行政，あるいはマスコミはもっとすべきである。また，相互理解が可能なように，消費者の意見をくみ上げるシステムづくりが必要で，このいわゆるリスクコミュニケーション[2]は，リスクアナリスのなかでも特に重要である。

5　食品安全基本法および食品安全委員会

第3節で取り上げた①BSEを初めとする多様な食の安全を脅かす事件，②世界各国からの食品の輸入，③遺伝子組換え，クローンの開発などの新技術の開発，おもにこの3点において，国民の食生活を取り巻く状況は変化した。こうした情勢の変化に的確に対応するために，国民の健康の保護が最重要であるとの認識のもとに，国，地方公共団体，事業者の責務と消費者の役割を定めた食品安全基本法が2003年5月23日に制定された。ここで，健康の保護も必要であるが，健康を享受できる権利を謳うべきであろう。

この食品基本法により食品安全委員会はリスク管理を行う関係行政機関から独立して，科学的な健康影響評価（リスク評価）を客観的にかつ中立公正に行

第7章　商品の安全性と消費者教育

う機関として2003年7月1日に内閣府に設置された。審議の案件は，多く，厚生労働省と農林水産省から求められたものであるが，遺伝子組換えなど一部環境省によるものもある。このように従来は，行政機関の要請で開催されてきたが，最近に至り初めて消費者の要望によって提議された。ちなみに案件は①リステリア，②Q熱の原因菌，③食品に含まれるトランス脂肪酸，④牛等の成長促進用剤，⑤放射線照射食品，⑥アルコール飲料の妊婦および胎児への影響である。これらは，すでに第54回の会議で検討されたが，食品安全委員会が自ら行う食品健康影響評価の案件には該当しないものの，科学的知見に基づく概要書（ファクトシート）を作成し，国民の方々に情報提供することとされ，その後概要書が作成された。

　この食品安全委員会のあらましについては，図表Ⅱ－7－1および図表Ⅱ－7－2を参照してほしい。消費者にもわかりやすく，また親しみやすく書かれている例として引用した。

図表Ⅱ－7－1　農林水産省の食の安全・安心のための政策大綱

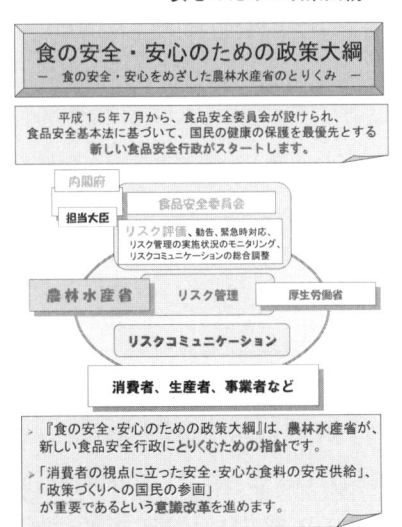

出所）農林水産省『食の安全・安心のための政策大綱』2003年，p.1。

図表Ⅱ－7－2　リスクコミュニケーション

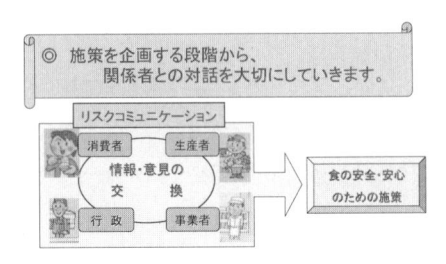

出所）農林水産省『食の安全・安心のための政策大綱』2003年，p.2。

第Ⅱ部　消費者教育の現状と課題

なお，このようなわれわれの食のリスクの評価にかかわっている食品安全委員会の活動を，新聞はほとんど報道しないのはなぜか，社会的責任を感じてほしいものである。他方，業界誌・紙はかなりよく報じている。企業の命運にもかかわっていることもあるからだといえばそれまでであるが，こうして情報格差はますます拡大していく。食品安全委員会の会議録はインターネットを利用してみることはできるが，ボリュームが多くて大変である。そこで，地方農政局などで，重要なものについては，要点だけ簡明にワープロで打ってパンフレットにし，消費生活センター，その他要所に配布することが望まれる。実際，実行に移した農政局もみられる。これは，消費者教育資料としても重要である。

6　食生活における消費者教育

(1)　消費者教育の必要性

消費者は情報を新聞・テレビ，次に雑誌・書籍によることが多い。いい換えれば，消費者一般の考えは自分の考えと思っていたが実はマスコミの考えだったということが多い。消費者の多くは，「食品安全委員会」ができたことを知らない，ましてや，この委員会が何をしているかも知らない[3]，もっと悪いことは，「私は遺伝子を食べたことがない」，「遺伝子組換え食品を食べるとからだが組み替えられてどうにかなってしまう」とか「人工の物質は悪いが自然のものならよい」(最近，アカネの色素に強い発がん性があることがわかったというのも天然物のなかの悪い例の一つである。なお，アフラトキシンB_1というカビ毒はあらゆる物質のなかで最も発がん性が強いことは古くから知られている) などなど，全くお粗末な科学知識しか有していない消費者が多いことは，著者らのより深い，教育的なアンケートや対話によって明らかにされている[4]。

子供たちの学力低下が叫ばれ，なかでも理数科は特にひどいといわれているが，成人の自然科学に対する知識の無さもまたひけをとらない。立花隆は21世紀のサイエンスで最も基礎的な概念であるDNAの認知度の日米の比較，科学技術について知識をもっている一般市民の各国の比較などを紹介しているが，

悲惨というよりほかにいいようがない[5]。彼はまた,「問題は,一般の人に驚くほど科学技術の知識が乏しく,科学へのネガティブな感情が広がっている点です」。と述べている[6]が,消費者が意思決定を行う場合,その基盤としての自然科学の知識が今後の消費者教育に欠かせないものとなるだろう。

図表Ⅱ－7－3 「DNA」の認知度　図表Ⅱ－7－4 科学技術について知識をもっている一般市民の割合

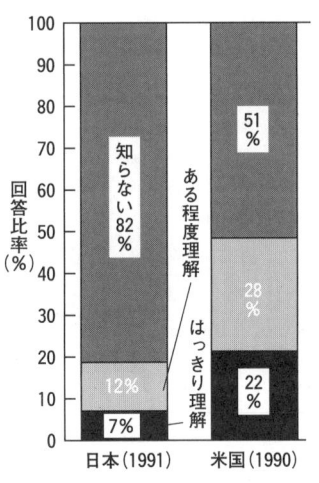

出所) 立花隆『21世紀知の挑戦』文芸春秋社,2000年,p.52。

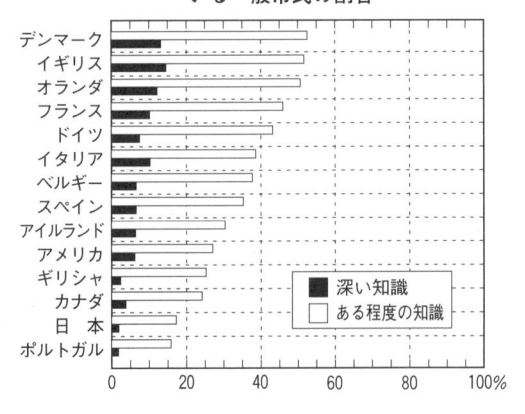

出所) 立花隆『21世紀知の挑戦』文芸春秋社,2000年,p.51。

(2) 食　育

いま,「食育」という言葉がよく聞かれる。「食育とは,心身ともに健康であるために,子どもから大人まで食に関心をもち,正しい知識を学んでいくこと」である。食育で身に付けるべき能力として,①食べ物を選択する能力—自分のからだにとって必要な食べものをバランスよく選ぶ能力,②味がわかる能力—食材の本来持っている味やおいしさをきちんと評価できる能力,③料理をつくる能力—包丁の使い方や食材の選び方を身に付けて料理をつくる能力,④食べ物の育ちを感じる能力—米,肉などの食材は,すべてゆたかな自然が育んだ生命であることを理解する能力の四つである。この中でも地元でとれる旬の

産物を食材にし，食文化の伝統を護ることが重要である。

　食育は，江戸時代の村山弦斎の『食養法の料理心得』にある「小児には徳育，知育，体育より食育が先」に由来するものであるが，今や，一般に，「体育，知育，徳育の基盤をなすもの」とされ，改めて食育の重要性が叫ばれているに至った。このことからも食生活に対する消費者教育の重要性が広範に，そして一層重視されてきているといえる。

〔注〕
1） 岸本妙子「バイオ技術に対する年齢別消費者意識分析と消費者教育—バイオ技術の社会的受容に向けて—」『消費者教育第二十三冊』，日本消費者教育学会，2003年，pp.76〜77。
2） リスク評価：食品の摂取が人の健康におよぼす影響について，科学的な評価をする。リスクコミュニケーション：消費者，生産者，事業者，行政などの関係者が互いに情報や意見を交換して，施策への反映をはかる。
リスク管理：国民の食生活の状況などを考慮しリスク評価に基づいて，行政が関係者と協力し，健康に重大な悪影響が生じないようにリスクを抑える対策を決定・実施する。
より詳しくは，新山陽子編『食品安全システムの実践理論』（昭和堂，2004年）を参照。
3） 筆者らによる，中部・近畿地方の学生等578名の調査によれば，前者が69％，後者は70％に上った。2004年4・5月の調査結果による。
4） 岡部昭二，三品広美「遺伝子組換え体についての学生の意識調査」『消費者問題と消費者政策』中京大学社会科学研究所，2003年，p.259。
5） 立花　隆『21世紀知の挑戦』文芸春秋社，2000年，pp.50〜53。
6） 立花　隆「リスクある決断下す自覚を」朝日新聞，2000年8月6日。

〔参考文献〕
1） 木全敬止「食品の消費者問題」『研究所報』名古屋経済大学消費者問題研究所，2003年。
　　特に，最近の安全性問題を詳述している。
2） 山田由紀子「絶対安全な食品はあるか？」『たしかな目』（2004年）は，消費者教育を考える際に重要な示唆を与えてくれる。

第8章　消費者教育と生活経営

　本章で扱う消費者教育とは，消費者問題とは異なる。時々，消費者教育のことを消費者問題とか，環境問題の分析をはじめとする問題解決方法やその手段などに用いられることが多い。そこで表題について改めて論究する。

1　消費者教育と生活経営

　消費者教育学会設立当初「消費者教育」については端的に「消費者教育の基本は『生活を大切にする』という哲学である。消費者教育は全体的存在である人間としての消費者が生命・健康という生活の基本的な価値を守り，自己実現していくためのものであるが，生活の価値を守るとは，生活を大切にすることにほかならない」(今井光映：「消費者教育の課題と展望」1983) という考え方が底流に存在していた。こうした解釈を基本とするならば，家政学の本質的理念とその実践教育の担い手として位置付けられる。つまり学問としての家政学の目的と方法を最も端的に具現化するものが消費者教育であると考える。
　一方生活経営とは，どのような語意を持っているであろうか。日常用いている「生活」を訓辞的に解釈すると，「生活」とは①生きていること，生きて働くこと，②生存して活動するなどの意味があり，根源的には「生」は生命・いのちの意味と「活」は生気の意味がある（広辞苑　第4版，岩波書店)。すなわち，人間が生きていくために食・衣・住の行為（広義）と技術（狭義）を用いて，生きるための目的を達成させることにある。「経営」とは，広辞苑によると，①力を尽くして物事を営む，②つとめて仕事をする，勤む，③あれこれ世話や準備をすることなどがある。
　日常生活のなかで生きていこうとするならば，生きるために必要な生命維持

を保つために「食べること」「着ること」「住まうこと」など食・衣・住の基本が根底にある。このほか，零歳児は，ひとりでは何もできない。そのため，親はまず人間として育つための環境をつくること，すなわち生きるという目的を達成させるために，生活の諸要素を活用することが必要である。このため「生活」と「経営」を一つの語意として用い，広く「生活経営」として生活を営むのである。

2　消費者教育と生活環境

　生活環境の範囲をどのように考えたらよいか。もともと消費者教育と家政学の関係は深く「生活環境」を広義的包括的環境として捉え直すと図表Ⅱ－8－1の通り環境全体を網羅することができる。これは1902年アメリカ家政学会が学問として家政学を定義し，そのなかで早くも生活環境の範囲を広義に捉えていたのである[1]。日本では1981年，日本消費者教育学会は日本家政学会から分離独立創設されたといわれるほど双方は相互関係を有していると考えることができる。なかでも強調したいことはキーワードとなる「ヒトと人」「ヒトと物」「ヒトと環境」についての三つである。

　現代社会における日常生活で，われわれを取り巻く生活環境は大きく物的環境と社会的存在としての環境の二つにわけることができる。すなわち図表Ⅱ－8－1が示す通り「より大きい環境」と「近接環境」とである。なかでも人間（個・個人）として存在を考えるならば，点線で囲んである近接環境のなかにあり，食・衣・住・お金その他は物的生活諸要素である。一方夫婦・親子・兄弟姉妹・親類・近隣などは，社会的存在としての近接環境である。重要なことは「人と人」との環境は人間がコミュニケーションを持つ大切な社会（最小単位は家族）として存在しているのである。したがって親子関係は消費者教育として最も基本的教育（知らなければならない）を行わねばならないことである。

　家政学の生みの親であるといわれるエレン・リチャーズ（Ellen H. Richards 1842－1911）の生活環境概念の捉え方は，今日でも明確に自分の位置的存在を

第8章 消費者教育と生活経営

把握することができる。したがって生活経営の諸要素をわれわれは，人類の福祉増進や目的達成のための手段として用いることが重要であるから決して見落してはならない。すなわち，われわれの営む生活経営と消費者教育の体系は，企業などが用いている経営・管理・労働のごとくライン上に必ずしも位置付けできないし，ひとり三役をこなす必要性すらみえてくるから，既成概念に捉われることなく絶えず高所からみつめることを怠ってはならない。

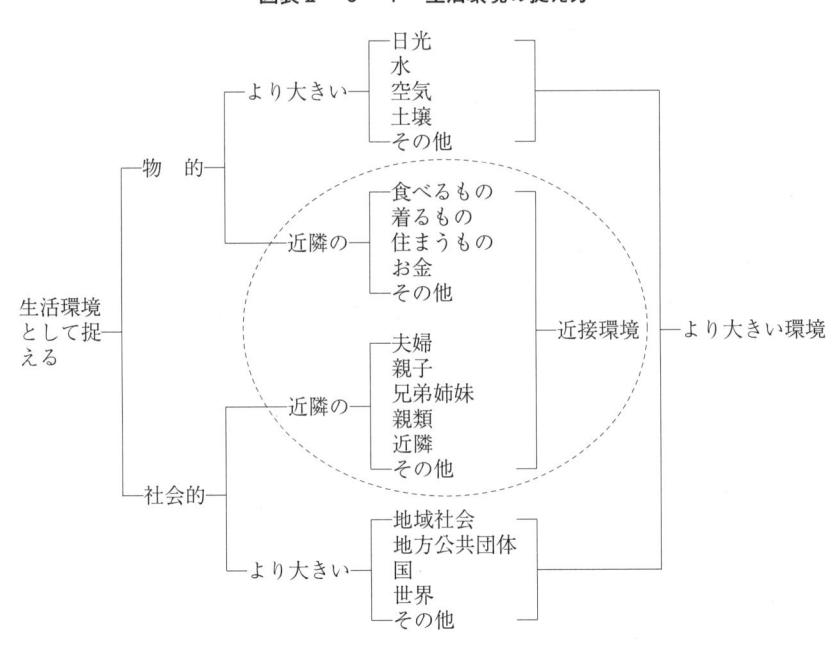

図表Ⅱ－8－1　生活環境の捉え方

```
                        ┌─日光
              ┌─より大きい─┤　水
              │          │　空気
              │          │　土壌
              │          └─その他
      ┌─物的─┤
      │      │          ┌─食べるもの
      │      │          │　着るもの
      │      └─近隣の──┤　住まうもの
      │                  │　お金
生活環境            　　　└─その他
として捉──┤                                    ─近接環境──より大きい環境
える        │                  ┌─夫婦
      │      ┌─近隣の──┤　親子
      │      │          │　兄弟姉妹
      │      │          │　親類
      │      │          │　近隣
      │      │          └─その他
      └─社会的┤
              │          ┌─地域社会
              │          │　地方公共団体
              └─より大きい─┤　国
                          │　世界
                          └─その他
```

注）エレン・リチャーズの包括的環境の捉え方で，1902年第4回レイクプラシッド会議において「ホームエコノミクス」の広義な定義から環境の内容概念を捉え作成。

133

第Ⅱ部 消費者教育の現状と課題

図表Ⅱ－8－2　消費者の概念枠組み

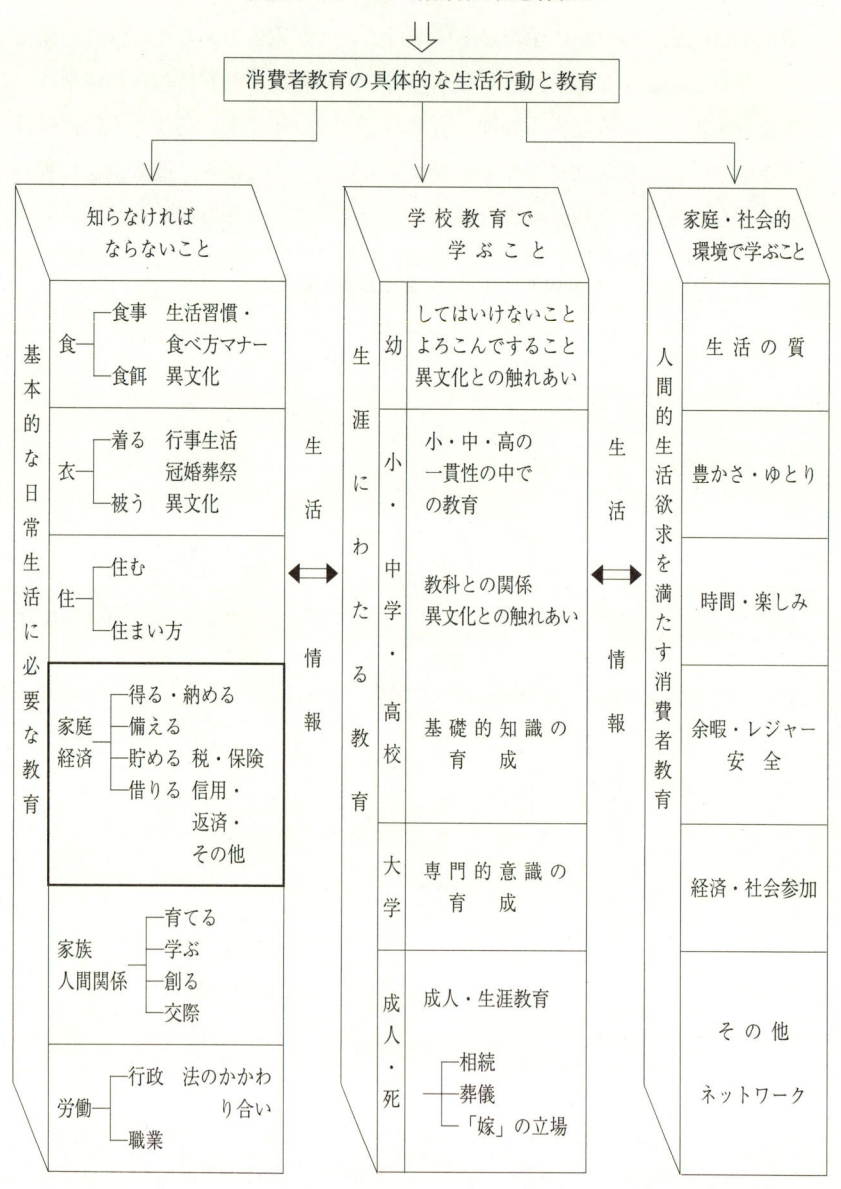

⇩

消費者教育の具体的な生活行動と教育

知らなければならないこと	学校教育で学ぶこと	家庭・社会的環境で学ぶこと
基本的な日常生活に必要な教育	生涯にわたる教育 ⇔ 生活情報 ⇔	人間的生活欲求を満たす消費者教育

知らなければならないこと：
- 食　―食事：生活習慣・食べ方マナー
  　　　―食餌：異文化
- 衣　―着る：行事生活・冠婚葬祭
  　　　―被う：異文化
- 住　―住む
  　　　―住まい方
- 家庭経済　―得る・納める
  　　　　　―備える
  　　　　　―貯める：税・保険
  　　　　　―借りる：信用・返済・その他
- 家族人間関係　―育てる
  　　　　　　　―学ぶ
  　　　　　　　―創る
  　　　　　　　―交際
- 労働　―行政：法のかかわり合い
  　　　―職業

学校教育で学ぶこと：
- 幼：してはいけないこと／よろこんですること／異文化との触れあい
- 小・中学：小・中・高の一貫性の中での教育
- 小・中学・高校：教科との関係／異文化との触れあい／基礎的知識の育成
- 大学：専門的意識の育成
- 成人・死：成人・生涯教育／相続／葬儀／「嫁」の立場

家庭・社会的環境で学ぶこと：
- 生活の質
- 豊かさ・ゆとり
- 時間・楽しみ
- 余暇・レジャー　安全
- 経済・社会参加
- その他　ネットワーク

3 消費者教育の概念枠組み

　消費者教育の概念が大きいため，改めて生活経営のなかにおける生活行動を中心として具体的に整理するとさらに三つの教育領域が考えられる。①知らなければならないこと，②学校教育で学ぶこと，③社会的環境で学ぶことなどである。

　第一は基本的な日常生活に必要な消費者教育として「知らなければならない」こと。図表Ⅱ－8－2は「消費者教育の具体的な生活行動と教育」として示したものである。これにより実践的消費者教育の総括的枠組みがある程度理解できる。図の中で示した人間が行動し生活していくことは，われわれは二つの側面を持っている。理解しやすく考えるためには生産者・消費者・生活者としての存在である。あえて定義するならば，次のように定義付けられる。「学校で行う消費者教育は行政で行うそれとは異なり，個人・家族・社会という価値体系の枠組みのなかで考える消費者となるための意思決定能力を助成するものでなければならない[2]。」

　すなわち広義のアプローチをとろうとするならば，消費者教育は全教科と関連することが明解となる。今日，男女共修4単位あった家庭科教育を2単位に削減したことは非常に残念である。一度既得したものを放棄したため広域にわたる消費者教育を十分に教えることすらできない。例えば消費者問題を解決したくても消費生活全般に起因していることとなれば，より高度で専門的な知識が要求される。家庭と消費は切り離すことはできない，消費者教育と密接な関連があるため，この消費者教育を「コア」として考え直さねば問題解決にはならない。図表Ⅱ－8－2はまさにこうした全体を考慮しながら三つの柱を考えたものである。

　さらに，消費者教育は，基本的日常生活に必要な教育に始まり生涯にわたる消費生活を見据えて合理的な価値判断や行動に対する選択が必要なための意思決定ができるよう育成しなければならない。価値判断は難題である場合もある

が人生にとっては最も重要なことであり，これを誤ると家族の欲求・欲望までを満たすことができなくなる可能性があるので注意したい。

4　生活者・生産者・消費者

われわれが生活経営を営んでいくためには，学問的に「人間（ヒト）」「物的（モノ）」と環境との相互作用のなかで営まれている。特に学問的には「一方では人間の物理的環境について，他方では人間の社会的存在の本質について，両者の相互関係を究明する学問をホームエコノミックス」としたことは前述の通りである。こうした考え方を消費者教育では果たして表題に対する定義として正しく理解し整理されているであろうか。

(1)　生活者（prosumer）の定義

日本消費者教育学会の『消費者教育1992』による生活者の定義は，「商品・サービスを購買・使用する消費者にとどまらず，生活環境にかかわる諸問題などをも取り込み，消費生活全般の担い手として捉えたとき，生活者という。」[3]としている。この消費者教育学会の見解は，生活者はバイマンシップ（buymanship）と，広くはシティズンシップ（citizenship）とを兼ね備えた人間行動の管理主体者とするならば，生活環境（総合性・全体性）のなかで自分自身の生活に責任を持った管理行動を選択し得る人という考え方がその根底にある。確かに生活者という言葉を定義することは困難である。解釈により多少の差異も生ずるが，未来学者のA．トフラー（Alvin Toffler）は著書『第三の波』（The Third Wave 1980）のなかではプロシューマーという言葉をよく用いている。

これらの意味するところはproduct（生産）とconsumer（消費）を合わせてprosumer（プロシューマー）と造語しており，日本語訳では「生産＝消費者（プロシューマー）」とルビをつけながら表現している。トフラーが主張しているプロシューマー「生産＝消費者」には少し無理な表現がある。新語の造語であったため定義付けがはっきりしない。つまり近代経済社会のなかでは，生産と消

費という二つの機能が分離してしまい，産業革命以後は「消費のための生産」から「交換のための生産」に移行してしまい，生産者自身がこのプロシューマーの存在を見失い始め，以後，市場向けの商品やサービスの生産のみが急進するのである。しかし，こうした状況では生産のみに力が入り，サービスの悪さが目立ちはじめると限界がきてしまうことは明らかで，日本でも欠陥商品が生産されるようになり，はじめてプロシューマーの存在が必要であることに気がつくのである。

本章で用いる生活者とは図表Ⅱ－8－3では次のように考えたい。図で考えるプロシューマーの発想は，人間として生産者「A」は同時に消費者「B」でもある。意識のなかでの「A・B」の存在は，双方の境界線がやがて不鮮明となり，むしろ重なって生じてくる「C」が出現するのである。しかもこの「C」領域は，自己が置かれたその都度存在において左右に移動するので，ここではトフラーの表現通り「生産＝消費者（プロシューマー）」としておく。

次に図表Ⅱ－8－4では，「A」が生産者として労働する場合に生産者側に立った意識が強くなると同時に消費者の立場である存在が薄れたプロシューマー「A＋C」となる。反対に図表Ⅱ－8－5は，消費者となった「B」は同

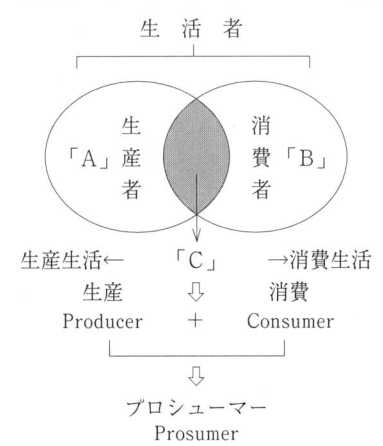

図表Ⅱ－8－3　プロシューマーの発想

図表Ⅱ-8-4　生産者としての場合　　図表Ⅱ-8-5　消費者としての場合

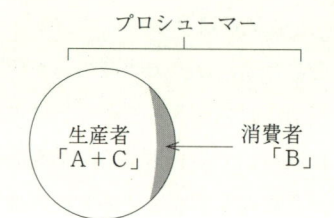

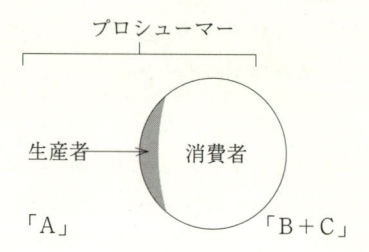

一人間であるが，生産の場を離れた消費者意識が大きくなったプロシューマー「B+C」となる。すなわち，中心部分のプロシューマーとしての意識は，自己の存在する社会行動のなかで，それぞれ境界線が左右に動くのである。生活者は，生産者・消費者の両面を有し生活経営を行っていることになる。

(2) 消費者 (consumer) の定義

国民生活審議会の定義によると，「消費者とは商品およびサービスの購入・消費の主体としての国民全てを含む」とあり，消費生活関連用語事典では「事業者が提供する商品・サービスを消費生活のために購入・使用・消費する人をいう」[4]。また日本消費者教育学会では，消費者とは商品・サービス（経済財）を購入，使用するものだけではなく，より広く「市場を通さない，または通す必要がないために，代金を支払う必要がない空気や水などの自由財を消費するもの」も，環境問題と関連して含まれる。

しかし，この消費者の定義について次のような見解がある（1997，第49回家政学会発表）。すなわち，「消費者教育の諸概念の分類—Bannister. R と Monsma. による Classification of concepts in Consumer Education に関する一考察」（松岡明子・中原秀樹）と題したもので，消費者とは，

(1) 買い手（buyer Vs seller），功利主義的経済取り引きの担い手（ゲゼルシャフト[5]）における存在

(2) 消費者（consumer Vs producer），破壊者であるがゆえの影響力の自覚（ゲマインシャフト[6]）における存在の自覚

(3) Shorter Oxford辞典
　① to take up, spend, waste(time)；消費する，浪費する
　② to use up, to eat up, to drink up；使い尽くす，食べ尽くす
　③ to make away with, destroy, as by fire；消滅させる，破壊する，焼き尽くす

などなどの定義がある。

　消費という漢字は，確かに消えてなくなる（失われる，費やされる）ことにある。しかし21世紀，われわれのライフスタイルを考えるとき，生活環境の汚染や破壊は止まるところを知らない様相を呈しているのが現代社会であるから，もう一度，この消費者の意味を考えなければいけない。持続可能な消費と環境を考えたシンプルライフが必要になっているのである。

　こうした観点から考えると，破壊者である消費者は放っておけない。資源を使い尽くし食べ尽くすという生態系の破壊につながる消費者の行動は，あるルールのもとでその破壊活動が制限されなければならない。また同時に，破壊活動を遅延させるために社会制度，技術開発，経済制度を見直す必要がある。

　例えば，消費者が商品を使い尽くすためには，商品のより正確な製品寿命の表記，故障した場合，わが国では経済産業省が管理している修理の際の部品保有年数の延長といった経済政策の見直しが必要である。

　また，生存のために食べ尽くしているかどうかの点においては，農業政策・漁業政策の再検討はいうまでもなく，食品産業，外食産業における資源保全の義務付けを含めた制度上の見直しをはかることによって，消費者は本当に使い食べ尽くしているのかということを検証することが必要である。そして，これらの商品や資源の有効利用のために技術開発と技術革新をはからねばならない。持続可能な消費生活を考えるときには，消費者の行動がおよぼす影響やその範囲を見逃すことはできない。人類の生存と利便性を考え資源を使い果たすことではなく，生態学的影響を第一に考えることが重要課題といえる。

第Ⅱ部　消費者教育の現状と課題

5　消費者教育の課題と提言

　くしくもアメリカ家政学に端を発した生活全体を包括する考え方のなかで「生活と消費，家族と環境」を考慮しながらつくり出したキーワードが，今日の持続可能な社会構築をめざす消費者教育理念を全うさせるためにも環境（ヒトと人・ヒトと物）を抜きには考えられないのである。時代の流れは社会的にも経済的にも大きく変化した今日，個人的存在が重要視されてきたことに加え権利を主張することが台頭してきている。

　ここで消費者教育に対する課題を掲げてみたい。今井光映は，日本消費者教育学会を発足させるに当たり「消費者を直接教育することを目的としたものではなく，消費者教育を学問的に科学することを目的」としたのである（消費者教育No.1，光生館，1982）。その結果大学院課程に「消費者科学専攻」「人間生活学専攻」設置。こうした構想は消費者教育のなかで価値を押し付けたり，指示を与えたりするものではなく，個人が生活のなかから価値を選択し，それにそった自己責任のとれる意思決定を下した新しいライフスタイルを，各自が創り出せる能力を開発できるように教育することが大きな課題である。

　今日この考え方は，生活環境適応から生活環境醸成の消費者教育に移行して来ている。すなわち現代社会生活のなかでは，消費者が権利に目覚めながら自らの意見に反映させながら正しい行動を起こさなければ，時代に取り残されてしまう。この重要なことを実現させるためには生活基盤をきちんと踏まえた生涯にわたる教育が必要となる。これが消費者教育である。

　1970年代，筆者は消費者という語意を日本家政学会で定義付けについて発表したことがある。当時としては，少し過酷な表現であったが人間一人ひとりの行動は最悪の場合「破壊者」となり得る要素が多いので注意が必要であろうという提言をしたが，結果は無関心であった。しかし今日ほどそれが現実のものになってきているのである。当時，消費者教育は「学問ではない」とすらいわれ「消費者運動」「苦情処理」に終始し，学校教育には入り込む余地をみいだ

すことはできなかった。しかし人間の欲望が増大するにつけ、地球規模で破壊現象が起こって来ているのが現状であるためどちらかというならば消費者教育より環境教育の方が優先しているのが現状であろう。ここで重要なことを提言し将来の発展に連動させたい。結論から提言するならば学校教育のシステムのなかに一刻も早く消費者教育をとり入れ健全な人間教育を施さねばならない。

　生活の具体例を考えるならば「○○問題」「△△問題」「××問題」が余りにも増大している。30年間で一世代交代と考えるならば、問題解決ばかりを追う消極的なことより、「消費者教育」の実力と指導力を有する教師をもっと学校教育の現場に投入すべきである。アメリカでは20年以上も前から独立の教科目としての「消費者教育」が採用されている（小・中・高等学校）。日本では文部科学省がやっと高等学校家庭科選択履修科目「消費生活」として教科書を平成16年3月に発行した（『消費生活』教育図書）。

　この時間的遅れをできるだけ早期に取り戻すためには、学習のなかで、人間が生活していくためには、現実に直面する様々な社会問題を解決するための手続や方法を考えるための努力を怠ってはならない。そして社会的価値観を備えた英断が求められ始めて権利主張し行動できるのである。消費者教育は同時に「よき消費者市民」の育成となることが今更強く求められているのである。次回教育課程改正（約10年後）では遅すぎることを強調したい。

〔注〕
1）　松岡明子・山本有一編『生活環境科学入門』有斐閣，2000年，pp.75～80。
2）　松島千代野『家庭科教育と消費者教育』消費者教育支援センター，1996年。
3）　日本消費者教育学会編『消費者教育第十二冊』光生館，1992年，p.295。
4）　日本消費者協会編『消費生活関連用語事典』日本消費者協会，1990年，p.436。
5）　人々はあらゆる結合にもかかわらず分離している。利益の相補性、概念や知識の客観性
6）　相互に共通な結合的な心を持つ。人間と一つの全体の部分として結合する有機体に類似の共同生活

第Ⅲ部
消費者教育の展望

第1章　消費者教育と生活指標開発
第2章　多重債務問題と消費者教育
第3章　安全教育と消費者教育
第4章　情報社会における消費者教育
第5章　環境教育と消費者教育
第6章　環境会計の概念と制度
第7章　医療・福祉マーケティングと消費者教育
第8章　社会福祉と消費者教育
第9章　消費者被害と消費者教育
第10章　経済教育と消費者教育
第11章　消費者教育と海外事情
第12章　消費者教育の思想

第1章　消費者教育と生活指標開発

　本章では，21世紀を持続可能な社会にするため，新たな消費者教育の在り方について考えたい。そしてそれを実現する鍵を生活指標が握っていると考え，持続可能な社会のために必要な新たな生活指標と，それを用いた消費者教育について考察したい。

1　現在の生活指標と問題点

　国家や個人生活のゆたかさは，経済的側面から語られることが多かったが，もはや，それだけでゆたかさをはかることはできず，社会そのものが持続し得る「持続可能な社会」の構築こそが，21世紀を生きるわれわれにとって，真の意味でのゆたかさであるといえよう。その際，生活指標は，われわれ一人ひとりが，持続可能な社会に寄与し得るライフスタイルを獲得し，実践するための指針として重要な役割を担っていると考えられる[1]。
　本節では，わが国を始めとして，様々な国々で開発されている生活指標を取り上げ，それらの特徴と問題点を明らかにし，今後のあるべき生活指標について考えたい。

(1)　わが国の生活指標

　モノや経済のゆたかさが重視されていた1960年代から，1970年代には心のゆたかさへ，また1980年代以降になると，ゆたかさの対象は，社会から個人へとシフトし，それと同時に生活指標の概念も変化してきた[2]。1980年代以降の生活指標の代表といえる「国民生活指標」や「新国民生活指標」（経済企画庁）は，国民生活の多面的な側面を把握し，地域社会の生活実態や特色を捉え，真のゆ

たかさとは何かを考える上での参考に供し、国民生活の質の向上に寄与することを目的に作成された。個人の生活活動に着目して、住む、費やす、働く、育てる、癒す、遊ぶ、学ぶ、交わる、の八つの活動領域と安全、公正、自由、快適の四つの評価軸から構成されており、県ごとに、ゆたかさを評価している。しかし、これは、あるシステムのある時点の状態を表している「状態指標」でしかなく、また、指標がどのようなシステムを対象としたものであるかも不明瞭である。21世紀には、持続可能な社会の構築がゆたかさの対象としてあげられるようになったが、直接的にそれをはかる指標はまだ現れていない。

(2) 海外の生活指標

一方、海外では1992年の地球サミットで採択された「アジェンダ21」[3]の40章で、持続可能な開発のための指標開発の必要性が明記されたことから、対象を個人ではなく、より大きなシステムとの関係のなかに捉えて指標を作成する試みが、特に環境指標という形で始まった。「アジェンダ21」の実施状況を監視し、その円滑、着実な実施を促すために設けられたのが、国連の経済社会理事会の下部組織である「持続可能な開発委員会 (Commission on Sustainable Development : CSD)」である。この委員会のもと、「持続可能な発展のための指標」[4]の作成が1995年に着手された。この指標は、「アジェンダ21」の章ごとに134の指標を設定しており、持続可能な発展を、社会、経済、環境、制度の四つの分野からDSR (Driving Forces/State/Response) の枠組みによって捉えている。Driving Forcesとは、プラスとマイナスの両面で、持続可能な発展に影響を与える人間の行動、過程やパターンを意味する。これまで人間の行動は環境に悪影響をおよぼすとされ、Pressureという概念が使われていたが、人間の行動にはプラス面もあると認識されるようになり、Driving Forcesへと概念が変更された。Stateは、持続可能な開発の状態、Responseは持続可能な開発を目的とした社会的行動を意味している。それぞれの分野は、いくつかのテーマ、サブテーマから構成されている。例えば社会分野は、公平、健康、教育、住宅、安全、人口の六つのテーマからなり、公平では、貧困とジェンダー的公平さとい

うサブテーマが設定されている。それらをはかる指標としては，貧困では，貧困線より下にいる人口の割合，所得の非公平を示すジニ係数，非就職率が，ジェンダー的公平さは，男性の賃金に対する女性賃金の割合が指標として提示されている。この指標は15カ国において利用されている。

アメリカでは，1994年にPCSD（持続可能な開発に関する大統領諮問委員会）の作業部会で指標の開発が進められた[5)6)]。そのなかから，An Experimental Set of Indicators（実験的指標群）と呼ばれる指標が1998年に発表された。また，2002年のヨハネスブルグで開催された世界地球サミットの準備として，2001年からこれまでの指標に修正が加えられた。この指標は，経済，環境，社会の三分野，合計40の指標群からなっている。

さらに，イギリスにおいても，現在，そしてこれからの世代の全ての人に対して，より高い質の生活を確実にするという目的から，UNCSDの指標を参考に，そこから51の指標を選択し，「生活の質指標」（Quality of Life Counts）が1999年に作成された[7)～9)]。この指標は，持続可能な経済，持続可能なコミュニティづくり，そして環境と資源管理という三つの枠組みからなっており，それぞれ三つのサブテーマが設定されている。経済では，経済の安定と競争力，資源利用と廃棄，雇用と教育，社会では，貧困，健康と住宅，犯罪と社会的団結，移動とアクセス，環境では，気候の変化とエネルギー，大気・水と放射性物質，地形と野生動物である。そして，それらを統括するのが，15の主要指標である。また，その他に18項目が設定されており，それぞれの項目は，4～15個の指標群からなっている。これらの指標は，地方，国，国際レベルで，重要な指標として位置付けられ利用されている。この指標の特徴は，信号のように色で指標の状況が示されている点であり，2004年の報告書では，1970年と1990年の比較を行い，それらに関する戦略があるかどうかも判断している。この「生活の質指標」から，190の指標を抽出して，「簡易型持続可能な開発指標2004」（Sustainable development indicators in your pocket 2004）も作成されている。1996年に作成された最初の指標は，経済面の指標も含まれてはいたが，ほとんどが環境や資源などを中心とした社会面の指標であったのに対して，新しく作

成された指標は，経済面と社会面の指標が半数を占めるものに変化している。

(3) 生活指標の問題点

現在，多種多様な生活指標が開発され利用されている。日本の指標は社会や個人の状態を表す平面的な指標群が多いのに対して，海外で作成されている指標は，あるシステムの状態に加え，他のシステムとの関係性を含めた持続可能な開発のための指標として作成されている。また，指標の枠組みをみると，わが国は，多くが個人の活動領域別であるのに対して，国連を始め，海外の指標は，個人という人間を対象としているだけでなく，経済，社会，環境等，人間を取り巻くシステムをも指標の対象としているため，より多面的で構造的な指標となっている。

しかしこれらの指標にも問題点は残されている。まず，システムの規模が大きくなればなるほど，個人の生活のゆたかさの視点からはずれてくるという点があげられる。ただ，個人か全体か，どちらに重点を置くかという議論も重要ではあるが，個人と全体との関係性が明らかとなるような指標の作成によってこの点は解決できると考えられる。

第二の問題点は，既存のデータを，新たに作成した目標や枠組みに並列的に組み込んでいるという点である。これによって，指標が目的に即していない場合が生じている。例えば，持続可能な経済維持という目標を掲げているイギリスの指標を例に取ると，GDPや1人当たりGDPや，仕事をしている人の年齢別人口などがそれらをはかる具体的な指標に設定されている。また，社会的な指標をみても，全ての人々のニーズを認める社会的進展を目的として掲げているが，これをはかる指標に，健康な生活を送る期待年数や生活に適していない住宅，犯罪率などが挙げられている。このような指標がその目的をはかるのに適しているか否かは，枠組みと指標との関係をより明白にすることや，指標間の関係性を明らかにする必要があろう。

第三の問題点として，これらの指標は，全て，マクロ的な視点であるのに加えて，政府がシステム変革を行う際の政策戦略のための指標となっている点が

あげられる。国家の生活水準を上昇させるには，改革が必要であることはいうまでもないが，ここには，社会を構成している個々人の意識や意向は含まれていない。しかし，持続可能な社会を築いていくための指標を考えると，個人や家庭の意識や現状，その変化が重要な役割を担っていると考えられる。そして，国家や地球レベルでの現状や変化をはかる指標であると同時に，それらの構成単位である，個人や家族が，自分達で現状をはかることができ，持続可能な社会に向けて，自主的に意識やライフスタイルを変えていくことができるものであることが好ましい。これは，個人のゆたかさに重点を置いているわが国の指標においても同様である。

2 人間を主体とした消費者教育[10]

　われわれ自身が自主的に意識やライフスタイルを変え，持続可能な社会の構築に寄与するには，消費者としてふさわしいライフスタイルを獲得・実践していく必要がある。そのような実践を導くためには，人間主体に焦点を当てた消費者教育の再考が重要な鍵を握っていると考えられる。生活指標は，その際ふさわしいと考えられるライフスタイルを獲得・実践していくためのツールとして機能するといえよう。

　人間主体型の消費者教育を考えた場合[11]，教育理論とそれに基づく方法論，その具体的な展開と実践が必要となる。人間の発達を「人が自分を取り巻く環境と様々な相互作用を持ちながら，自己形成していく過程」と捉え，発達を基盤に据えた教育を，「主体的な心を持ち活動をしている人間に，価値の受容能力をつけることで環境からの情報を内的世界に適切な形で位置づけ，新たな自己形成・自己創造の価値基盤をつくること」と定義する。さらに，人間の発達プロセスを，「心・活動の状態（状況認識と洞察理解）」，「価値の内面化（吟味・検討，捉え直し・再発見，葛藤・再構成・内在化・自己化）」，「新たな自己の創造（実践・価値実現）」の三段階と設定する。そうすると，人間主体の消費者教育とは，消費者問題を題材として，人間の発達プロセスに即し，主体性を生み出す内的

世界に変化をおよぼす教育でなければならないことが明らかである。

3　持続可能な社会のための消費者教育と生活指標開発[12]

　消費者が「持続可能な社会」を視野に入れたライフスタイルを獲得できるよう，人間の発達プロセスに即し，主体性を生み出す内的世界に変化をおよぼすような消費者教育を行うことによって，人間社会システムの維持・発展を可能にできれば，それは，真の意味での「持続可能な社会」のための消費者教育といえる。そしてその理論の展開と実践には，人間の意思決定やライフスタイルの獲得に重要な役割を担う「情報」の一つである「生活指標」が有効であると考えられる。人間の意思決定やライフスタイルとは，人間の内的世界から外側に表出された生活様式を指すが[13]，一人ひとりの消費者が，その内的世界の発達により，人間社会システムの存続という観点を視野に入れた意思決定をし，ライフスタイルを獲得することで，人間社会システムは持続可能であり得る。このような理論から作成された生活指標を活用することは，持続可能な社会を目標としたライフスタイルを獲得することにつながると考えられる。

　われわれは，人間主体を基盤とした消費者教育に，システムと持続可能性の視点を加えた新しい生活指標を開発した。それは，社会システムのなかで，個々人の行動が，人間発達の三つの段階とどのように関係しているかを表している。この生活指標は，人間発達のプロセス（心・活動の状態，価値の内面化，新たな自己の創造），対象となる社会システム（個人・家庭などの小規模システム，企業・学校・地域社会などの中規模システム，国家・自然などの大規模システム）と対象システム内での七つの消費者の行動領域（生理的行動，仕事，通学，学業・文化，消費・貯蓄，レジャー・遊び，社会参加）から構成されている（図表Ⅲ－1－1）。

　この生活指標を用い，子供たちを対象に授業実践を行った結果[14)15)]，子供たちの発達プロセスが深まり，子供たちが関与するシステムの推移を明らかにすることができた。また，生活指標は，授業の有効性をはかるためのツールとして有効であるだけでなく，子供たちが主体的に自分たちの生活の見直しや変

化を把握し，新たな実践へとつなげることに役立っていることが明らかとなった。

このような新しい生活指標は，持続可能な社会のために必要となるライフスタイルを自主的に獲得することができるため，新たな消費者教育の実現の可能性に寄与するツールとして機能するであろう。

図表Ⅲ－1－1　生活指標の基本構造

対象システム / 行動領域 / 人間の発達	小規模						中規模					大規模					
	生理的行動	仕事	学業・文化	消費・貯蓄	レジャー・遊び	通学	仕事	学業・文化	消費・貯蓄	レジャー・遊び	社会参加	仕事	通学	学業・文化	消費・貯蓄	レジャー・遊び	社会参加
心・活動の状態　状況認識　洞察理解																	
価値の内面化（相互作用）　吟味・検討																	
据え直し　再発見																	
葛藤・再構成　内在化・自己化																	
新たな自己の創造　実践・価値実現																	

〔注〕

1）大藪千穂・杉原利治，持続可能な社会における「豊かさ指標」開発の試み，家庭経済学研究，No.11，1998年，pp.31～37。
2）尾島恭子「生活指標研究の現況」，日本家政学会家庭経済部会編『多様化するライフスタイルと家計』建帛社，2002年。
3）AGENDA21: Programme of Action for Sustainable Development, RIO Declaration on Environment and Development, pp.284～287, New York Publications, 1992.
4）http://www.un.org/esa/sustdev/natlinfo/indicators/isdms2001/isd-ms2001isd.htm
5）http://strategis.ic.gc.ca/SSG/ra01575e.html
6）U.S. Interagency Working Group on Sustainable Development Indicators, Sustainable Development Indicators, 1998.

第Ⅲ部　消費者教育の展望

7) Department for Environment, Food and Rural Affairs, Sustainable development indicators in your pocket 2004, London, 2004.
8) Department for Environment, Food and Rural Affairs, Quality of life counts, London, 2004.
9) http://www.sustainable-development.gov.uk/sustainable/quality04
10) 大藪千穂・杉原利治「持続可能な社会のための生活指標と消費者教育」、『消費者教育第十七冊』日本消費者教育学会、1998年、pp.13〜24。
11) 坂野美恵・大藪千穂・杉原利治「人間発達を基盤とした消費者教育の構築と生活指標の開発」、『消費者教育第二十三冊』日本消費者教育学会、2003年、pp.67〜74。
12) 大藪千穂・杉原利治「持続可能な社会のための消費者教育」、『消費者教育第19冊』、1999年、pp.1〜11。
13) 杉原利治『21世紀の情報とライフスタイル－環境ファシズムを超えて－』論創社、2001年。
14) 坂野美恵・大藪千穂・杉原利治「小学校における新しい生活指標を用いた消費者教育の実践－個人・家族を対象とした「消費・貯蓄」分野の生活指標分析－」、『消費者教育第二十四冊』日本消費者教育学会、2004年、pp.167〜176。
15) 大藪千穂・杉原利治・坂野美恵「小学校における生活指標を用いた消費者教育の実践－子供の自己評価と情報活動との関係－」、『消費者教育第25冊』、2005年。

第2章　多重債務問題と消費者教育

1　多重債務問題の現状

　人間はモノを消費するという行為によって生命・生活を再生産しており，生きている限り全ての人が消費者である。消費者教育は，生活財（モノやサービス）の購入，使用，廃棄にかかわる消費行動を通して，地球上の全ての生命・生活が，永続的に再生産されるための生産と消費の仕組みについて学び，自分の生活だけでなく，消費の場から企業，行政，自然環境を変革できる消費者を育成する教育である。その場合に，金銭の管理に関する内容は，消費者教育の中枢をなす柱の一つであると考えられる。なぜなら，現代社会においては，ほとんどの生活財・サービスが商品となっており，生きるのに必要な衣食住はお金との交換なしには入手できないからである。消費なしに生命の再生産があり得ないように，商品社会においては，お金なしには何人も生きていけない。しかも次に述べるように，収入の範囲を超えた消費が可能なシステムが，普通の人の当たり前の生活に組み込まれている。多くの人が住宅ローンや奨学金を利用している。平成15年3月末でクレジットカードの発行枚数は，2億5,400万枚。これは国民1人当たり，2枚以上の所有になる。クレジットカードを使った買物やキャッシングも一般的となりつつある。また，近年特に利用者率を伸ばしているのが消費者金融である。貸し手と顔を合わすことなくローンの申し込みができる自動契約機，市中銀行，ファミレス，コンビニとの提携，さらにテレビコマーシャルによる社会的認知度の進展など，消費者金融は，借金に対する抵抗感を希薄化させることによってその利用者を増やしている。

　主として現金のみが流通する社会においては，財布に入っているだけのお金

第Ⅲ部　消費者教育の展望

しか使えない。つまりない袖は振れないから，日本の伝統的な金銭管理の処世訓である「入るをはかって出ずるを制す」が自然にできた。しかし，これまで述べた社会的な環境の変化は，「入る」以上の「出ずる」，つまり，収入以上の支出が容易な社会になりつつあることを示している。

　司法統計によると自然人の自己破産は，平成元年に9,190人と1万人に満たなかったものが，平成14年には，21万4,996人と約23倍に増えている。多重債務者の増加を踏まえて，平成12年以降には多くの法的整備がなされた。特定調停ができ，出資法上限金利の40.004％から年29.2％への改正，利息制限法の特例措置としてこれまで日賦貸金業者に認められていた109.5％の54.75％への改正，定期収入のある給与所得者がある一定程度の債務を弁済することによって，住宅を手放さずに，残債務額が免責される給与所得者等再生や小規模個人再生が新設された。しかし，このような法的整備の後も多重債務問題も沈静化していない。それはまた当然のことでもある。なぜなら，このような法的整備はあくまでも事後処理であり，多重債務者の発生を直接的に抑制するものではないからである。多重債務問題の根本的な解決には，消費者の人的資源である金銭管理能力に影響を与える消費者教育が必須となる。

2　多重債務者の性格プロフィール

　舩津と中村は，図表Ⅲ－2－1は，調停における観察記録の分析により多重債務に陥る要因を，外的要因と内的要因それに混合型の三つに分類したものである[1]。さらにその要因に多重債務者の性格的傾向がかかわっているのかどうかについてYG性格テスト*で性格検査を行った[2]。

　多重債務者となる要因は貸し手と借り手，社会環境，家族関係，性格的傾向などが複雑に絡み合っているものであり単純に分類することは難しい。多重債務者に計画性，適応性，判断力，忍耐力，家族間のコミュニケーション，衝動，欲求といった意思のコントロールが健全であれば，何らかの外的要因があっても，その外的要因が取り除かれて債務の整理がつけば再度多重債務に陥ること

第2章　多重債務問題と消費者教育

図表Ⅲ－2－1

外的要因	混合型	内的要因
外部からの不可抗力による圧力によるもの。倒産，失業，収入減，事故，病気，銀行等の貸し渋り		個人の性格特性によるもの。欲望，計画性，責任感意思決定，意思表現に問題。意思のコントロールが不適切

は少ない。これに対し内的要因に問題があるタイプは，何度債務を返済してもすぐ多重債務に陥る可能性があると考えられる。多重債務者の性格傾向をYGテストによって調査した結果，次の結果が得られた。

　YGテストではパーソナリティ型を「A平均・平凡型」「B不安定・積極型」「C安定・消極型」「D安定・積極型」「E不安定・消極型」の5型に分けている。YGの性格型の出現率は「B型」が標準の2倍の多さで，他の型よりも最も多い。次に「D型」「A型」「C型」の順に続く。さらにこれらの出現傾向を性格所見で詳細に分析すると，対人関係不得手，気分が変わりやすい，社会的不適応，見栄っ張り，内向的，自己制御力が弱い，勝気などの指摘がみられた。しかもこれらの項目は「B型」のパーソナリティ型にいくつもの性格所見が重複して見受けられた[3]。この所見を生活場面でみると悩みを相談する相手がいない，契約書や領収書などの重要書類を保管しない，保証人の依頼や，強引な販売を拒否できない，債務返済に対し計画性がない，債務返済への責任感が希薄である，などの問題行動として現れている。しかしその一方，このような性格的傾向が影響しない多重債務者もこの調査では半数を占めていた。

　これまで多重債務対応については法整備を行うことや，高金利の問題の解決などが重視されてきたが，最近，新たな対応がみられるようになった。表面的な債務整理にとどまらず，多重債務者の根底に抱える問題に接触し，生活行動の変化を起こさせるために，多重債務者の精神面へのカウンセリングや，金銭管理教育を行うといった取組みである。これについてアメリカではすでに多く

155

の金銭管理カウンセリングが行われている。日本でも金融関連の民間団体やNPOなどで少しずつ取り組まれるようになった。しかしこれについての周知度や取り組む団体，利用できる地域はまだまだ少なく，今後はインターネットなどを利用し，広く普及させることが急務と考える。

3 消費者教育と多重債務問題

(1) 多重債務予防のための教育課題

多重債務問題に関連する相談現場の報告書および先行研究などにより，多重債務者には二つの共通した傾向が見受けられる[4)5)]。それは金銭管理に対する無知と，意思表示できない，交渉できない，法的資質のなさなどにみられる市民的資質の欠如である。このため，多重債務予防の金銭管理教育ではこの二つを強化するような学習が有効であるといえよう。多重債務予防の第一は無知でないことである。家計管理の基本である収支の管理，数字をみる習慣，保証人にならない，契約書や領収書の保管，基礎的な法律知識など日常の金銭管理スキルの習得が必要である。第二は学習した知識をスキルにまで高めていくために必要な市民的資質の醸成である。従来の金銭管理教育の多くは，金銭管理に関する個別的・断片的な知識学習に終わりがちで，知識を実際の場面で適切な行動に結び付けるスキル習得に関する学習が十分ではなかったように思われる。これまで信用取引やクレジットカードに関する授業実施率が高いにもかかわらず，十分な効果が得られていないことには[6)]，このような点にも一因があるのではないかと考えられる。金銭の扱い方は，すべての人が生涯にわたって学ぶ必要があり，多重債務にかかわる教育も学校教育だけに限定できるものではない。しかし，本章では，これまでの九州地区における調査結果[7)]を踏まえて，特に学校教育に焦点を当てて，家庭科教育，総合的な学習，教材開発という側面から考察する。

(2) 家庭科教育からのアプローチ
① 金銭管理についての学習機会

　九州地区で，多重債務者と一般消費者の消費経済行動傾向の違いを分析したところ，「定期的貯蓄の習慣」「家計簿記帳」において差がみられた。金銭管理において，自分の生活にかかる費用を記帳することによって，確認し，計画的に使うという習慣を身に付けることが多重債務に陥らないための基本といえよう。当然といえば当然の結果であるとみられるが，このようなことについてどこでどのように学習機会があり，どのような方法で学んでいるだろうか。

　金銭管理についてどこでどのようなことを学んだことがあるか調査[8)9)]したところ，学校での学習機会があったかどうか不明な大学生が約半数，記憶にある者が3割。家庭でしつけとしていわれてきたこととして，小中高校生ともに「よく考えて買物すること」「金銭の貸し借りはしないこと」がそれぞれ3～4割であり，定期的にこづかいをもらう者は5～6割，買物の失敗経験のある者やこづかい帳の記帳をしない者は小中高と学年が上がるにつれて増加している。さらにこづかいが足りない場合も，お年玉や親または親以外の者からの臨時収入によって，欲しいものを入手している状況が見受けられた。家庭においても学校においても，金銭管理についての確かな知識やスキルについて学ぶ機会はほとんどないまま，成長とともに欲しいものは増加し，高額化していく。そして，なんらかの手段によって，入手しながら成長していく。さらに，そのような子どもたちを取り巻く社会環境は，欲望を煽ったり，借金への抵抗感を希薄にするようなCMや無人契約機などが歯止めなく増加している。

② 家庭科における金銭管理学習

　金銭管理は，自分の生活基盤を支え，夢を実現する手段の一つでもあり，そのための能力は生きるために必須である。規制緩和が叫ばれ，自己責任が強調されている現代において，金銭管理学習の必要性は高まっている。その学習機会として，小学校高学年から高校まで，男女が必修科目として生活に関する知識やスキルを学ぶ教科である家庭科は有効に活用されなければならないと考える。

第Ⅲ部　消費者教育の展望

　これまでの家庭科においては，児童・生徒に対して，「無駄遣いしない」「ものは大切に」など道徳的・スローガン的な内容にとどまるか，子ども達の生活実態にそぐわない費目ごとの家計簿記帳練習など，有効に機能しているとは思われないような内容であったことも推察される。これからの家庭科においては，金銭管理について必要な知識とスキルを子どもたちの生活実態に即して具体的に身に付けさせるようなトレーニングを含む学習が必要であると考える。教科書にある費目を覚え記帳することや，典型的な悪質商法を知ることにとどまらず，自分の経済的状況を的確に判断し，各生活場面においてニーズとウォンツを見極め，批判的思考による意思決定ができるような能力を身に付けるための学習方法の開発が求められていると考える。

③　具体的学習内容の検討

　一人ひとりの子どもの性格や家庭における経済的状況・生活における価値観は多様である。よって，金銭管理の方法として「これがもっともよい方法だ」と一つの方法を教えることには無理があるのではないか。また，金銭は毎日のように使い，社会のなかを動くものであり，その管理は習慣化するものである。自分にあった金銭管理の方法というものは自分の性格や使い方・予算に適した方法を自らみいだすことが必要であると考える。このような観点から金銭管理に関する基本的な学習内容について私案を述べる。

- 自分の欲しいもの・買ったものを記録し，日常的に購入するもの，欲しくなるものなどについてふりかえる。
- 自分のこづかいの額に応じて予算を立てる。
- 収支の記録方法について自分が継続できるやり方を自分で考え，実践する。習慣化するには自分が無理せず，継続できる方法をみいだすということが必要であろう。

　家庭科は主体的に生きる生活者の育成をめざす教科である。自分らしく生きるための自己管理の基本的能力として，金銭管理能力を身に付けさせたい。小学校では家庭生活，中学校では地域，高校では社会・経済システムとのかかわりを視野に入れた金銭管理を学ぶことが必要と考える。発達段階に伴い，時間

的・空間的広がりに合わせて金銭を管理する知識とスキルを実践的に学ぶことが必要であると考える。

(3) 総合的な学習の時間からのアプローチ
① 総合的な学習の時間における金銭管理教育の意義

総合的な学習の時間は、従来の知識偏重を見直し、思考力や判断力、表現力の育成を重視し、生きる力を教育の目標に掲げている。学習指導要領に国際理解、情報、環境、福祉・健康の学習内容が例示されているため、これらの課題を扱った事例が多くみられるが、生きる力として他に必要度の高い課題もあるはずである。その一つが金銭管理能力であり金銭管理教育であると考える。多重債務問題は、未成年層にとっても深刻な問題となりつつあり、学校における金銭管理教育は社会的にも急務の課題といえよう。しかしながら、多重債務問題が社会構造的に発生しているように、金銭管理教育は特定の教科の枠に収まらない多くの課題を含んでいる。そのような学習課題を教科のなかで全て取り扱うことは、指導者、時間配分などで無理が生じてくる場合もあるのではないかと思われる。一方、総合的な学習の時間においては、体験的学習、問題解決的学習の積極的な展開と、それに伴う社会資源の活用と地域社会との連携をはかるような金銭管理教育の展開が可能である。それゆえ総合的な学習の時間において、各教科で学習した金銭管理に関する内容を関連付け統合化することで、多重債務予防の教育課題に対して効果的な対応が期待されるのである。

② 総合的な学習の時間における金銭管理教育の展開

前述のように、総合的な学習の時間における金銭管理教育では、スキルの習得に視点を置く認知的領域の訓練を強化していくことがより重要であると思われる。このような観点より、徳村はロールプレイング、ケース・スタディ、ゲームなどによる疑似体験学習を通して、意思決定の訓練を試みる金銭管理教育を展開し、効果をあげている[10]。実践的な学習活動の代表例として、アメリカの『「子どもとお金」指導の手引き 消費者教育のためのミシガンアジェンダ』がよく知られている。羅列的な情報提供でなく生活スキル習得のための

教育手法と学習活動を提示している。

具体的な金銭管理教育の学習内容としては，金融広報中央委員会による「金融に関する消費者教育の推進に当たっての指針（2002）」[11]のカリキュラムがある。経済のしくみと消費者行動，貨幣の価値と機能・金融のしくみ，金融商品・サービスの内容，生活設計，消費者としての自立の5項目を挙げ，金融に関する基礎知識とそれに即したスキル習得をめざしている。また，日本FP協会の「高校生のためのパーソナル・ファイナンス（仮題）」案[12]は，現実的な問題解決のための意思決定についてより具体的に扱っている。この他，外国の例では，アメリカのジャンプスタート個人金融教育連盟「パーソナル・ファイナンスの国民スタンダード」（2002）年，イギリスの教育雇用省「パーソナル・ファイナンシャル教育による金融能力ガイダンス」や学校用指導書などがある[13]。前者は，所得，金銭管理，支出とクレジット，貯蓄と投資の4領域，後者は金融能力，金融に関する実行力，金融に関する責任能力の3領域の枠組みで構成されている。両者に共通していることは，日常の生活場面における個人の意思決定を中心としていることである。これらの学習内容は，金銭管理教育の新しい視点と内容を示しており，多重債務の予防教育においても学習効果を高めるために参考になると思われる。

(4) 多重債務に関する教材開発の必要性
① 多重債務にかかわるこれまでの教材

前述してきたように，借金に関する学習機会がこれまで保証されていなかったと考えられることから，日本消費者教育学会九州支部会では7ステップからなる高校生向け金銭管理教育カリキュラムを設定し，多重債務予防の核心となる「金利の知識を学ぶ」「消費者信用に関する法律知識を学ぶ」の2ステップを授業実践してその有効性を検証した[14]。また，学校教育で多重債務予防の教育を展開し得る教科として，家庭科教育に対する期待は大きいが，教科書を調査した結果からは消費者信用関連事項の記述が少ないことが明らかとなった[15]。実際の金利やリボルビング払いなどの返済方法についてはほとんど触

第2章　多重債務問題と消費者教育

れられておらず，金銭管理の具体的方法としての家計簿記帳を取り上げていない教科書があることもわかった。

多重債務者の調査では，金銭使用における計画性の不足や，金利などの知識を行動に活かすことができない傾向が認められた。日常生活における具体的な金銭管理のスキルを習得し，消費者信用の利用実態に即した学習が可能となる教材の開発が求められる。

② 授業に活用できる教材・資料

多重債務に関する授業に活用できる教材・資料として，行政や業界団体が作成し提供しているものを紹介する。

　a　各県消費生活センターが作成している指導資料および副読本

九州支部の調査では，消費者信用に関する学習に活用できる副読本を独自で作成し，高校生に無料配布している県が4県あった。高等学校家庭科教員が作成に協力している場合もあり，県版家庭科ノートと関連をはかったケースでは，授業への有効活用が一層期待される。また，副読本を作成していない場合でも，国民生活センターが作成したリーフレットなどを提供している。

　b　金融広報中央委員会・生命保険文化センター・全国銀行協会などが作成
　　し無償配布・無償貸与している学習教材

金融広報中央委員会では，金融に関する消費者教育の進め方についての連絡協議会」を設け，同協議会参加の各機関が提供する教材や各種事業を「金融学習ナビゲーター」としてまとめ，配布している。教材の種類・入手方法・連絡先等を紹介してあり，検索に便利である。同委員会発行の「これであなたもひとり立ち」では，実態に即した事例を挙げ，ワークシート方式で学習できるよう工夫されている。授業を展開するに当たっては，教師の指導方針や計画に従ってこれらの教材・資料を有効に活用することが望まれる。複雑な金利計算や法律知識も含まれており，十分使いこなすためには，教員側に研修の機会を設ける必要性が指摘されている。

(5) 今後の課題

多重債務問題は，その根底に貧困問題や階級格差の拡大を包含し，最近ではヤミ金融のような犯罪や経済的事由による自殺にも，その影響の外延を伸ばしている。1節で述べたような社会環境の変化は，多重債務問題が，もはや個人の心がけや勤勉さで解決できる問題ではなく，これからも一層深刻化していく可能性を示唆している。今後は学校教育だけでなく，1人の人間の生涯を視野に入れて，どのようなステージで，どのような学習内容を，どのような方法で推進していくかを，体系的に示す必要があろう。また消費者教育は，自己の生活の改善のみならず，よりよい社会の変革にも連動していく教育である。もし多重債務問題の発生に社会としての貧困問題が関係しているなら，多重債務に関連する消費者教育では，社会的な弱者が自分の置かれている状況に目覚め，危機感を持ってそれらの問題を解決し，さらにその解決を可能にする構造的な社会変革を起こすエンパワメントのプロセスも取り入れるべきだと考える。

〔注〕

* ＊　ＹＧ性格テストは矢田部・ギルフォード性格検査のことである。

1) 舩津桂江・中村奈良江「多重債務者とパーソナリティ（ケース分析）」，西南学院大学児童教育学論集第27巻第2号，2001年，pp.103～115。
2) 舩津桂江「消費行動に見る多重債務者のパーソナリティに関する一考察」，日本消費者教育学会，『消費者教育第23冊』，2003年，pp.51～54。
3) 舩津桂江・中村奈良江，前掲書，2001年，pp.107～110。
4) 岡村文重「行政の相談員の目から」，クレサラ白書編集委員会『クレサラ白書2003』第23回クレ・サラ・ヤミ金・商工ローン被害者交流集会実行委員会，2003年，pp.62～67。
5) 舩津桂江他「個人破産多発地域九州にみる消費経済行動とその意識調査―多重債務者の場合―」，日本消費者教育学会，『消費者教育第19冊』，1999年，pp.225～234。
6) 財団法人消費者教育支援センター『消費者教育の新たな展開にむけて「消費者教育に関する研究会」報告書』財団法人消費者教育支援センター，2003年，pp.41～45。

第 2 章　多重債務問題と消費者教育

7)　奥村美代子・谷村賢治編『多重債務リスクと金銭管理教育』晃洋書房，2002年。
8)　奥村美代子・川口恵子「高等教育費と学生の経済生活実態」『九州ルーテル学院大学紀要』27巻，2000年，pp.167～179。
9)　財津庸子による1999年 7 月実施の小中高校生対象「おこづかい実態調査」。
10)　徳村美佳「ゲームによる金銭教育の実践」『平成15年度熊本県教職員セミナー要旨』，2003年，pp. 4 ～ 5 。
11)　金融広報中央委員会『金融に関する消費者教育の推進に当たっての指針（2002）』金融広報中央委員会，2002年，p.84。
12)　日本ファイナンシャル・プランナーズ協会「お金について学ぶセミナー2003を主要都市で開催」『JOURNAL OF FINANCIAL PLANNING』Vol. 6 No.48，日本ファイナンシャル・プランナーズ協会，2004年，p.11。
13)　伊藤宏一「パーソナル・ファイナンス教育のスタンダード（下）」『JOURNAL OF FINANCIAL PLANNING』Vol. 5 No.39，日本ファイナンシャル・プランナーズ協会，2003年，pp.28～31。
14)　原　まさ代「多重債務予防のための金銭管理教育－高校生向け学習指導案の開発－」『多重債務リスクと金銭管理教育』晃洋書房，pp.101～110。
15)　宮瀬美津子「高校生の金銭管理教育教材に関する基礎調査」『多重債務リスクと金銭管理教育』晃洋書房，pp.77～86。

第3章　安全教育と消費者教育

1　消費者と安全

(1)　安全とは

　安全とは，心身や物品に危害がない状態であり，全ての人々が生きる上で最も基本的かつ不可欠な要件である。安全を確保するためには，様々な事故や災害が防止され，万一，事件・事故・災害等が発生した場合でも，被害を最小限にするために適切な対処が迅速に行われる必要がある。

　現代生活では，個々の個人の生活は社会全体と深くかかわっており，安全の確保のためには，社会全体として安全文化を創造していくことが必要である。安全文化は，全ての消費者が自分および他の生命を尊重し，安全を優先していくという意識を持ち，積極的に事件・事故災害・消費者問題などを防止し，被害の低減をはかっていくことで実現される[1]。

(2)　消費者の安全とは

　消費者にとって安全は，消費者の基本的な権利である，「安全である権利」，「知らされる権利」，「選択する権利」，「意見を反映させる権利」の第一であり[2]，「消費者教育」は，これらの権利を享受して充実した安全な消費生活を送ることができるように，第5番目の権利として位置付けられている[3]。

　また，国民生活審議会消費者政策部会は，2003年7月，21世紀にふさわしい消費者政策のグランドデザインとして『21世紀型の消費者政策の在り方について』を公表した[4]。消費者の六つの権利として，①安全が確保されること，②必要な情報を知ることができること，③適切な選択が行えること，④被害の救

済が受けられること，⑤消費者教育を受けられること，⑥意見が反映されることを挙げるとともに，消費者の安全確保に関し，「消費者の生命・身体に対する危害の防止は最も基本的かつ重要な課題である」としている。さらに，2004年5月に消費者保護基本法が36年ぶりに抜本改正され，消費者基本法として制定された。この法律では，上述の消費者の権利を尊重するとともに，消費者の自立を支援することが定められている。つまり消費者にとって，安全は最も基本的で欠かすことのできない権利であると明言されている。

消費者にとっての安全には，消費の対象となる「モノ」や「サービス」と，消費行動にかかわる安全の二つが考えられる。消費の対象である「モノ」の安全については第Ⅱ部第7章にゆずる。

本章では，消費という行為における安全，非常災害時など日常とは異なり安全が保証されないような場面における消費生活の安全など，消費者の消費行動をいかに安全にマネージメントするかという，いわば消費のソフトウェア的な安全にかかわる教育について考えていきたい。

2 消費者教育における安全教育の意義
－安全教育と消費者教育の連接の今日的意義－

(1) 安全教育とは

「安全教育」は，「交通事故・火災・公害などの災害から守ることを目的とする教育」である[5]。現在，学問的・体系的に明確な定義があるわけではないが，例えば，交通安全教育，防災教育，職場安全教育，医療安全教育など，学校教育や生涯教育において様々な取組みが行われている。

① 学校教育における安全教育

学校における安全教育[6]は，日常生活全般における安全確保のために必要な事項を実践的に理解し，自他の生命尊重を基盤として，進んで安全で安心な社会づくりに参加し貢献できるような資質や能力を養うことを目指して，教育活動全体を通じて行われるべきものと捉えられている。

第3章　安全教育と消費者教育

　安全教育では，児童生徒が安全な行動ができるようになるために必要な安全に関する知識を学習して会得させる「安全学習」と，安全に関する問題を中心に取り上げ，安全の保持増進に関するより実践的な態度や能力，さらには望ましい習慣の形成ができるようにするための「安全指導」を行うことが必要とされている。その内容には，大別して①生活安全，②交通安全，③災害安全の三つの領域がある。

② 　生涯教育における安全教育

　生涯教育，特に社会教育において，安全教育は，明確には位置付けされていない[7]。しかし，これまで広く実施されてきたのは，交通安全教育と防災教育であろう。

　交通安全教育はいうまでもなく，近年では特に高齢者や身体障害者など，弱者へも重点的に実施されている。

　防災教育においても，中央防災会議に「民間と市場の力を生かした防災力向上に関する専門調査会」が2003年9月に設置された[8]。日常的な商品やサービスの防災性能の評価などで，消費者や企業の行動を通じて社会の防災力を高める仕組みや，企業の防災に対する取組みを社会的に評価するなど，単なる行政指導の防災教育ではなく，地域の消費者を主体とした安全教育へと視点を移しつつある。

　特に，社会教育では，1990年代に新たな生涯教育の方法として，学習者を主体とする「地域創造」活動が重要な役割として位置付けられた[9]。安全で健康な生活ができる地域をどう創っていくかは地域創造の原点であり，生涯教育における安全教育の必要性は高まっていると考えられる。

(2) 　**消費者教育における安全教育の意義**

　このように安全教育は学校教育においても生涯教育においても，年々その意義が高まっている。このことは消費者教育に安全教育を取り入れることが，今後ますます重要になることを示唆している。そこで，消費者教育に安全教育の視点を取り入れることの意義について，具体的に考えてみたい。

第Ⅲ部 消費者教育の展望

　消費者教育に安全教育の視点を取り入れる意義として，図表Ⅲ－3－1に示したような点が考えられるであろう。図表Ⅲ－3－1では，日常の消費行動と非常時の消費行動，それぞれにおいてわけて示した。消費者教育に安全教育の視点を導入する意義は，非常時の消費行動の質を高めるとともに，非常時を考慮に入れて日常生活の安全性も高まる，あるいは日常における意思決定過程の認識など，非常時の消費行動に対してのみならず，日常の消費行動に対する意義が大きくなるなど，消費者が自ら安全を視野に入れた消費行動を日常的に実践することになり，両者間の相互作用によって，より大きな意義が生まれると考えられる。

図表Ⅲ－3－1　消費者教育に安全教育の視点を取り入れる意義

日常の消費行動	非常時の消費行動
・安全を考えた消費行動 　消費財やサービスの選択に際し，安全の視点を身に付けることができる 　安全を考えた消費行動を身に付けることができる 　非常時を想定して消費行動ができるようになる ・意思決定過程の明確化 　非常時の行動を想定した意思決定過程を認識することによって，日常の消費行動の意思決定過程を明確にできる ・リスク管理 　自分の消費生活のリスク認識 　リスク分散への準備	・非常時の対応の準備 　非常時の生活を想定し，対応の準備ができる 　特に経済的な側面についての準備など ・意思決定過程の認識 　非常時の行動を想定した意思決定過程をシミュレーションで認識することで，非常時にも落ち着いた行動がとれる

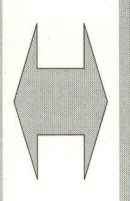

　安全教育の視点を消費者教育に導入することは，消費生活全般で，安全にかかわる知識，態度，能力を身に付けるとともに，現在および将来にわたって賢い意思決定をすることができる市民を育成することに貢献できる。このことは，安全な社会をつくることのできる，安全文化を創造できる，すなわち主体的な

生活者形成・市民意識を持った，消費者の育成にもつながると推察できる。

3 安全教育を視野に入れた消費者教育の内容と方法

(1) 安全教育を視野に入れた消費者教育の内容

　安全教育を視野に入れた具体的な消費者教育の内容を，学校安全の内容に対応させて考えると図表Ⅲ－3－2のような内容が考えられる。

図表Ⅲ－3－2　安全教育を視野に入れた消費者教育の内容

生活安全と消費者教育
　　安全な消費行動（安全な消費財を安全に購入・安全に使用・安全性の点検など）
　　自分の安全を守るための消費（防犯用品などの購入使用など）
　　安全問題への認識
　　消費者問題への自己防衛および問題発生時の対応など
交通安全と消費者教育
　　自転車，二輪車，自動車の適切な選択・購入と利用，維持管理
　　交通安全に関する情報の収集と利用
　　事故時の対応準備
災害安全と消費者教育
　　防災のための消費財の選択と利用
　　災害時における生活に対する認識
　　災害時の生活に関する準備（経済的準備，生活管理など）
　　災害時の生活を想定した日用品の選択，利用，管理など
安全管理と消費者教育
　　リスク管理のための消費：保険など
　　リスク管理を視野に入れた家計管理・資産管理など

　交通安全や災害安全という，安全が大きな課題を持つ状況に特定する場合は，教育内容は明確化されやすい。しかし，生活安全こそが，安全管理の視点も含めて，消費者の消費行動一つひとつが，自らの安全にかかわっていることを認識する内容で，最も広範であり，同時に基礎となるべき内容であると考えられ

る。実際の教育場面においては，状況に応じて，これらの内容を組み合わせて考えることが望ましいであろう。

(2) 全教育を視野に入れた消費者教育の方法

安全教育を視野に入れた具体的な消費者教育の方法を，消費者教育でよく用いられている方法[10]から考察して，図表Ⅲ－3－3に示した。

消費者教育で用いられている方法全般を利用することができるが，特に，シミュレーションは災害時や事故時の状況を想定して考えるという，非常に重要な手法である。シミュレーションと他の方法を組み合わせて用いることで，高い効果が得られると考えられる。

図表Ⅲ－3－3　安全教育を視野に入れた消費者教育の方法

方　　法	例
シミュレーション	災害や事故に自らが遭遇した状況を想定して考える。他の手法を併用する。
ブレーンストーミング	安全な消費財を安全に購入・安全に使用・安全性の点検などについて考慮すべき視点を可能な限り多く考えてみる。
ロールプレイング	災害や事故を想定した状況を再生し，消費者自らを映し出す役割を演じる。
ゲーム法	災害や事故時の状況に対してどう適切に対応するかなどをゲームで考える。
実物提示	防災用品・防犯用品などについて実物を用いて掲示する。
VTR提示	災害や事故時の状況を提示する。
実　演	防災用品の使用の実演，安全な消費財の使用方法を提示する。
ケーススタディ手法	実際に起きた被災時・事故時の状況を提示し，どういう問題が起きているかを自覚し，自分ならどういう意思決定をするかを考える。
ケースストーリー手法	被災時や事故時の実際におきた状況を素材に，ブレーンストーミングやゲーム法を用いて意思決定過程を疑似体験する。

消費者教育に安全教育を導入した一例として，阪神・淡路大震災後，大学生を対象に，「消費者の視点からみた災害」および「経済的視点を付与した防災」として行った例を示しておきたい[11]。

大震災に例をとり，消費者の災害時の生活は，災害後の経時とともに大きく変化することを知る，経済的な問題が最終で最大の被害になることなどを考える，生活全体を家族の病気，会社の倒産など様々なリスクを視点に入れて考えてみる，などを内容とした。事前と事後における被検者の認識を調査し比較した結果，従来見落としがちであった防災上必要な日常の生活と被災とのかかわり，防災への経済的視点の付与の重要性などの認識を育成する，という意図に沿った成果を収めることができた。

この例はあくまでケーススタディの域を出ておらず，将来的に事例研究の蓄積，教育連関に役立つ評価など，プログラムの体系化はこれからの課題である。

4　安全教育と消費者教育のニュー・ディレクション

日常生活における安全が，重要な価値を持ち始めた日本社会にあっては，今日ほど安全社会への具体的な方策提示が求められている時代はなかったであろう。なかでも，安全な消費生活の確保は，最大の課題の一つである。消費者が安全を必要不可欠の権利として永久に保持できるように，自らを安全に対する主体へと形成させていくことが消費者教育にも求められている。

消費者教育および安全教育ともに，これまで長年にわたって，安全に関する知識やノウハウが蓄積されてきている。また両者には，目標，内容，進め方などに共有できる部分も多い。このため，相互の連関が推進され，連携が強化されることにより，消費者の安全の確保や安全対策がより効果的なものになり，消費者自身の安全に対する意識を高め，ひいては消費生活全体を見直すことも容易になるであろう。一方で，この取組みが，安全社会の形成に資する「現代消費者教育論」の確立にも大きな原動力となると考えられる。

第Ⅲ部　消費者教育の展望

〔注〕
1）文部科学省『安全教育参考資料「生きる力」をはぐくむ学校での安全教育』日本体育・学校健康センター，2001年，p.13。
2）日本消費者教育学会編「消費者教育10のＱ＆Ａ」，『消費者教育第十二冊』日本消費者教育学会，1992年，p.278。
3）消費者教育支援センター編『消費者教育事典』有斐閣，1998年，p.28。
4）内閣府国民生活局『21世紀型の消費者政策の在り方について』国立印刷局，2003年，pp.11～12, p.16。
5）新村　出編『広辞苑第五版』岩波書店，1998年，p.106。
6）文部科学省，前掲書，pp.20～33。
7）社会教育主事講習等規定に，安全教育は講習内容として取り上げられていない。また，日本社会教育学会編『現代社会教育の創造』（1988年）に社会教育の歴史，社会教育推進全国協議会編『社会教育・生涯学習ハンドブック　第6版』（2000年）に種々の実践例，倉内史郎・土井利樹編『成人学習論と生涯学習計画』（1994年）に学習プログラム編成の理論などが示されているが，安全を視野に入れたものはみあたらない。
8）内閣府，平成16年度版防災白書の概要。防災に関してとった措置の概況及び平成16年度において実施すべき防災に関する計画　要旨
〔http://www.bousai.go.jp/hakusho/h16hakusho.pdf〕, 2004年，pp.18～19。
9）鈴木敏正『生涯学習の構造化』北樹出版，2001年。
10）今井光映・中原秀樹編『消費者教育論』有斐閣，1994年，pp.153～177。
11）水谷節子・森田陽子・小川育子，「消費者教育による防災教育の実践と充実－危機管理の新境地を開くアプローチ－」，『消費者教育第十八冊』日本消費者教育学会，1998年，pp.39～50。

〔参考文献〕
1　文部科学省『文部科学白書平成16年度』国立印刷局，2005年。
2　総務省監修『安全・安心の基礎知識』ダイヤモンド社，2004年。
3　内閣府政策統括官編『防災基本計画』財務省印刷局，2002年。
4　消費者教育支援センター『消費者教育の新たな展開にむけて』消費者教育支援センター，2003年。
5　学会・二十年の歩み編集委員会編『創立20周年記念誌・日本消費者教育学会二十年の歩み』日本消費者教育学会，2003年。

第4章　情報社会における消費者教育
－消費社会創造の政策提言を目指して－

1　「information」から「communication」へ

　「市場の失敗」における消費者の立場を語るとき，「情報」は欠くべからざるキーワードである。情報の非対称性は，消費者が孤立した状態では保護されない立場であることを強く認識させる。専門性を備えた事業者を数多く相対する個々の消費者が，製品について，取引について，社会状況について，消費を取り巻くあらゆる情報を完全に把握して生活することは不可能である。消費者はどこまでも「情報」の不足した不利な立場で消費に参加してゆかねばならない。その点をいかに克服できるかということに消費者教育の一つの目標がある。

　さらに現在を「情報化社会」ではなく，すでに進行する「情報社会」とするならば，消費者が自らの置かれている環境や消費の構造を読み解き，いかに行動するべきかを理解するために消費者教育は論じられるべきであろう。

　さらに情報社会に消費を営むことは，欲望を他律的に操作される情報にさらされるために，伝達受信手段を用いることを意味するのではなかろう。表現力や交渉力を駆使しコミュニケーションの場を創出し，環境問題や地域振興，人権や平和について教育を受けた消費者が，広く市民社会に貢献すべく消費社会をいかに形成するかを考え行動する能動的な存在に変貌することこそが，情報社会における消費者教育の主眼となろう。

　そのことを踏まえ，消費者が孤立することなく，しかし行政に依存するのでもなく情報社会を主体的に生き抜くための教育について論じる。

第Ⅲ部　消費者教育の展望

2　情報社会における消費　論考の前提として

(1)　「消費」とは何か

ラテン語辞典[1])によって「消費する」すなわちconsumeが含意するところを調べると，consumo（Latin）の項には「取り上げる，奪う，完璧に覆い尽くす，食べる，消費する，devour貪り食う，squander，waste浪費する，annihilate絶滅させる，destroy破壊する，bring to naught　無にする，kill　殺す」（日本語筆者）といった消費社会の果てを暗示するかのような動詞が並ぶ。したがって現代の消費者をこれらの動詞を当てはめて表現すれば，貪り食う者であり，資源や貨幣を浪費する者であり，他の生物を殺し絶滅させ，自然を破壊し無にする者である。環境問題に対してそのような「業」を背負った者としての消費者であることを受け入れれば，孤立した消費者が教育を受けずその生来のままでは地球環境の未来に貢献することはあり得ない。

(2)　消費社会論の展開

19世紀にすでにデュルケームは生産と消費の「社会的分業」を[2)]，また，有閑階級の行動を批判的に析出したヴェブレンは「見せびらかしの消費」[3)]を論じ，それぞれ後世の高度消費社会論を予言することとなった。またガルブレイスは広告によって人々の欲望が「作られる」ことを早くから論じ[4)]，ボードリヤールは現代において個別の商品の機能や有用性ではなく他者との比較やコード化された差異を消費の指標として注目した[5)]。このように消費とは，情報を分析した個人の合理的判断の帰結ではなく，他者や社会からの影響がもたらす欲求や動機から形成されていることについて早くから論じられてきた。さらにライフスタイルの多様化は消費の形態や意味をも多様化させている。物質的にゆたかな社会が実現すると，日本においてもメディアの影響や他者との差異への注目といった社会全体のコミュニケーションの観点から消費過程を構造的に分析する内田隆三らの消費社会論が登場する[6)]のである。その結果，社会学的消費概念はコミュニケーション論において語られるようになり，今村仁司は

第4章　情報社会における消費者教育－消費社会創造の政策提言を目指して

「物の有用性を消費すること」ではなく，「物の社会的価値を消費する」ようになったことに注目した[7]。すなわち他者との関係や社会的背景を無視し，単独の個人としての消費者を想定する消費者教育は，現実的ではないということを示唆している。

(3) NPO－消費者の自立を目指す情報収集と配信のシステム－

今村が「ポスト消費社会の課題は，生活内容の多様性の実現であるといえる」とし，「ものの消費の過剰を公害や戦争で処理しないで済む社会として，人と自然や世界との生き生きした交流（無縁項）が優位に立つ」と[8]消費への反省的考察が労働の在り方を変えるとしたことは，消費者が自覚的，内省的かつ再帰的に新しい消費の形を生み出してゆくこと，そしてそれらが現代における自発性を主眼においたボランティア経済の到来も予測した。そしてそのことは1995年，阪神淡路大震災の発生で被災地に延べ150万人ともいわれるボランティアがかけつけ，多額の義捐金が寄せられたことから実証されたといえる。そしてこのことは1998年の特定非営利活動促進法（通称NPO法）制定のきっかけの一つともなった。

3　欲望の喚起と情報の隠蔽　情報社会における救済のためのネットワーク

同じころから急速に個人に普及した電子ネットワークは，ボランタリーな人々をつなぐことにも役立ったが，一方で個人めがけて広告が降り注ぎ消費者が単独で無防備に市場に取り囲まれる社会を生み出した。消費者は電子商取引に自ら参加しさまざまなトラブルに遭遇し，メディアの広告戦略は特に社会的経験や知識が未熟な若年女性のF１層[9]を集中して標的にした。過剰消費の結果多重債務に陥り，自己破産者は急増している[10]。このことに象徴されるように消費者を保護する情報よりも欲望を喚起する過剰な広告情報のほうがより消費者に届きやすい。依然として情報弱者のままであるばかりか一層消費者被

害の機会にさらされたといえる。例えば電子ネットワークを介した架空請求に関する国民生活センターに寄せられた相談件数は急激な増加をしており，2003年度には462,675件に達し，2001年度の約27倍にも達した。

電子ネットワークの普及で，相談窓口へのアクセスも容易になり被害救済や被害の未然の防止機会は拡大したが[11]実際にそれらの仕組みは多様化する消費者問題に万全に機能しているとはいい難い。産地偽装食肉事件や自動車欠陥隠蔽事件など数々の大規模事件は，いずれも消費者保護の実現は内部告発に拠ることから，このようなホイッスルブローワーの倫理的な活躍を期待し保護することが求められたが，法や制度だけでは通報者や消費者が守られることは難しく，それらに実効力を持たせる役割がNPOに託された。それは新たな消費者教育の主体の登場でもあった。

あらゆる問題に何でも包括的に対処せざるを得なかったかつての消費者団体とは異なり，平成15年（2003年），特定非営利活動促進法第2条別表の規定する活動領域に消費者保護活動の分野が入れられ[12]，契約の分野に特化した問題を扱うNPO消費者ネット関西[13]や，消費者保護のための内部告発を支援する公益通報支援センター[14]など専門性を持つ多様な団体が生まれている。そして，その窓口となるウエブサイトによって，団体の活動は消費者に身近なものとなった。

消費者団体の情報化によって，そこに消費者教育のリソースとなり得る被害データがたくわえられ，消費者自身が連帯のネットワークの上に自立のための巨大なデータベースを築きつつある。しかしながら，それらのシステムは消費者の寄付，ボランティアの支援を必要とする。消費者がNPOやその活動の意義を認め，通報や参加といった積極的な関与を持たなければ十全に機能することはできない。

4　消費者が参加するリスクコミュニケーション

リスクコミュニケーションとは，リスクについての情報提供だけを示すので

第4章　情報社会における消費者教育－消費社会創造の政策提言を目指して

はない。食品や環境についての危険情報を共有し，どの程度を容認するかの議論に利害関係者となる市民が広く参加し，情報や意見を交換する過程を指す[15]。農漁海産食品の産地表示や生育過程に関する情報の信頼性が失われ，アスベスト放射能やダイオキシンを始めとして消費者には所在や程度が判別できないリスクが身の回りにあふれている。そこで安全の保障をどのように確保するのかを問う議論のフォーラムが電子ネットワーク上に随所に生まれている。

匿名の掲示板の情報も無視できないがそこでは真偽の確約が取れない。そのために責任を伴う議論は参加者が所属や実名を登録するなど明らかにして行われている。商品や物質についてのリスクを問うだけではなく，行政，企業，NPOの活動や発信が信頼されるものであるか社会的責任（CSR）を問う評価システムの構築も含まれるが，そこに消費者は能動的な参加を求められている。産地情報を明確化させる生産流通履歴いわゆるトレーサビリティの普及がNPO[16]の参加で進みつつある。省エネルギーとバイオエネルギーへの転換[17]は，消費者自身が地球温暖化防止にいかに参画できるかの行動を迫るものである。

批判だけで解決しないのがリスクマネジメントであり，消費者が安全を行政任せ，企業任せにしないことを，協働や連帯の中で創出するのが，リスクコミュニケーションである。そこでは情報の出し入れだけではない営みに参加する必要があり，そこでこそ情報社会における市民の自律型参加が問われるのであろう。

5　消費を創造し，消費社会に提言する消費者

消費者は情報社会において欲望の喚起を受けるばかりではない。過剰な消費の在り方に，また良識的な判断を生かせる消費の仕組みづくりに，消費者自身は様々な再帰的な問いかけを実体化さようと試みている。

NPOや生産者の連帯が原動力となる公平な取引を目指した産地直送やフェアトレードの仕組み[18]，自然環境保護の観点から購入行動で運動を支援できる

さまざまなトラスト運動，消費者が創発するコミュニティ・ビジネスの起業[19]，そのほか人権や平和の活動への支援や，地域振興など様々な活動を引き受けるNPOを消費者が支えなければ自立的な活動を持続できない。更に個々のNPOを支援するのみでなく，そうした仕組みを支える社会構造に転換するビジョンを消費者自身が描かねばならない。例えば家計費に公共のための支出を計上するという思想は，羽仁もと子により早くから提唱されてきた[20]。

現在消費者が抱いている欲望は，広告や様々な社会関係を背景に主として企業によってつくり出される。その欲望は消費に描く夢を描くことでもあるが，欲望を無尽蔵なものにすることでもある。それに気付くことから消費者は自立的行為を始める動機を持つ。広告や政治を取り巻く情報社会の仕組みを読み解き，新たなる問いかけを消費者が行うために，自らがメディアを活用し発信に用いることや，既存のマスメディアに能動的にメディアを用いて参加することを含むメディア・リテラシー[21]は消費者にとって不可欠な教養となろう。

消費社会の在り方を消費者自身が再考し，新たな消費を提言する消費者が求められている。しかしそこでは個々の消費者が単独で情報社会を主体的に生き抜く術を自ら生み出すことはできない。またそこでメディアは情報を「伝達」する道具ではなく，議論を「媒介」する道具となる。消費者は情報の「受け手」としてだけではなく「送り手」として活躍し始め，メディアを「伝える」道具としてだけでなく，「わけ合う」道具として活用するのである。そこに生まれたフォーラムにおいて「インフォメーション」の海に溺れることなく「コミュニケーション」のなかで政策を練り上げることを前提としている。

そこでのキーワードは「協働」「連帯」「ネットワーク」である。消費の現場からそれぞれの生活知，経験知を持ち寄り，国際社会に対しては貧困や飢餓を含む富の偏在に思いをめぐらせ，地域社会においては地域社会の共生や経済振興，安全な暮らしやゆたかな文化創造を意識しつつ，代議制民主主義のみに依存せず多様な人々との議論の上に政策をつくり上げる。そうした能動的なコミュニケーションを生み出すことが，これからの消費者に求められているのである。

第4章　情報社会における消費者教育－消費社会創造の政策提言を目指して

6　政策提言可能な消費者の育成を目指して

　しかしながら情報を得ることで消費者が自律への道を拓くことができると期待することはあまりに楽観的である。消費者には元来，冒頭に述べたように消尽に向かう「業」が背負わされている。現代の情報社会にあって，ますます消費者は欲望を膨張させられており，その「業」への加速が増すばかりである。

　しかしまた消費者は消費を「完成」させることも予定されていると，語源のラテン語の二義性について論じられてもいる[22]。消費者が生きることに破壊の絶望を感じるのではなく，生活を成熟させる役割をみいだすことは重要である。すなわち，消費者が情報社会において受身ではなく能動的に生きること，つくられた欲望に操られることなく本来的な消費を創り完成させること，そして，消費社会の構造転換を消費者自身がなすために，その政策を消費者が描き提言する必要がある。消費者教育はその力を消費者に備えさせるために生かされなければならない。

〔注〕
1) Oxford Latin dictionary / edited by P.G.W. Glare. Clarendon Press.
2) デュルケーム1890『社会分業論』邦訳，青木書店，1971年。
3) ヴェブレン1899『有閑階級の理論』邦訳，岩波文庫，1961年。
4) ガルブレイス1905『ゆたかな社会』邦訳，岩波書店，1960年。
5) ジャン・ボードリヤール1970『消費社会の神話と構造』邦訳，紀伊国屋書店，1979年。
6) 内田隆三『消費社会と権力』岩波書店，1987年。
7) 今村仁司『現代思想の展開』講談社学術文庫，1988年，p.142。
8) 同上，pp.370～374，pp.156～157。
9) 「F1」とは個人視聴率区分で「女性の20～34歳」を示す。しかし韓国製ドラマ「冬のソナタ」のブームで，その上の世代である「F2」も消費市場として注目されるようになった。
10) 金融広報中央委員会「家計の金融資産に関する世論調査」より。

第Ⅲ部　消費者教育の展望

11) 国民生活センター　http://www.kokusen.go.jp/topics/internet.html
　　通販110番　http://www.jadma.org/t110/t110_4j.html
　　インターネットホットライン連絡協議http://www.iajapan.org/hotline/
12) 平成14年改正，15年施行された特定非営利活動の種類の追加では，法第2条の別表第4号に記され，特定非営利活動の種類は，情報化社会の発展を図る活動，科学技術の振興を図る活動，経済活動の活性化を図る活動，職業能力の開発又は雇用機会の拡充を支援する活動，消費者の保護を図る活動が増え，現行の12分野から17分野となった。
13) NPO消費者ネット関西　http://www.consumer-netkansai.or.jp/
14) 公益通報支援センター　http://www006.upp.so-net.ne.jp/pisa/
15) 吉川肇子2004「リスクコミュニケーションの考え方と課題」新山陽子編『食品安全システムの実践理論』
16) 日本オーガニック検査員協会　http://www.joia.jp/
17) 自然エネルギー市民ファンド　http://www.greenfund.jp/
18) シャプラニール＝市民による海外協力の会　http://www.shaplaneer.org/
　　「日本で出来る身近な国際協力」を提唱し，1972年から活動している。
19) 尺鮎トラスト　http://ww71.tiki.ne.jp/~ayutra/index.html
20) 羽仁もと子記念館展示家計簿。
21) 鈴木みどり『メディア・リテラシーを学ぶ人のために』世界思想社，1997年。
22) 松葉口玲子「『持続可能な消費』のための消費者教育に関する一考察　非営利セクター・家庭科に「場」を求めて」『消費者教育第十九冊』日本消費者教育学会，1999年，pp.35〜36。

第5章　環境教育と消費者教育

1　環境教育と消費者教育

(1)　国際的に制度化された環境教育

　環境教育の歴史を概略すれば，1972年の国連人間環境会議（ストックホルム会議）で採択された「人間環境宣言」における位置付けから始まる。その後1975年にUNESCOがUNEPと共同でIEEP（国際環境教育計画）をスタートさせ，同年の国際環境教育ワークショップ（ベオグラード会議），1977年の環境教育政府間会議（トビリシ会議）の開催など，国際会議の舞台を通じて，その枠組みづくりや国際的な合意形成がはかられた。その成果は「ベオグラード憲章」「トビリシ勧告」として公表されている。さらに1997年の「テサロニキ宣言」では，環境教育は「環境と持続可能性のための教育といってかまわない」と明記され，環境のみならず貧困，人口，健康，民主主義，人権（ジェンダー），平和を包含する「持続可能性」概念と結び付いた。

　日本では，1970年の「アメリカ環境教育法」，1975年の「ベオグラード憲章」が紹介されたことなどによって，1970年代中頃から環境教育の取組みが活発化した。その後，文部省から1991年と1992年に『環境教育指導資料』が発行され，1993年の「環境基本法」及び1994年の「環境基本計画」においても，環境教育が明文化されている。

　つまり環境教育は，いわば国際的に制度化された教育であるといえる。

(2)　環境教育と消費者教育とのかかわり

　先述の『環境教育指導資料』には，「環境教育は消費者教育の視点も併せ持

つもの」と明記され、『環境白書平成16年版』でも、消費者教育の重要性について触れられているように、両者は密接に関連し合っている。そもそも環境教育と消費者教育は、前者が環境問題の発生、後者が消費者問題の発生とともにその必要性が生じた問題解決志向の教育という点で共通している。同時に、両者は、ともに人権および生存権の問題とつながっているともいえる。日本では1960年代に高度経済成長の歪みとして消費者問題とともに公害問題が顕在化したが、この頃一部で展開された公害教育が環境教育の前史であることを考えれば、日本における消費者教育も環境教育もともに高度経済成長期に端を発しているという点で、歴史的類似性をも保有しているともいえる。しかし一方で、環境教育は、その目的・内容などについて、先述の国際会議で確認されるように、いわば国際的に制度化された教育であるのに対し、消費者教育にはそのような基盤がないという違いもあげられよう。

(3) 環境教育と消費者教育を巡る新たな動向

近年、日本の環境教育を巡る特筆すべき動向が二つある。まず国内で、2004年に「環境教育推進法」が施行されたことである。これは永久法であり、他国にも例がみられないものである[1]。もう一つは国際的に、2005年から「国連持続可能な開発のための教育の10年」が開始されたことである。特にこれは、2002年に開催された「持続可能な開発のための先進国首脳会議」(ヨハネスブルグ・サミット)における日本の提言が国連で採択されたという点で大きな意義を持つ。それゆえ国内では現在、環境、開発、人権(ジェンダー含む)、平和などの問題に取り組んできた団体・個人のネットワーク化が急速に進んでいる。また、日本環境教育学会、開発教育協議会、日本社会教育学会等では、これに関連したシンポジウムを開催するなどの積極的な取組みを行っている。

消費者教育を巡る動向をみれば、平成元年に当時の文部省と経済企画庁の共官で消費者教育支援センターが設立され今日に至っているが、環境教育のように消費者教育推進法なるものが制定されているわけではない。しかし、消費者政策の骨格をなす消費者保護基本法が2004年には消費者基本法へ改正されると

第 5 章　環境教育と消費者教育

いう大きな動きとともに，その新たな法律の項目のなかには，「環境への配慮」も盛り込まれた。

(4) 環境教育における消費者教育の意義

以上，環境教育と消費者教育との関係を素描した。環境教育はともすれば抽象的でヴァーチャルな世界の問題で終始する危険性を内包しているが，消費者教育は日常の消費生活の問題を扱うがゆえ，個人レベルのリアルさに迫っていくことができる。そして経済的投票権，3R原則（リデュース，リユース，リサイクル）など，今日の経済社会状況に対して消費者・市民の立場から「内発的」に改良を加えることができるのである。しかし一方で，生態学的にみれば，人間（ヒト）は全て「消費者」である。この観点からすれば，「消費者」は経済人としての側面のみならず，人間の存在の在り方自体を問いなおす用語になるといえる。環境教育と消費者教育の関連は，ある意味このようなダイナミズムを秘めているともいえるのである。

2　グリーンコンシューマーと消費者教育

『1999年版環境白書』は，20世紀を経済合理性と効率性にもとづく大量生産・消費・廃棄社会だと総括し，それを最適な生産・消費，最小廃棄に転換するためには，利便性のみを追求していた価値観に歯止めをかけ，環境が人類にもたらす価値を判断，行動する「環境合理性」を重視すべきだという。そして，それにもとづいて環境の負荷を減らす「グリーン化」を押し進め，「環境立国」の道を歩むべきだとして，「環境立国」を提言している。そのためにはどうしたらよいのか，みていこう。

(1) グリーンコンシューマーによる環境配慮製品の普及

環境に配慮した生活行動を採る消費者をグリーンコンシューマーという。といってもわかりにくいので，「グリーンコンシューマー全国ネットワーク」の

第Ⅲ部　消費者教育の展望

「グリーンコンシューマー10原則」によると，「グリーンコンシューマーの買い物　10の目安」は以下のようになっている。すなわち，

- ・必要なものを必要なだけ買う
- ・長く使えるものを選ぶ
- ・包装の少ないものを選ぶ
- ・エネルギー消費の少ないものを選ぶ
- ・自然や健康を損なわないものを選ぶ
- ・つくった人に公平な分配がされているものを選ぶ
- ・化学物質の少ないものを選ぶ
- ・再生原料からつくられたものを選ぶ
- ・近くでつくられたもの，旬のものを選ぶ
- ・環境対策に熱心な店で買う

このような消費者になって環境に配慮する企業と共生することが大切なのである。なおその際，情報が重要となるが，日用雑貨，レジャー用品から住宅設備，建材のほか，保険や運輸などのサービスまで，グリーン購入ネットワークは，製品・サービスがどのくらい環境に配慮しているのか消費者に情報を提供するため，インターネットのホームページ「グリーン購入情報プラザ」（http://gpn.jca.or.jp/）を開設しているので，是非ともアクセスされることを勧めたい。

ところでこのような消費者を生み，育てるためにはいかなる手法があるのだろうか。経済的なインセンティブを利用する手法を，まず指摘し得る。他方では，個々人のメンタリティ，『環境白書』流にいえば「環の心」を育む消費者教育も大切だ。前者の代表的な手法としては環境配慮行動に対する優遇税制があり，その仕組みは次の通りである。

(2) 環境配慮への優遇制度

排出ガスのクリーン化，燃費の向上という，環境への配慮度によって自動車にかかわる税金を優遇する制度がある。平成13年4月1日より施行された，い

わゆるグリーン税制である。2004年4月1日から2006年3月31日新規登録車が対象だが，2004年度においては，低排出ガス車（平成17年基準排出ガス75％低減レベル）かつ平成22年度燃費基準＋5％達成車，低排出ガス車（平成17年基準排出ガス50％低減レベル）かつ平成22年度燃費基準＋5％達成車，低排出ガス車（平成17年基準排出ガス75％低減レベル）かつ平成22年度燃費基準達成車，のいずれかに適合した車種が，それぞれの適合基準に応じた自動車税および自動車取得税の減税対象になっている。この制度の目的は低公害車の購入を後押しし，古い高排出ガス車に対しては買い換え圧力になることにある。

なお地方公共団体でも一部ではあるが，独自の補助を行っているところもある。さらに銀行によるエコローンが，一般の自動車ローンよりは低めの利子で融資している。

また省エネに配慮した住宅設備にも，国や地方公共団体の補助そして銀行の低利融資が受けられる。いずれにしても購入後はランニングコストが抑えられ，これも都合がいい。

(3) 「環の心」を育む消費者教育

また今日つとに，環境に配慮した消費者教育が求められている。いま「環の心」を育む消費者教育とはいかなるものか，これを図で示してみる。われわれを取り囲む生活環境のメガトレンドは簡単化すると四つあり，価値観の多様化，グローバリゼーション，少子・高齢化そして経済システムの変化がそれで，かかる環境下で生活主体のわれわれは，「賢い消費者」であるとともに，グリーンコンシューマーを目指すべく，学習や経験を積みながら，新たな自己を形成していく。このような自己形成のための教育（学習）が必要で，これを消費者教育（学習）という。これは現在では，個々人のライフステージのいずれのステージにおいても行われる必要があり，生涯にわたる消費者教育ともいわれる。

第Ⅲ部　消費者教育の展望

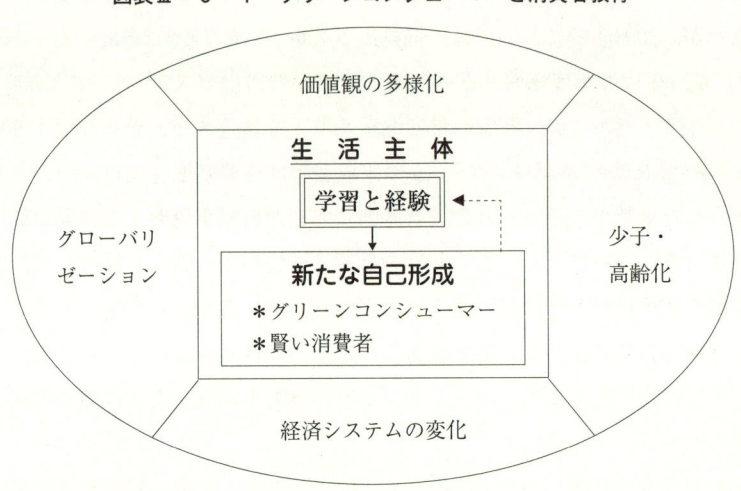

図表Ⅲ－5－1　グリーンコンシューマーと消費者教育

```
           価値観の多様化
      ┌─────────────────┐
      │   生 活 主 体    │
グローバリ │  ┌学習と経験┐  │ 少子・
ゼーション │  │    ↓    │  │ 高齢化
      │  │新たな自己形成│  │
      │  │*グリーンコンシューマー│  │
      │  │*賢い消費者 │  │
      └─────────────────┘
          経済システムの変化
```

3　環境問題と消費者の意思決定

(1)　環境問題の基本的考え方
①　消費者問題と環境問題の不可分の関係

　消費者問題とは，「悪質な訪問販売で，商品を購入させられた」「クーリングのトラブルがうまく解決しない」「こどもが，おもちゃでケガをした」といった商品やサービスに関する苦情や事業者とのトラブルのほか，買物相談など消費生活に関する問い合せであり，各家庭周辺で起こる狭い問題と捉えられていた。

　ところが，水汚染の問題，資源エネルギーの浪費問題など，環境問題そのものが，直接私たちの生活を脅かす恐れのある身近な問題となってきて，切り離して考えることができなくなった。

　例えば，「平成15年度消費生活相談（大阪府）」における「相談の多い商品・役務－独立行政法人国民生活センターの分類による－」第8位の「浄水器」の苦情内容は，「マンションの管理会社を装い訪問があり，点検の後，『この水を

飲んでいると病気になる。周りの家はみんなつけている』といわれ，浄水器の契約をした」であった[2]。点検方法や契約上の問題にとどまらず，このような水質汚染からくる不安をヒトの健康に絡めた消費者問題を真に解決するには，根底にある環境問題としての水問題解決が必要となってきている。自分だけが浄水器を購入しておいしい水を入手しても一時的な問題解決でしかなく水環境の改善にはつながらない，消費者問題と環境問題が不可分といわれる所以である。

② **環境問題を考える基本**

槌田敦は，環境問題を考える基本を明快に表現している[3]。「環境問題を考える基本は，生態系の物質循環を考えることである。生態系の一員としてのヒトのかかわりを考え，生態系をゆたかにするなかで，ヒトもそれに見合ったゆたかさを獲得することが，唯一，持続的な人間社会を保証することになる。例えば'廃棄物のリサイクル'が最近強調されているが，需要のない廃棄物の再利用は無意味で，自然の循環を通して考えるべきである。－自然の循環とは，大気と水と栄養を作業物質とする物質循環である。－」

ヒト優先ではなく，生態系のなかでのヒトと考えること，これが環境問題を考える基本であろう。

(2) 消費者の意思決定に必要な条件

消費者が意思決定を学ぶツールとして，「ディシジョン・ツリー」がよく用いられる。意思決定に不可欠な「代替的な行動方針とその代替案」の策定には，偏りのない広い視野にもとづく情報が必要となる。

先に述べた，需要のない廃棄物の再利用は無意味で，自然の循環を通して考えるべきである'廃棄物のリサイクル'について，具体例を「紙ゴミの処理」で提示する[4]と①②のようになる。ゆたかな生活を目標に代替案を考え「ディシジョン・ツリー」を作成し，広い視野から再考し，解答にたどりつくかお試し願いたい。

第Ⅲ部　消費者教育の展望

① **ジレンマと問題の所在**

　紙にはいろんな種類がある。牛乳パックなどの紙パック，新聞紙，菓子箱のような厚紙，雑誌，段ボールなどである。

　〈行動〉

　　　特に選んで，リサイクル品を購入使用するわけではない

　　　リサイクル品ではない白い紙を購入する

　　　リサイクル品でも白い紙を好んで購入する

　　　ぞうきんなどのかわりについ紙で拭く

　　　　（安いし便利なのでゆたかにたっぷり使いたい）

　　　リサイクルに出しているが，あまり細かく分別していない

　　　　（分別しても集めてもらえない）

　〈問題の所在〉

　　　多くの量を必要とする紙にリサイクルすることは，有益である

　　　　必要度の低いリサイクル用紙ばかり量産されている

　　　再生される紙の質や量は，原材料によって差が出る：

　　　　不十分な分別では，リサイクル用紙の質が低下する

　　　漂白剤を使用すると白くなる・短時間で効率よく漂白したい

　　　　環境に過度な負荷を与えている

　　　リサイクルできる回数には限りがある：

　　　　繊維が短くなりすぎて，紙にできない

② **優先順位と社会システム**

　廃棄物の処理原則には，「混ぜるとゴミ，わけると資源」という言葉がある。目先の個人的利便的道徳的倫理的結論ではなく，生態系の物質循環（優先順位）にもとづいた処理原則と経済手法に支えられた社会システムの構築が必要である。

　解答：

　３Ｒ原則にもとづく行動・社会システムである

第 5 章　環境教育と消費者教育

〔注〕
1) 類似のものとして米国の「環境教育法」がすでに1980年に制定されているが、これは時限立法であった。
2) 大阪府消費生活センター,「平成15年度消費生活相談の概要」2004年7月（http://www.pref.osaka.jp/osaka-pref/shouhi/h15soudangaiyou.pdf　2004年8月11日現在）
3) 槌田　敦,「石油文明の次は何か－環境破壊の現石油文明から、豊かな自然の後期石油文明を経て－」（http://env01.cool.ne.jp/index02.htm　2004年8月11日現在）
4) J. Udaka and J. Akamatsu, "Effectives Steps for lifelong Education with regard to solving environmental problems "Waste, resources and energy" - Integrated Understanding"
The XXth IFHE Congress 2004 in Kyoto, Japan, August 1st- 7th, (The IFHE *HEPET* Committee for poster presentation), 2004.8.

第6章　環境会計の概念と制度

1　環境会計の概念と公表

(1)　環境会計とは何か

　環境会計に対する定義は，この分野が新しいものであり，また環境という複合的な問題領域であることから非常に多様でもあり，統一的なものはないというのが現状である。環境会計は解釈に依存する側面が多いともいえるのである。企業会計は元来，貨幣情報を対象としている。一方，環境会計では，伝統的な会計学と比べると会計を拡大的に捉えている。すなわち，貨幣情報数値での会計が中核になるものの，貨幣以外の物量数値，記述情報までもその範囲に含めており，環境会計は，会計の新しい試みといえる。

　國部は，環境会計を「企業の環境に関わる活動および影響を認識して，主に貨幣単位で測定・評価し，企業の内部および外部に伝達する行為」と定義している[1]。つまり環境会計は，自社の環境保全活動にかかる環境負荷情報，環境保全コスト，環境保全効果や，環境保全対策に伴う経済効果などを把握し，測定し，その内容を分析する経営管理のツールであるといえる。このツールを用いて，環境保全活動にかかる効果的で効率的な経営資源の配分を行うことが経営者に求められている。

　一般に原価計算において，原価負担者は製品である。原価負担者というのは，原価を課す対象である。では，環境コストの負担者は誰なのか。結論的にいえば企業を取り巻くステークホルダーが最終的に負担せざるを得ない。環境問題の本質は外部不経済としての性格にあるとみなすことができるので，環境コストの内部化こそがその解決のための重要なポイントと考えられ，持続可能な環

境保全活動と持続可能な環境コストの内部化とは同義となり得るのである。したがって，企業自身が最終的な負担者となり得るものではなく，ある程度の環境コストの負担を受容するステークホルダーの存在なしには，持続可能な環境保全は達成し得ないであろう。

もっとも，そういったステークホルダーにしても，無制限に環境コストを負担するとは考えにくい。納得可能な範囲でのみの負担になるであろう。その意思決定に重要な鍵となるのは，環境コストとそれによって改善される環境ベネフィットの大小である。しかし両者の評価軸については，前者がコストという営利性の追求を前提に構築される市場経済システムとリンクし，会計情報として企業の利益計算と関連しているのに対し，後者は環境改善という地球規模の経済システムにつながるものということができ，部分的には貨幣単位に換算可能なケースもあるが，基本的には自然環境の改善を示す物量評価である。いうまでもなく，後者の測定・評価には困難が伴う。

前世紀末以来，国際的な環境会計の基準化の検討の開始など環境会計はブームとなった感もある。しかし，環境会計は決してブームではないのである。環境会計の必要性は，1970年代から認められてきた。企業の外部環境の変化を測定し，会計情報化する役割を持つシステムとして，いわゆる公害問題に対応するかたちで展開されてきたのである。企業の外部不経済効果の償いとして，それが発生する損失の測定と補償の算定，社会的損失を予防するための費用の支出または投資の管理などを会計情報化して社会報告するという流れのなかで，伝統的な会計責任と社会責任とが微妙に結合することが認められる。それまでの伝統的な思考としての組織，組織を管理する経営者，その運営としての会計・経営システムという形態から，個人あるいは市民生活を指向する実践的・理論的アプローチが，歴史的過程のなかで，徐々に分化しつつあるということが認識されてきたのである。

具体的には，工場周辺の住民など被害者向け対策の，「費用対効果」を社内外に説明するのに開発されており，それまでの伝統的な会計システムでは対応できなかったことに端を発している。しかし，これらはもっぱら外部の研究者

により提唱されたことであり，企業側には大きな関心はなかったといえる。一方，1990年代初頭から，人類の存続のために現行の経済社会の在り方を環境配慮型，循環経済型の仕組みへ変換する必要性があるとされる流れのなかで，今日の環境会計は，企業経営に影響を与えるツールとして発展し，先進的な企業あるいは業界団体による取組みが積極的に行われている。

なお，環境会計に先駆けるかたちで環境監査が話題になった。環境監査が意味する内容は，企業の環境マネジメントシステムが規格通りに構築・運用されているかを内部もしくは外部から監査することである。隣接領域といえる環境監査は，環境マネジメントシステムに対する監査であって，環境会計に対する監査ではない。したがって会計監査のような位置付けではない。

(2) 環境会計の公表

環境ベネフィットは一般に物量単位で表示され，環境コストは貨幣単位で表示されるが，この2種類の情報を提供するシステムとして，環境会計システムの確立が企図されている。環境会計という用語自体は，元来，マクロ経済レベルの用語として使用されることが多かったが，最近では，企業や組織が実施する会計システムの意味で使用されることの方が多くなってきた。

環境会計は一般に，記述情報レベル，非貨幣計算レベル，貨幣計算レベルの3層に分類されるが，環境ベネフィットは非貨幣計算レベル（物量計算レベル）で行われ，環境コストは貨幣計算レベルで行われることになる[2]。環境会計の現状は，環境ベネフィットや環境コストの標準的な算出方法を確立するところまでは発展していないが，それでも最近の理論的側面，実践的側面での急速な進歩には目を見張るものがある。

企業が環境会計を公表するメリットは，社会との有効なコミュニケーションを図ることができるということにある。日本の多くの企業は環境報告書で環境会計を報告している。製品やサービスにおける環境配慮の姿勢が広範なステイクホルダー（投資家，消費者，従業員，行政等）の関心を引き，こうした人々および団体の理解を得ることで円滑な企業活動を行うことができる。また環境会

計の公表により効率的な環境経営が促進されるというメリットもある。経営者は環境会計の読者に対して適切な情報開示の姿勢が問われているので，社会的な責任が一層増大することになる。

　公表された環境会計は，企業の環境保全活動に関する情報を取りまとめたものであるので，その企業全体としての内容を把握することができる点で利便性がある。

　しかし，環境会計は，現在のところ環境省が公表したガイドライン以外には，一般に公正妥当と認められた基準，法的な基準や通達が存在しないので，環境省ガイドラインを意識しながら企業独自の方法を行って公表されているのが現状である。よって，企業の環境への取組みを判断したりするには環境会計の数字や記述のみで判断せずに，環境報告書など他の環境情報を加味した上で，総合的に評価することが大切である。環境会計の情報のうち，環境保全コストと効果の金額の収支差のみを捉えて単純に比較評価する報道もみられるが，これは企業の環境への取組みを把握する目的からはあまり適切ではない。

　環境保全コストや効果の捉え方や把握の仕方，例えば細かな定義，範囲や計算の方法については，企業ごとに異なっていると考えられる。なぜなら，企業によって環境負荷の発生度合いや取組みの進展度合いが異なること，また，経営管理の考え方も多様であるからである。更に環境会計の導入自体が初期の段階にある場合などもあるからである。環境会計では，業種・業態によって環境負荷が異なるので，環境保全コストの構造にも差異がある。安易な比較には注意が必要である。

2　企業における環境会計と消費者教育

(1)　企業における環境会計の現状

　企業による環境会計の導入状況についてであるが，環境省による「平成14年度環境にやさしい企業行動調査」[3]によれば，環境会計を既に導入している企業は，上場企業で355社，非上場企業で218社，合計573社となっている。また，

第6章　環境会計の概念と制度

環境会計の導入を検討している企業は、上場企業で、247社、非上場企業で、214社、合計461社となっている。1999年3月に環境庁（現環境省）が、「環境保全コストの把握及び公表に関するガイドライン～環境会計の確立に向けて～（中間とりまとめ）」を公表したことを契機として、日本企業に環境会計は急速に普及した。それ以前は、環境会計に取り組む企業がごく少数であったことを考えれば、わずか5年あまりで環境会計が急速に企業に受け入れられたことになる。

環境会計は、「企業が環境保全に配慮した活動を行うためにどのくらいの資金を投じたのか、また投じた資金からどのような効果（環境保全効果・環境保全対策に伴う経済効果）が生まれたのかを測定して企業内外の人々に情報伝達するための仕組み」である。すなわち企業活動の中における環境保全活動のために費やされるコスト（環境保全コスト）と当該活動により得られた効果を認識し、定量的（貨幣単位・物量単位）に測定し伝達する仕組みが環境会計である[4]。環境会計情報の伝達対象は、企業内部者および企業外部者であるが、ここでは後者が重要になる。その理由は、当該情報の伝達対象となる企業外部者の代表格が消費者だからである[5]。環境会計を導入した企業の多くは、当該会計の仕組みから得られた情報を消費者に公表することを想定している。そこには、最近の消費者が、地球環境問題・自然環境保護・食品の安全性への関心などが起因となって、環境問題に対し啓発されてきていることがあると思われる。

環境対応に優れた企業から積極的に製品・サービスを購入しようとする消費者や環境に配慮された製品・サービスに積極的に関心を示す消費者、すなわちグリーンコンシューマーと呼ばれる人々の台頭やその予備軍の存在を企業は明らかに意識していると思われる。

例えば、環境会計の取組みに対して、先進的であった宝酒造の例をみてみよう。同社エコチャレンジ事務局は1999年5月に、環境会計などの環境情報に対して次のような見解を示した[6]。その主な内容は、「自社の環境情報をできるだけ詳細に、分かりやすく情報公開し、社会に対し説明することで企業への信頼、製品への親近感の醸成を計る。具体的には、グリーンコンシューマーへの

第Ⅲ部　消費者教育の展望

情報提供や消費者との環境情報の共有による問題解決を考える」というものである。環境破壊の発生源については，企業部門が4分の3，家計部門が4分の1であるとされている[7)]。この点からあらゆる企業は，何らかの環境破壊の発生源となっていると考えるべきであり，個々の企業は，自己に帰属する環境課題に対して真摯に取り組まなければならない。また，前述したグリーンコンシューマーやその予備軍が台頭していることを考慮すれば，企業は自己の環境対応を消費者に公表し，かつ評価されなければ，その存続が危ぶまれることにもなる。この点から宝酒造の考え方は評価できるものである。同社のような考え方のもと，企業の環境情報を正確に消費者に伝えることができるならば，消費者は企業の環境問題に啓発されていき，最終的には消費者によって環境に配慮した消費行動を起こされることが期待できる。この過程においてポイントとなるのは，企業の環境情報の正確な開示が消費者の環境意識を啓発するという点である。そして，当該ポイントの中に消費者教育の機能が存在するのではないかということが仮定できる。この点については後述するとして，日本企業の行う環境会計が「消費者向け環境会計」という色彩を強めていることは事実である。そこで，これまでの論究を図にまとめると図表Ⅲ－6－1のようになる。

　将来世代の生存環境や生活環境に負の財産を残さないためには，企業・消費者間の連携は不可欠である。今日の地球環境問題を引き起こした最大の要因は，資本主義経済がもたらした大量生産・大量消費・大量廃棄の仕組みである。当該仕組みに参加した当事者がまさに企業であり消費者である。この点から将来世代に対してよりよい地球環境を引き継ぐためには，企業・消費者双方のスタンスが変化しなければならない。また，当該変化は双方の協調関係のもとに変化する必要がある。このことは，地球環境問題を解決に向かわせるためには，企業・消費者間のパートナーシップを構築しなければならないということを導出する。当該パートナーシップ構築の必要性は企業・消費者双方に今日理解されつつあると考えられるが，当該パートナーシップ構築のために，今日環境会計の貢献が大いに期待されている。

第6章　環境会計の概念と制度

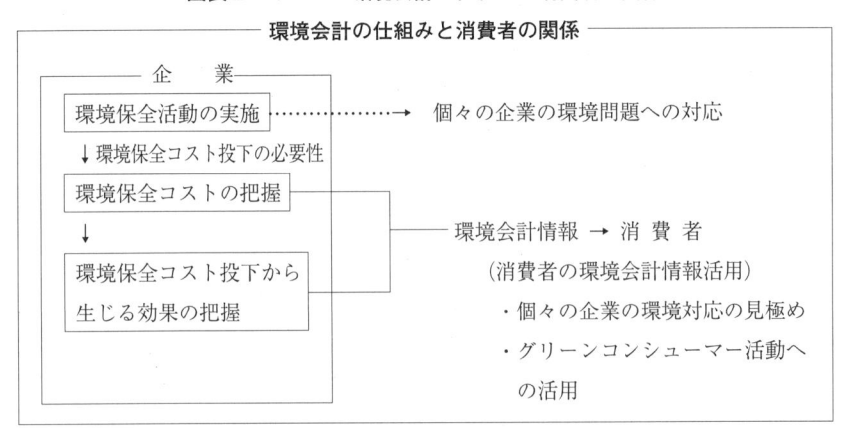

図表Ⅲ－6－1　環境会計の仕組みと消費者の関係

```
┌─────────────────────────────────────────────────────────┐
│                環境会計の仕組みと消費者の関係              │
│  ┌─── 企　　業 ───┐                                      │
│  │ 環境保全活動の実施 │┄┄┄┄→ 個々の企業の環境問題への対応  │
│  │ ↓環境保全コスト投下の必要性                            │
│  │ 環境保全コストの把握 │                                 │
│  │        ↓        │────── 環境会計情報 → 消 費 者      │
│  │ 環境保全コスト投下から │     （消費者の環境会計情報活用） │
│  │ 生じる効果の把握    │     ・個々の企業の環境対応の見極め│
│  └─────────────┘     ・グリーンコンシューマー活動へ │
│                              の活用                      │
└─────────────────────────────────────────────────────────┘
```

(2) 企業と消費者のパートナーシップの必要性

　環境に配慮された企業経営が社会的に要求されるようになって久しい。多くの企業が当該要求に応えるため，経営のなかに環境保全活動を取り込む必要性に迫られている。また，わが国は急速にリサイクル社会に向かい始めている。1997年4月にスタートした容器包装リサイクル法・2001年4月にスタートした家電リサイクル法・2005年1月に開始予定の自動車リサイクル法などの法整備が進み，企業・消費者ともにリサイクルを意識せざるを得ない状況となっている。

　このような状況下においては，企業が生み出す製品・サービスにはあらゆる角度からの環境配慮が要求される。生産・流通・消費の各段階における環境負荷の低減を意識するのは当然のことであるが，製品においては廃棄後のリサイクルの容易さをも意識した製品開発が求められる。

　一方，消費者は企業における環境対応を見極めながら自己の消費行動を決定する必要が生じる。企業が真摯に環境対応を行ったとすれば，消費者にはそのような企業を支持することが望まれる。ここで支持とは，当該企業の製品・サービスを積極的に購入するということである。つまり，環境に配慮した企業経営・製品・サービスの提供（企業）－環境対応に優れた企業の製品・サービ

第Ⅲ部　消費者教育の展望

スの購入（消費者），環境に配慮された製品・サービスの購入（消費者）という状況を多くつくり出していくことが必要になる。この状況こそが，地球環境問題の解決に向けた企業・消費者間のパートナーシップの構築ということになる。以上の論究を整理したものが図表Ⅲ－6－2である。

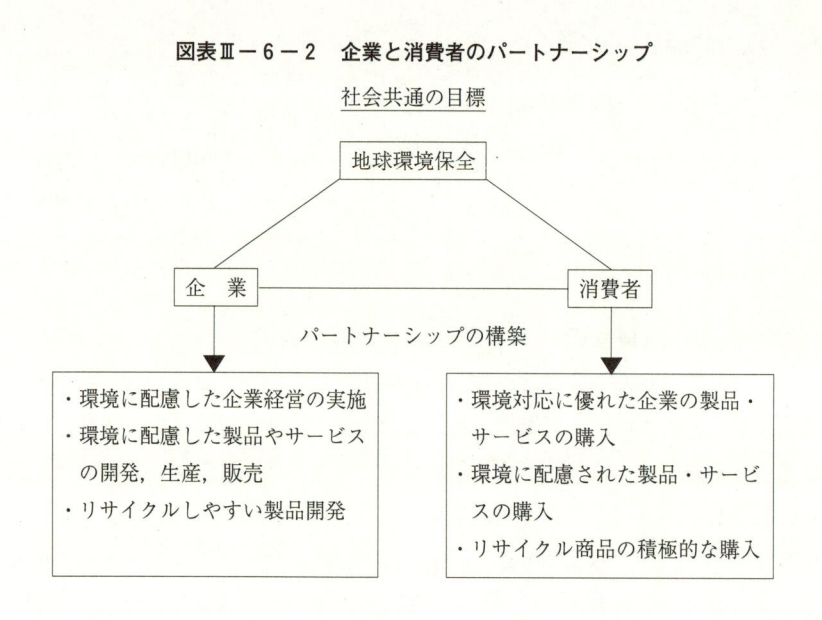

図表Ⅲ－6－2　企業と消費者のパートナーシップ

社会共通の目標

```
            地球環境保全
           /          \
       企 業 ―――――― 消費者
           パートナーシップの構築
```

企業側：
・環境に配慮した企業経営の実施
・環境に配慮した製品やサービスの開発，生産，販売
・リサイクルしやすい製品開発

消費者側：
・環境対応に優れた企業の製品・サービスの購入
・環境に配慮された製品・サービスの購入
・リサイクル商品の積極的な購入

　地球環境問題の解決に向けた企業・消費者間のパートナーシップを構築する必要性は，これまでの論究のとおりであるが，これを実際に実現するためには，消費者サイドに必要となる事項がある。仮に消費者が，環境対応に優れた企業から商品・サービスの購入を希望した場合，当該企業をみわけるための判断材料が必要になる。また，環境に配慮された製品・サービスを開発・生産するために，具体的に企業がどのような取組みを行ったのか，その内容に関する情報を消費者が知る機会がなければ，企業と消費者の間で十分なパートナーシップは構築できない。したがって，企業の環境保全活動の内容・状況を消費者に知らせるための仕組みが必要になる。そして，これら必要な事項を満足させる役割を担っているのが環境会計である。また，環境会計を通じての消費者教育の

機能が，B to C（Business to Cunsumer）の流れのなかで存在するのではないかと考えられる。そこで，次に環境会計を通じての消費者教育について論究する。

3 環境会計を通じての消費者教育

環境会計は，企業の環境保全活動を定量的（貨幣単位・物量単位）に把握する役割を担っている。また，環境会計ガイドライン2002年版では，「企業等が環境保全に取り組んでいくにあたって，自らの環境保全に関する投資額や費用額を正確に認識・測定して集計・分析を行い，その投資や費用に対する効果を知ることが取組の一層の効率化を図るとともに……（中略）……公共財としての環境資源を用いて事業活動を展開する企業等は，消費者，取引先，投資家，従業員等の利害関係者（ステイクホルダー）に対して説明責任（アカウンタビリティ）を有している。環境会計情報の開示は，そうした説明責任を履行する重要な手段の一つである」[8]と説明されているが，当該説明から導出されることとして，企業によって環境会計が必要とされる理由には，企業の環境保全の取組状況を定量的に把握して，その情報を消費者などに説明する責任が企業に存在しているからである。企業の環境会計情報の開示によって，消費者は次のような情報を得ることができる。まず，消費者は，企業が環境保全のために支出するコストの内容・支出額に関する情報を得ることができる。例えば，「環境保全に資する製品等の研究開発コスト」に代表される研究開発コスト，「地球温暖化防止および省エネルギーのためのコスト」「オゾン層破壊防止のためのコスト」に代表される地球環境保全コストの支出の有無および支出額にかかる情報を得ることができる。また，「産業廃棄物のリサイクルなどのためのコスト」「一般廃棄物などのリサイクルなどのためのコスト」に代表される資源循環コストの支出の有無および支出額にかかる情報などを得ることができる。次に，環境保全コストの支出から生まれる環境保全効果にかかる情報を得ることができる。これには，「エネルギー消費量の減少」「環境負荷物質の排出量の減少」「廃棄物等の総排出量の減少」などの有無および減少量にかかる情報が該

当する。さらに，消費者は，企業の環境保全コスト支出に伴う経済効果に関する情報を得ることができる。これには，「省エネルギーによるエネルギー費の節減額」「省資源又はリサイクルに伴う廃棄物処理費の節減額」の有無および節減額にかかる情報などが該当する。以上が，企業の環境会計情報の開示によって，消費者が得ることができる情報の内容である。これを整理すると図表Ⅲ－6－3になる。

図表Ⅲ－6－3　環境会計情報開示により消費者が得る情報

企業の環境会計情報開示によって消費者が得られる情報	
環境保全コストの内容と支出額	環境保全コスト支出による環境保全効果
・環境保全に資する製品などの研究開発コスト ・地球温暖化防止および省エネルギーのためのコスト ・オゾン層破壊防止のためのコスト ・産業廃棄物のリサイクルなどのためのコスト ・一般廃棄物等のリサイクルなどのためのコスト	・エネルギー消費量の減少 ・環境負荷物質の排出量の減少 ・廃棄物などの総排出量の減少
	環境保全コスト支出による経済効果
	・省エネルギーによるエネルギー費の節減額 ・省資源又はリサイクルに伴う廃棄物処理費の節減額

　企業の環境会計情報の開示によって，図表Ⅲ－6－3で示される情報を消費者は得ることができるが，このことが消費者教育との関係においてどのように評価することができるだろうか。この点について，筆者の見解を以下に述べる。環境会計情報の受け手である消費者が，当該情報の内容に対して，消費者自身の環境意識を啓発するために価値ある情報と積極的に認めるならば，そこに当該情報が，消費者教育の機能を持つことになる。すなわち消費者が企業の環境問題に対して啓発される状況を創造することが，当該情報の開示によって達成されるならば，B to Cの流れのなかで消費者教育が実現されていると考えてよいのではないだろうか。

個々の企業における環境保全活動の内容と成果は，従来一般的には消費者にはみえにくいものと考えられてきた。これに対して，環境会計情報が従来みえにくかった企業の環境保全活動の内容と成果をみえやすいものにすることになれば，消費者は企業の環境問題に対して精通する機会を得ることになる。そして，そこで獲得した知識が基礎となり，消費者行動のなかに，環境面でプラスになる行動が確認されるようになれば，まさに当該場面で，消費者教育の効果が発揮されていると考える。

消費者教育の効果は，C to B（Consumer to Business）の流れであり，企業が，自社の環境会計情報を消費者に伝達し，それを受けた消費者が，消費行動の環境負荷低減への貢献をコンセプトにグリーンコンシューマー行動を起こすことである。すなわち，当該情報によって企業の環境問題に啓発された消費者が生まれ，当該消費者の多くがグリーンコンシューマー行動を実際に行うということが実現して初めて，消費者教育の効果を認めることができる。

B to C での情報の流れにおいて消費者教育が成立すること，つまり企業による消費者教育というものに対してこれまで否定的な見方があったことは否めない[9]。企業による消費者教育を否定的に捉える根底には，次の考え方が支配的になっていたからだと思われる。それは，「企業の行う消費者教育は，販売促進が最大の目的で，そのために消費者サイドに提供される情報は，企業にとって都合のよいレベルで提供される可能性が高く，その結果として，消費者の不信感・不安感をもたらすことになる」というものである。このようなことが，社会のなかで現実に起こっていたことも事実であろう。しかし，地球環境問題を根本から解決する方向に向かわせるためには，企業と消費者が反目し合うことは好ましくなく，前述したように企業・消費者間のパートナーシップを構築することが必要になる。パートナーシップ構築の基礎は，両者の間に信頼関係が存在することである。したがって，企業サイドが消費者サイドに対して，事実と反する環境会計情報を開示することは，許されないことは当然であるが，常に検証された上での正確な環境会計情報が開示されていることが信頼関係の基礎であり，また仮に，正確性に疑義がある情報がある場合は，その旨を消費

第Ⅲ部　消費者教育の展望

者に説明した上で，情報開示しなければならない。現在，環境会計情報を開示する企業のなかには，情報の信頼性を第三者に検証させて報告させることを行い，情報の信頼性を確保する努力を行っている企業がある。このような取組みが，更に発展していけば，環境会計情報の開示による企業の消費者教育が，消費者から信頼され，企業・消費者の連携による環境問題への取組みがレベルアップしていくのではないかと考える。

〔注〕
1) 國部克彦『環境会計』新世社，1999年，pp. 2～3。
2) 環境省　環境報告書ガイドライン（2003年度）
   http://www.env.go.jp/policy/report/h15-05/
3) 環境省総合環境政策局環境経済課『平成14年度環境にやさしい企業行動調査』2002年，p.104。
4) 環境省『環境会計ガイドライン2002年版』2002年，p.4。
5) 同上。
6) 宝酒造株式会社エコチャレンジ21事務局『企業活動に伴う環境負荷削減努力指標化・・・緑字決算報告書を事例に・・・』1999年，pp. 1～2。
7) 佐々木佳代「環境をめぐる問題視点」高月　紘・仲上健一・佐々木佳代『現代環境論』有斐閣ブックス，1996年，p.11。
8) 環境省，前掲書，p. 2。
9) 谷村賢治「生涯消費者教育の構図」奥村美代子・谷村賢治編『生涯消費者教育論』2000年，p.186。

〔参考文献〕
1　國部克彦・梨岡英里子監修『環境会計最前線　企業と社会のための実践的なツールをめざして』省エネルギーセンター，2003年。
2　宮地晃輔『日本企業の環境会計　信頼性の確立に向けて』創成社，2003年。

第7章　医療・福祉マーケティングと消費者教育

　21世紀に入り，日本の抱える諸問題のなかにあって，医療・福祉領域における問題は，その解決が求められる重要な領域の一つとなりつつある。こうした医療・福祉領域においては，今まさにマネジメントの大きな変革期を迎えており，そこでは，消費者を巡る新たな諸問題も発生してきている。また同時に，そうした現象は，医療・福祉関連領域でのマーケティング戦略や消費者教育の取組みの必要性を浮き彫りにすることにもなろう。

　しかし，今日的なマーケティングや消費者教育の研究領域では，その社会的・経済的な要請にもかかわらず，医療・福祉にかかわる研究が必ずしも十分に行われてはいない状況にある。そこで本章では，とりわけ，医療・福祉領域におけるマーケティングおよび消費者教育の重要性を鑑み，その諸相を論究していきたい。

1　マーケティングの活用領域の拡張

　近年のマーケティングがカバーする領域は，時代の趨勢とあいまって拡張・多様化している。

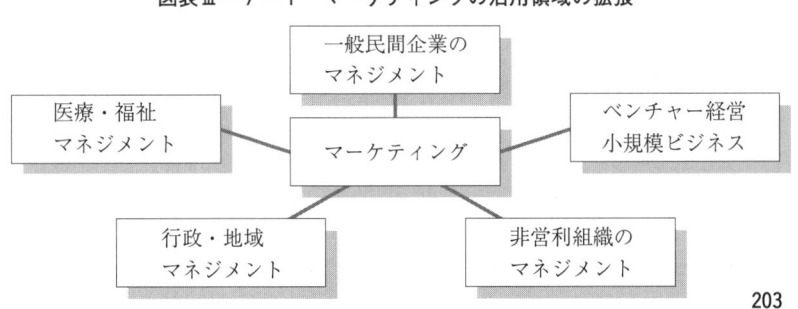

図表Ⅲ－7－1　マーケティングの活用領域の拡張

例えば，ベンチャー企業の創出にはマーケティング戦略が不可欠であり，NPO・NGOでもその組織運営の在り方や財務・会計の重要性が問われ始めている。また，行政が様々な企業と共同してビジネスへの動きを強め，更には行政独自のマネジメント活動が活発になるなど，一般営利企業ばかりでなく，いわゆる非営利組織によるマーケティングの展開が今日的な潮流としてみてとることができる。

なかでも注目すべき領域が，医療・福祉領域といえよう。特に21世紀に入り，多くの民間企業は医療・福祉ビジネスに進出してきており，更に病院や福祉施設でも，新たなサービスの創出あるいは顧客満足の必要性が叫ばれるなど，医療・福祉領域において，あらゆる点でマーケティングの管理手法が求められるようになっている。

2　医療・福祉マーケティングの意味とその必要背景

(1)　医療・福祉マーケティングの意味

医療・福祉マーケティングとは，医療・福祉関連市場におけるマーケティング戦略を意味する。主として医療市場とは，医療機関（病院，診療所など），医薬品，医療器具などの市場が考えられ，福祉市場とは，福祉施設（特別養護老人ホームなどの施設），福祉器具（車椅子，介護用ベッドなど），介護関連ビジネス，福祉支援ビジネスなどの市場が考えられる。その他，ヘルスケアや健康・スポーツなどの領域も医療・福祉関連市場と密接に絡んでおり，当該領域は拡張かつ複合化傾向にあるといえる。

そうした医療・福祉関連市場に対する仕掛けづくり（戦略）が医療・福祉マーケティングとなろうが，それらは利益獲得のためのツールとして，あるいは顧客満足や顧客との信頼性の構築のツールとして活用される。したがって，ここでいう医療・福祉マーケティングとは，医療行為や福祉行為そのものをマーケティングするとか，医療制度や福祉制度をマーケティングするといった類のものではなく，「医療・福祉関連市場での各組織による仕掛けづくり（戦

略)」という意味で用いている。

(2) 医療・福祉関連市場におけるマーケティングの必要背景とその範囲

日本において，医療・福祉関連市場のマーケティングの必要性が叫ばれ始めたのは，およそ1990年代後半からであるが，医療および福祉双方とも同様な問題から，その必要性が生まれてきた。

第1に，法的規制の変化である。医療領域であれば医療法改正や診療報酬の改定，福祉領域であれば介護保険制度の成立および改正など，そうした法的規制の変化がマーケティング活動を促す背景となった。第2に，高齢者人口の増加に伴う医療・福祉領域におけるニーズの高まりである。日本では2014年に65歳人口が全体の25％，2050年には35％にまで上昇すると試算されており，今後ますます当該領域での需要の高まりが考えられ，それに対応したマーケティング活動が求められるようになってきている。第3に，市場競争の進展による顧客志向へのシフト（高サービスの提供）である。第4に，慢性的な財政難，経営効率化への対応，アイディア創出の必要性などからの要請である。これらの点から，医療・福祉領域においてマーケティング活動が求められるようになったと考えられるが，その具体的なマーケティングの必要範囲は，次の図表に示したようなものになる。

図表Ⅲ－7－2　医療機関，福祉施設などのマーケティング範囲

病院・福祉施設経営	効率的運営，人的資源管理，経営財務，アライアンス
顧客サービス	サービス開発，顧客応対・病院食・施設食の改善
顧客情報管理	顧客のデータベースおよびデータマイニング
プロモーション	リレーションシップの構築，新たな販売促進活動の開発
その他	価格設定の見直し，評価対策，顧客満足の向上，市場調査

第Ⅲ部　消費者教育の展望

図表Ⅲ－7－3　医療・福祉関連メーカーおよび流通業のマーケティング範囲

製品・サービス	新製品・サービスの開発，ブランドの構築
価格政策	適正な市場競争価格の把握，価格設定の見直し
流通政策	マーチャンダイジング，配送システム，サプライチェーン
プロモーション	業界特性に合った活動の推進，医療・福祉情報担当者の活用
顧客情報管理	顧客のデータベースおよびデータマイニング
その他	リレーションシップの構築，エリア・マーケティング

3　既存研究の整理

　医療・福祉領域におけるマーケティング研究は，当初，コトラー[1]，ラブロックら[2]などが，非営利組織におけるマーケティングの一部として医療機関などのマーケティングを紹介した経緯はあったが，本格的に研究がなされるようになったのは1990年代後半以降からといってよい。主な研究としては，医療領域では，医療広告の規制および規制緩和後の現象にかかわる研究[3]，医療関係者と患者間のリレーションシップ・マーケティングの研究[4]，新薬開発における製薬企業の戦略的提携の研究[5]，その他の医療領域におけるマーケティング研究およびその学際研究[6]などが挙げられる。一方，福祉領域では，介護面や福祉施設の運営を中心にしてマーケティングに言及した研究[7]，福祉領域におけるマーケティングの必要性およびその戦略方向性を示唆した研究[8]，隣接諸科学領域から福祉領域におけるマーケティングおよび経営の重要性を示唆した研究[9]などがあるが，総じて福祉領域におけるマーケティング研究は黎明期にあるといえる。

4 医療・福祉マーケティング研究の方向性

近年の社会的・経済的な要請やその重要性から鑑みても，医療・福祉マーケティング研究は今後注目される分野となろうが，ここではその研究の方向性について論じてみたい。

(1) マーケティングと法的規制における関連研究

医療・福祉領域においては，法的規制によって当該組織の取り得るマーケティング活動は限られていたが，今日では，規制緩和の流れを受け，その活動範囲が徐々に拡張してきた。とりわけ，医療領域においては，医療法の改正によって広告規制が大幅に緩和され，医療機関のレベルを顧客に開示するなど，マーケティング的見地からして非常に興味深い点が多々みられるようになっている[10]。また，福祉領域と医療領域がオーバーラップしてきていることも鑑み，今後は法的規制がどのように変化するかで，マーケティング活動そのものが多様化してくると考えられる。

(2) 流通研究（小売・卸の業態変化，流通システムなど）

医療・福祉の領域では，流通業などの業態の変化や流通システムそのものが変化してきている状況がみられる[11]。例えば，医療領域では，コンビニエンスストアが業態を変えた形で医薬品を販売したり，病院が商社と組んで医療販社（仕入代行業者）を独自資本で設立するなど，流通システムそのものを変化させるまでになっている。また，福祉領域では，経営難の続く街の家電ショップが福祉用具を販売したり，コンビニエンスストアが業態を変えた形で福祉グッズを販売するなどの変化がみられる。このように，双方の領域とも流通構造そのものが変化してきており，今後，この分野における研究は重要度を増すと考えられる。さらには，医療・福祉双方の領域はオーバーラップする傾向にあり，そのなかで，業態・業種の複合体化とともに，流通全体が大きく変化し

ていくと考えられる。

図表Ⅲ－7－4　医療・福祉市場における流通の仕組み

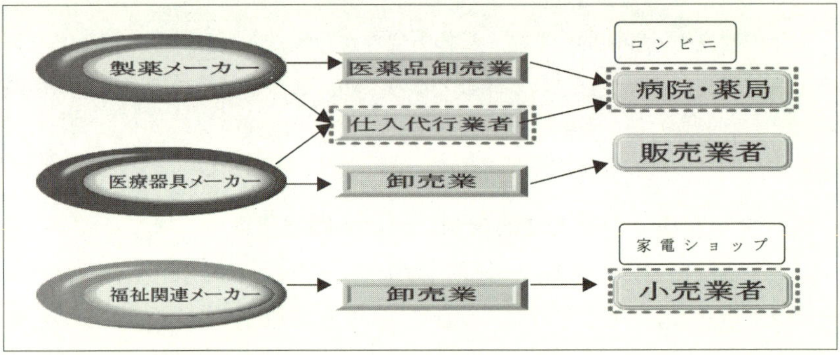

(3) 患者・関係者および地域とのリレーションシップ・マーケティング研究

医療および福祉従事者においては，評判や利益の獲得のため，患者または被介護者およびその関係者とのリレーションシップ（関係性）を構築するマーケティング活動が必要となりつつある。一方で，地域との関係性も密にしていくことが自らの利益を高めることにもなり，その関係性の構築も重要視されている。こうした研究分野ではすでに先行研究もあり，今後ますます深化していくと考えられる。

(4) 医療・福祉における消費者問題および消費者教育の研究

特に2000年以降，医療・福祉領域におけるマネジメントは格段の進歩をみせている。しかしながら，それとは対照的に消費者の医療・福祉に対する情報・知識・対応力はほとんど変わっていない。換言すれば，医療・福祉におけるマネジメントの発展スピードとは裏腹に，それらに関する消費者の情報・知識・対応力は非常に遅れをとっているといえる（情報・知識・対応力の偏在化）。

こうした医療・福祉領域のマネジメントの進展は，多くの消費者利益をもた

第7章　医療・福祉マーケティングと消費者教育

らすと考えられるが，一方で，情報・知識・対応力の欠如からくる，消費者の不利益を生み出す可能性もある。何よりも問題となるのは，消費者間での情報・知識・対応力の格差を背景にした「消費者の二極分化」（利益を獲得できる者とそうでない者との極端な格差が生じる分化）である。

　この当事者間（例えば，病院サイドと患者・その関係者など）の情報・知識・対応力の格差が生じる構造は，まさしく従前の消費者問題が発生するプロセスに合致するものであり，今後は，医療・福祉領域における消費者問題の発生に対する何らかの策を講ずるのと同時に，消費者教育にかかる期待と役割も極めて大きいといえよう。したがって，医療・福祉領域における消費者問題の研究を進めるとともに，当該領域に対する消費者教育の研究も推進していく必要があろう[12]。

(5)　その他の医療・福祉にかかわるマーケティング研究

　その他の医療・福祉にかかわるマーケティング研究としては，医療機関・福祉施設などのポジショニング研究[13]，医療・福祉におけるマーケティング概念上の研究，医療・福祉のサービス研究，医療・福祉における消費者行動研究などが考えられる。特に，医療や福祉の領域においては，他の消費生活領域の製品・サービスとは大きく異なった特殊な部分（例えば，公共性・公益性が極めて強いとか，慈善的な要素が強いとかいった部分）を有しているため，従前のマーケティング戦略をベースとしながらも，その領域独自のマーケティングの枠組みとその方略が必要とされよう。

5　医療・福祉マーケティングと消費者（消費者教育）とのかかわり

　あらゆる面でクロスし始めている医療・福祉市場は，近年，厳しい競争環境にあり，その状況下で，効率化と差別化を機軸としたマーケティング活動が活発化の様相を呈している。つまり，これまで制度によって守られてきた医療・福祉は，今日においては市場競争という厳しい洗礼に晒され，今まさに営利志

第Ⅲ部　消費者教育の展望

向への変革期を迎えているといってよい。確かに，医療機関に限ってみても，全体の約7割が赤字だといわれるなかにあっては，医療機関におけるマーケティングの展開は，時代の流れというよりもむしろ必然のことであると考えられるし，福祉施設にあっても，今後は行政側からの支援が先細ることが予想され，ここにもマーケティング活動の展開が活発化する俎上があると考えられる。

こうした医療・福祉領域におけるマーケティングの展開は，サービスや顧客満足の向上を促すなど，消費者利益をもたらす面もあろうが，一方で消費者にとっての不利益をもたらす面も有している。つまり，当該領域で市場競争（差別化や効率化を機軸とした利益追求）が激化すれば，最終的には医療機関や福祉施設の淘汰と，あらゆる面での消費者間格差を生み出すと考えられ，このことは必ずしも消費者利益にはつながらない。

例えば，医療機関や福祉施設の淘汰は，ユニバーサルサービスであるはずの医療・福祉サービスが，地域によっては提供されない場合も出てくるであろうし，また消費者サイドにおいても情報・知識・対応力の面で消費者間の格差が生じたり，資金の潤沢な消費者だけが医療・福祉サービスを十分に受けることができるなど，各々の消費者によって受ける医療・福祉サービスに格差が生じる可能性も否定できない（事実，顧客の選別をしつつも，名声を集めている病院もある）。本来，医療・福祉サービスは万人において，できるだけ平等に配分されることが望ましく，過度の市場競争が必ずしもよい面ばかりもたらすとは限らない。医療・福祉の制度上の問題点と合わせて，医療機関や福祉施設にあっては，これまで以上に利益追求と公共性・公益性のバランスが求められるところであろう。

一方，消費者としても，医療・福祉マーケティングに対抗して，何らかの策を講じていくことが必要である。医療・福祉領域におけるマネジメント（特にマーケティング）の展開のスピードは想像するよりも相当に速く，消費者問題が発生したときでは取り返しのつかないことにもなりかねない。しかし残念ながら，この領域での消費者の危機意識はまだ低いといわざるを得ない。したがって，消費者は，内在化する消費者問題の回避のために，他の消費生活領域

第7章　医療・福祉マーケティングと消費者教育

と同様に，医療・福祉領域においても情報・知識・対応力を身に付けていく必要があろう。その意味では，学校，行政，企業などにおける医療・福祉に関する消費者教育の総合的な推進は，今後大きくクローズアップされると考えられる。医療・福祉マーケティングの発展とともに，健全な消費者教育の在り方が，今日において重要な鍵を握っているといえよう。

〔注〕
1) *Kotler, P., Marketing for Nonprofit Organizations, Prentice-Hall, 1975.*（P. コトラー/井関利明『非営利組織のマーケティング戦略』第一法規，1991年）
2) *Lovelock, C. H. & C. B. Weinberg, Marketing for Public and Nonprofit Managers, John Wiley & Sons, 1984.*（C.H.ラブロック＆C.B.ウェインバーグ/渡辺好章・梅沢昌太郎『公共・非営利のマーケティング』白桃書房，1991年）
3) 橋本基弘「医師広告規制と広告活動の自由」『日経広告研究所報　第33巻5号』，1999年，pp.51〜61。
   和田ちひろ「日本の医療機関の広告とマーケティング」『日経広告研究所報第36巻3号』，2002年，pp.25〜30。
   碇　朋子「広告規制緩和を活かした医療機関の新たなマーケティングの方向性」『病院　第62巻5号』医学書院，2003年，pp.597〜600。
   小木紀親『マーケティングEYE』中部経済新聞社，2003年，pp.176〜177。
4) 冨田健司・井上淳子「医療連携におけるリレーションシップ・マーケティング」『医療と社会　第12巻3号』（医療科学研究所），2002年，pp.61〜83。
5) 冨田健司「新製品開発における製薬企業の戦略的提携」『静岡大学経済研究』，2003年，pp.35〜48。
6) 谷本貴之「医療サービス市場の動向と恵寿総合病院のマーケティング」『立命館経営学　第41巻1号』，2002年，pp.131〜158。
   今井　健・今井光映『大学エンロールメント・マーケティング』中日教育文化会，2003年，pp.442〜445。
   真野俊樹『医療マーケティング』日本評論社，2003年。
7) 小室豊允『選択の時代を勝ち抜く福祉マーケティング』筒井書房，2000年。
8) 小木紀親『マーケティングEYE』中部経済新聞社，2003年。
9) 二木　立『保健・医療・福祉複合体』医学書院，1998年。
10) 2001年の第4次医療法改正による具体的な広告規制緩和策としては，患者数，

第Ⅲ部　消費者教育の展望

  手術・分娩件数，平均在院日数などの広告ができるようになり，さらには所属医師の略歴，学会が認めた専門医資格，日本医療機能評価機構による医療水準の評価結果などの広告もできるようになった（ただし，医師の顔写真の掲載広告や手術の成功率などの治療成績は広告できない）。

11) 例えば，ローソンは，2003年以降，薬局タイプの業態や福祉グッズ販売タイプの業態を展開している。一方，トヨタ記念病院は独自資本で販社のGLD（グッドライフデザイン）を設立して，医療器具・医薬品を当該販社でしか取り扱わない仕組みを構築している。

12) 医療領域における消費者教育の研究については，次の学会報告で初めて言及されている。本報告では，とりわけ，法制度に明るく，高度専門知識を備え，適切な選択力を有した医療消費者の育成のために，消費者教育の重要性を提唱している。
小木紀親「医療マーケティングの展開と消費者」日本消費者教育学会（第24回全国大会：京都教育大学），2004年10月。

13) 医療・福祉領域におけるポジショニング研究については，次の学会報告で初めて言及されている。
小木紀親「医療・福祉関連市場におけるマーケティングの必要領域とその戦略方向性」日本商業学会（第54回全国大会：慶応義塾大学），2004年5月。

第8章　社会福祉と消費者教育

1　社会福祉と消費者の接点

(1)　『消費者福祉』(1970年) の存在

　1970年に出版された『消費者福祉』のまえがきに「本書は単なる消費者問題の概念をこえて,"人間の権利"→生存権・生活権としての消費者の福祉を考える」として,「家政学徒には家政の内的,個別的合理化をこえて目を外へ向け,家政の社会的合理化→家政福祉を考えるうえで,一方,消費者経済学徒・行政関係者・企業者には経済の本質→生活福祉を考えるうえで,この小書が少しでも役に立てれば幸いである」[1]と記している。時代が進んで,今まさにこの視点による消費者教育が求められているのではないかと思われる。

　社会福祉の定義は戦後憲法第25条を基盤として,現在では憲法第13条を包括する観点から捉えられ,社会的ニードの範囲は拡大してきた。しかし,近年,政治,経済の影響を受け,国民が求める社会像は1970年代の頃とは異なったものになってきている。そんななかで社会福祉を定義付けるとすれば,「自立を援助する」ということになる。そしてそれは「自己の人生を自分で選択し,自己の責任で決定し,個人の尊厳を持って社会,経済,文化,その他,あらゆる分野の活動に参加できるように援助すること」[2]であり,究極的には「自己実現」を援助することである。このことは,利用者側からいえば消費者として「生存権・生活権」を意識した選択をすることであり,主体的に生きられる消費者を育くむ消費者教育の意義と同一線上にあり,更に社会福祉と消費者教育が目指すところの生活の質の向上につながる視点である。

　わが国において「消費者福祉」という新たな概念を論究した『消費者福祉』

を起点に，21世紀における社会福祉と消費者教育の関係性について考察したい。

(2) 「消費者福祉」の概念

この書のなかで今井はまず消費者を限定的に捉えることによって，「人間の権利」に主眼をおいた消費者福祉論を展開しようとしている。つまり，「消費者福祉は雇用労働者としての消費者の福祉問題」として捉え，次のように定義している。「消費者福祉は労働を売って生計を立てる労働者としての消費者が，資本主義社会における消費市場関係において必然的におかれてきた歴史的な社会的な地位と状態を客観的に現実把握し，労働者としての消費者がその福祉的生活を否定されている現実と，それが資本主義社会において必然的に生み出されてくる社会問題であることを認識し，一方，資本主義社会の中にありながら，労働者としての消費者にとって望ましい福祉状態を考え，それへ国家の政策や自身の自覚的組織化，あるいはより根本的には社会責任自覚的な企業理念への転換をはかることによって，向かい達していくダイナミズムであるといえる。したがって，消費者福祉は現代資本主義国家の大きな課題であるばかりでなく，その大きな責務でもある」[3]（傍点は引用者）とし，「賃金労働者＝消費者という認識のもとに，"消費者福祉"の明確な問題意識の自覚」[4]を促す。

この見解は所得再分配による北欧型の福祉国家を希求し，福祉サービスは無料で提供されることが支持され，また，それを可能にするだけの経済成長率と国民の雇用が安定していた時代の象徴的論調といえよう。ただし，現代においても消費者福祉が「社会責任自覚的な企業理念への転換」を求め，企業に経営哲学を認識させるという論理の展開には説得力がある。

「消費者主権は消費者の選択行為→意思決定行為による経済の投票」[5]（傍点は引用者）であるとし，「消費者福祉は資本主義体制下の市場関係にあって，『消費者が人間として大切にされ』，『消費者の権利は人間の権利』であり，『人間の価値が最優先すべきである』という理念の具現なのである」[6]といい切っている。この考え方が社会福祉と消費者教育の関係性を捉える上でどのように変化していくのか，または維持されるのかについて，次代の動きを捉えること

にしたい。

2　高齢者福祉と消費者問題

(1)　「安上がり福祉」の大義名分

　1973年は社会保障関係費の増大により「福祉元年」と称され，高度経済成長による国の繁栄が国民の幸せに反映されるようになる記念すべき年であった。しかし，その年の秋，オイルショックにより高度経済成長は終焉を迎えた。すでに1970年には高齢化社会に突入していたわが国が，福祉国家として社会環境整備に着手しようとした矢先「福祉の見直し」が叫ばれることになった。

　1979年「新経済社会七か年計画」では「日本型福祉社会」が提言され，三世代世帯を西欧にはないよき家族形態と称し，社会福祉政策を代替する「含み資産」と位置付けた。同じころ，在宅ケアに関して「家事あるいは身辺介助的なケアあるいは情緒的安定のための援助が主体となるが，しかし，これらのケアは元来から家族連帯にもとづいて家族成員相互の間での援助が行われてきたということから考えてみても，……地域住民あるいはボランティアを含め，必ずしも専門的教育および技術を要するものではない」[7]と「安上がり福祉」を提唱することになる。これでわが国は高齢社会に向けての社会資源整備には力点をおかないという大義名分が成立した。

(2)　「日本型福祉社会」構想の歪み

　「日本型福祉社会」構想は家族の絆を強調して，高齢者介護を家族に委ねるもので，結果的には社会的施策の遅れをもたらした。

　概して郡部では長男の嫁が義父母の介護を引き受けざるを得ず，パートタイム就労を辞めて介護に当たった。家計全体の収入減をもたらし，特に専門的知識も技術もない家族が認知症高齢者の介護を行う場合は介護者を疲弊させた。「介護地獄」という言葉が生まれ，家族の協力を得られない孤独な介護は「熟年離婚」をもたらすに至った。

経済的にゆとりのある家庭では，病院に寝泊りする付添婦を雇い，月額4,50万円の出費を余儀なくされた。整備されてこなかった社会福祉施設に代わって病院が要介護高齢者の生活の場となった。これが社会的入院の始まりであり，健康保険財政を悪化させた元凶である。

都市部，特に関東圏では介護の外部化が進んだ。市場から企業が提供する介護サービスを購入するしか術のない要介護高齢者を抱えた家族は，主体的ではあり得ない消費者と化した。この状況下で，1987年設立したのが社団法人シルバーサービス振興会であった。高齢者を対象とした各種サービスの提供に際し，その質を担保するための自主規制などを目的とした厚生労働省所管の公益法人である。しかし，行政からの情報提供が自主規制のシルバーマーク取得企業に偏ること，また，シルバーマークの取得と維持のための費用がかさむことから，地域密着型の小規模法人や団体の新規参入を阻むことにもなった。そして，同年介護サービスの質を担保するという意味もあった「社会福祉士及び介護福祉士法」が成立している。

3　社会福祉基礎構造改革の方向性と消費者教育

(1)　社会福祉基礎構造改革の方向性

徹底した所得再分配方式による北欧型の福祉国家は，わが国においては1970年代の憧憬として現在もなお世論調査結果には表れるが，その実体は存在しない。そして，1998年の「社会福祉基礎構造改革について」（中間まとめ）（以下，「構造改革」と記す）では，「社会福祉を実現するためには，国及び地方公共団体に社会福祉を増進する責務がある事を前提」とした改革を目指すなかで，「多様な主体の参入促進」と「質と効率性の向上」を掲げた。前者は「利用者の幅広い需要に応えるためには様々なサービスが必要であることから，それぞれの主体の性格，役割等に配慮しつつ，多様なサービス提供主体の参入を促進する」ことであり，具体的には営利法人や特定非営利活動法人等がサービス供給主体として認められることとなった。さらに，後者に関しては「サービスの

第8章　社会福祉と消費者教育

内容や費用負担について，国民の信頼と納得が得られるよう，政府による規制を強化するのではなく，社会福祉従事者の専門性の向上や，サービスに関する情報の公開などを進めるとともに，利用者の選択を通じた適正な競争を促進するなど，市場原理を活用することにより，サービスの質と効率性の向上を促す」としている。分科会では，利用者の選択権を保障するためにバウチャー方式を検討することも意見として出されている。

　社会福祉は「その人らしい安心のある生活が送れるよう自立を支援する」ことを目指しているが，「構造改革」はその考え方と方法論を「利用者の選択」による自己責任論として提示したのである。

(2) 消費者の選択

　21世紀，「構造改革」により「民間活力および市場システムの重視」を踏まえた社会福祉が展開される。1997年末，健康保険財政の破綻と介護地獄を解消するという目的のもとに成立した介護保険法は「構造改革」の体系的具現化であった。

　「構造改革」では「これからの社会福祉の目的は，従来のような限られた者の保護・救済にとどまらず，国民全体を対象として」おり，保険料の支払いにより権利意識を高め，応益負担を採用し，それまでの社会福祉に付きまとうスティグマを払拭させる意味もあった。利用者つまり消費者がサービスを自分の責任で選択するシステムは，消費者が納得のいくサービスを徹底して探り選択することにより，サービスの質向上を可能にする。そして，それは社会福祉学界が希求するサービス提供者の専門性の確立へとつながる。

　また，介護保険法によるサービスを利用する時，概して利用者は人生の幕を下ろす時であることを考えると，人生を納得して終えられるか否かに深くかかわる選択ということにもなる。

　逆説的にいえば，サービス利用者は真剣に納得のいくサービスを選択する責任がある。いいサービスを次代につなげるという責務と，制度には保険料だけでなく税金が投入されているという点から，公金を有用に使うための社会的責

第Ⅲ部　消費者教育の展望

任である。つまり「構造改革」が掲げた「利用者の選択を通じた適正な競争」は，消費者の生活の質にかかわるということである。

「構造改革」が意図する社会福祉の方向性と内容が真に国民・消費者の幸福につながるか否かは，賢明な消費者の選択によるところが大きいといえる。そして，消費者教育はその啓発にかかわることのできる唯一の学問領域であると考えられる。生活の質を向上させることは消費者教育の眼目であり，「構造改革」は「消費者の選択」をキーワードにして社会福祉と消費者教育との接点を明白にしたということができるのではないだろうか。

4　21世紀の社会福祉と消費者教育

(1) 憧憬と現実

「構造改革」により，戦後の絶対的欠乏の中で公平性を重んじた画一的サービスの供給方法である措置制度が新たな局面を迎えた。憲法で保障される人権を擁護する意味では，今後もこの措置制度を必要とする場面は多々あるに違いない。しかし，1980年代以降国民が選んだ社会像は公平に民意が反映されにくい選挙制度の影響もあって，世論調査結果と微妙なずれが生じていることも事実である。例えば，今も世論調査では負担が増えても安心できる社会保障を望んでいる割合は決して少なくはない。かつての公平な社会への憧憬はその理念だけが世論調査の結果に表れるだけで，実際には自由と責任を個に委ねる格差の生じやすい社会に生きることになっている。21世紀，社会福祉と消費者教育はどういう形で人々の生活の質向上に貢献できるのであろうか。

(2) 政治の方向性と社会福祉

選挙のたびごとに公約として示される「社会福祉の充実」という文言は，それだけ国民の支持を得やすい一言といえるが，実際に具体的政策として示される性格のものではないようである。わが国では景気回復最優先の経済政策と社会福祉政策縮小を包含した財政再建が声高に語られたが，どちらも成果を収め

たとはいい難い。その一方で，スウェーデンでは景気回復と財政再建の両方に成功し注目を浴びた。

　強い財政を築くためには，どの国も同様であるが，財政再建つまり歳出を削減しなければならない。そこで重要なことはスウェーデンが「協力社会」であったことである。歳出削減により低所得層の生活にしわ寄せがいかないよう，経済的にゆたかな階層は所得税増で協力したのである。このことを国民が理解し納得するためには「協力社会」であることと同時に，高い教育水準を保つ「知識社会」でなくてはならない。

　わが国が示した「構造改革」では「社会福祉の基礎となるのは，他人を思いやり，お互いを支え，助け合おうとする精神である」と記されるが，競争社会に傾斜した現在，そのいい回しには空虚感が漂う。少子化が一層進み，年金問題がにわかに国民の関心事となっているが，その議論の発端は「損得」にあった。「個人主義的傾向と損得勘定が強まれば強まるほど，政府により社会連帯の重要性が叫ばれるようになり，それは自立した個人を前提とした新たな社会関係の再構築という課題を生んでいる」[8]との見解は，まさにわが国のことである。

　スウェーデンの社会体制を完成させたのは，長い歳月をかけて熟成した国民の高い見識である。「協力社会」を築くという国民の強い意思と，それを理解する教育の力である。わが国の場合，福祉国家を求める国民の意思は巧妙に政治に利用されたに過ぎなかった。競争社会に邁進するなかで「協力社会」の美辞麗句が国民の生活の質を向上させる方法論になり得ることは皆無に等しい。

(3) 福祉社会発展のために

　2004年実施の内閣府意識調査[9]では，国民の将来への不安がよく表れている。特に年金，医療，介護などの社会保障の給付水準について「維持すべき」は57.8％，その内訳は「消費税などの増税によって全ての世代の負担が増えてもやむを得ない」(31.0％)，「現役世代の保険料負担が増えてもやむを得ない」(10.0％)である。しかし，この意識が政策に十分反映されることは難しい。

第Ⅲ部　消費者教育の展望

　詰まるところ，わが国がスウェーデン型の福祉国家をめざすことはもはや手遅れといわざるを得ないが，方法論は一つではない。筆者はわが国独自のやり方による福祉社会を発展させる機動力として企業に注目したい。「企業が権力の中心となり，その支配力のもとに『新産業国家』を形成し」[10]てきた経緯を鑑み，企業に「社会責任自覚的企業理念への転換」を求め，福祉社会発展のための協働を認識して欲しい。

　わが国の政治経済の方向が競争社会に向いている以上，国民の生活の質の向上は企業による「経済の投票」に対する社会への直接的還元と福祉社会への協働体制としての「脱商品化」を進める意向である。

　「消費者運動の原点はいうまでもなく日常の生活の中にあり，一般的には地域性やイデオロギー性をもたないものとされている」[11]という表現は，福祉社会発展の方法論として消費者教育を位置付けることを期待させる。

　「選択の自由が'負の福祉'になってしまうようでは困る。選択の自由によって経済的福祉への道をどのようにして見付けだすかが重要なことである。これからしなければならないことは，選択の自由を最も上手に行使できるように消費者を教育することである」[12]との主張は1970年代のものであるが，わが国の現状をみる限り，社会福祉と消費者教育との関係性をうまく捉えているように筆者には思えてならない。

〔注〕
1）　今井光映・小木紀之『消費者福祉』ミネルヴァ書房，1970年，まえがき。
2）　中西治男「現代社会と社会福祉」，吉田宏岳監・編『新版 社会福祉』みらい，2001年，p.25。
3）　今井光映・小木紀之，前掲書，p.7。
4）　今井光映・小木紀之，前掲書，p.9。
5）　今井光映・小木紀之，前掲書，p.19。
6）　今井光映・小木紀之，前掲書，p.23。
7）　全国社会福祉協議会編『在宅福祉サービスの戦略』全国社会福祉協議会，1979年，p.53。

8) 武智秀之「福祉のガヴァナンス」，武智秀之編著『福祉国家のガヴァナンス』ミネルヴァ書房，2003年，p.3。
9) 2004年2月～3月，20歳以上の男女6,000人に，内閣府が実施した「年齢・加齢に対する考え方に関する意識調査」。有効回答3,941人，回収率65.7％。
10) 今井光映・小木紀之，前掲書，p.14。
11) 小木紀之「食料品価格の高騰に対するアメリカ消費者の不買運動」（翻訳），『消費者主権の実現をめざして』ユーズ企画，2003年，解説p.23。
12) L. J. ゴードン・S. M. リー，宮原佑弘訳『消費者のための経済学』家政教育社，1977年，p.86。

第9章　消費者被害と消費者教育

1　消費者被害と消費者問題

　消費者被害は消費者問題の核である。消費者問題が社会問題として認識されるようになる背景には次のような一連の情況がある。すなわち経済的損害や身体的危害を被った消費者が事業者に対して抗議し損害賠償を請求するとともに，消費者の権利の回復と確立を要求して社会的行動を起こす。それに対して社会の利益を代表する国家が介入し事業者の活動を規制するとともに消費者を支援する行政を進める。

　これらの一連の情況に即して，消費者被害の発生原因や被害の実態を解明する問題，被害の回復や予防の方法を解明する問題，消費者の権利確立と消費者運動を巡る問題，国家による規制や支援の在り方を検討する問題，など解決すべき社会問題が発生する。

　こうした，消費者被害を契機として発生した一連の解決すべき社会問題が消費者問題である[1]。したがって消費者被害は消費者問題の核であり，「被害がなくなったときに，消費者問題というものは終わる」[2]といわれる所以である。

2　消費者被害の実態

　消費者被害は，経済的損害，身体的危害，およびその他の被害にわけられる。ここでは消費者被害をこれら三つに区別した上で，被害の規模，被害の内容，商品別にみた被害の種類など，消費者被害の実態について紹介する。

第Ⅲ部　消費者教育の展望

(1) 経済的損害

取引を通して消費者が受け取った商品から，支払った金額に期待されるだけの満足を得られないとき経済的損害が発生する。経済的損害の実態は，国民生活センターが1984年10月に運用開始した「全国消費生活情報ネットワーク・システム(PIO-NET)」のうち「消費生活相談情報データベース」によって知ることができる。それはこのデータベースが，全国の消費センターなどが受け付けた苦情・問い合わせ・要望のうち，主に苦情相談を収集したものだからである。

1984年度以降の苦情相談[3]の特徴をみると，第1に，近年，相談件数が急増していることである。1985年度に約9万件の相談件数が8年後の1993年に20万件を超え，その8年後の2001年には60万件を超える。ところがその2年後の2003年には2倍の120万件を超えるというように，近年の増加は急速である。

第2に相談内容別では，近年，「契約・解約」に関する相談件数が増加している。1990年代は60％台で推移していたが，2003年には80％を超えた。

第3に契約・購入金額の合計は2002年度の相談全体で約5,189億円である[4]。10年前の1922年には約1,750億円であったので，この間年平均約20％の増加率で増加したことになる。なお，1件当たりの平均金額は2002年度には約100万円である。相談件数が上位の商品・役務を2002年度についてみると，1位「電話情報サービス」，2位「サラ金・フリーローン」，3位「賃貸アパート・マンション」となっている。

なお，これまでに発生した被害額の大きい経済事件としては，1987年の豊田商事事件（推定被害額2,000億円）が知られているが，その後も，2000年の法の華三法行事件（推定被害額950億円），2001年の大和都市管財事件（推定被害額1,100億円），2002年の八葉グループ事件（推定被害額1,500億円）など，多額の資金をだまし取る事件が絶えることなく引き続いて発生している。

(2) 身体的危害

経済的損害は消費者だけでなく事業者も被ることがある。しかし，身体的危害は肉体を有し生命活動を営む自然人だからこそ被る消費者に固有の被害であ

る。生命や身体に受けた危害は「絶対的不可逆的損失」[5]であり,「事後的な補償では不十分」[6]である。だからこそ,身体的危害はそれが発生しないように,経済的損害以上にその予防に努めなければならない。

身体的危害の実態は,国民生活センターの「危害情報システム」によって知ることができる。これは,国民生活センターが1973年2月に電子計算機の導入による危害情報システムを構築し,1975年度以降,全国の消費生活センターからの相談情報を収集し,さらにこれに加えて1978年10月からは各地の9病院からの情報を収集することによって得られたデータベースである。

『消費生活年報2003』により2002年度の消費生活センター編の危害情報を商品別にみると,上位3商品は,「健康食品」(1,196件),「化粧品」(731件),および「エステティックサービス」(630件)である。危害の内容で最も多いものは,化粧品およびエステティックサービスを中心に「皮膚障害」(2,139件)である。同じく2002年度の病院編の危害情報を商品別にみると,上位3商品は「階段」(699件),「一般用自転車」(482件),および「たばこ」(255件)である。

(3) その他の被害

上でみてきた消費者被害は,いずれも消費者自身が経済的損害あるいは身体的危害を受けたとして認識している被害であるが,これ以外にも,「消費者が認識できない間接の不利益」[7]をも消費者被害に含める考え方がある。間接の不利益とは,「消費者が事実を知っていれば選択しなかったようなものを買ってしまうとそれが市場に残る」[8]というように,「消費者の選択を媒介として間接的に生じる不利益」[9]を指す。また,これとは別に,しかし消費者が直接に被害を受けたと認識していないという点では共通するが,「将来の消費者被害ないし潜在的消費者被害」[10]を「消費者不安」[11]とする考え方もある。

3 消費者被害の発生原因

　消費者被害の発生原因は次のように考えられる。市場経済社会では，消費者と事業者は互いに自由で平等な取引主体として市場に登場するので，双方が自由な意思にもとづいて行った取引の結果については互いに満足できるはずである。ところが，現実には，消費者は不利益な取引を行い，経済的損害や身体的危害を被るということが少なくない。なぜならば消費者と事業者の間には商品や取引に関する「情報の質及び量並びに交渉力等の格差」（消費者基本法第１条）があるため，消費者が行う商品選択の意思決定は事業者に比べて不利益な結果をもたらす可能性が高いのである。

　格差のうちの情報格差の発生については，構造の複雑な家庭用電気機械や内容の不明な化学製品など，科学技術の進歩に伴う新製品の登場にその原因が求められる。消費者被害が社会問題として現れるのは発達した資本主義社会においてであり，そこでは技術進歩に伴う社会的分業の広がりと生産と消費の分離は大きい。多種類の商品を少量ずつ購入する消費者は，少数種類の商品を大量に生産し販売する事業者に比べれば，質量ともにごくわずかな情報を利用できるにすぎない。

　もう一方の交渉力格差については，同種商品の取引経験が豊富な専門家としての事業者に対して，多種類商品を少量ずつ購入するため同種商品に関する取引経験が圧倒的に少ない消費者という，両者の取引上の立場の違いにその発生原因が求められる。また，少数の大企業による市場の寡占化に伴う価格支配のもとでは，さもなければより低い価格で購入できたであろう商品を，消費者は高価格で購入させられることになり，価格交渉力を有しない一般の消費者は経済的な不利益を被るとともに自由な商品選択を制限される。

　ところで，情報の格差は科学技術の進歩によってもたらされるだけではない。科学技術の進歩を伴わない情報格差はいつの時代にもあった。たとえば牛乳を水増しし[12]，小麦粉に粉末石膏を混ぜる[13]というようなごまかしは古くから

行われてきたし[14]，つい最近でも中国産のブロッコリーを米国産の箱に混ぜて詰め，米国産と偽って販売した事件が発生している[15]。

　人為的に作り出されたこうした情報格差にとって科学技術の進歩は必要ではない。この場合に必要なのは市場競争に勝ち残るために利潤を追求しなければならないという資本としての要求だけである。科学技術の進歩により生じた情報格差と反社会的行為により人為的につくり出された情報格差とでは格差の発生根拠は全く別のものと思われるかもしれない。しかし，両者はいずれも資本主義的商品生産の目的である利潤追求にもとづいて発生したものである。

　事業者が生産技術の向上に努めるのは，他の事業者に先駆けて，自らが生産する商品の生産費を低下させることにより超過利潤を得るためである。新たな生産方法が普及してそれが一般的な方法となれば超過利潤は消滅する。したがって超過利潤を獲得し続けるためには，個々の事業者は更なる生産費の低下をめざして生産技術の向上に努める。事業者間で繰り広げられる生産費引き下げによる超過利潤獲得競争を通して，当該商品の生産技術は社会全体として高まることになる。

　これに対して，粗悪な原材料を利用することにより生産費を低下させる方法は，それが発覚して中止されるまでは超過利潤を上げることができるが，それが不正な競争であり，許されない反社会的な行為であることはいうまでもない。

　以上みてきたように，消費者被害の原因と考えられている消費者と事業者の間の格差は，直接には技術進歩の結果として現象するが，しかし，その背後にある資本主義的商品生産の目的である利潤の追求を見落としてはならない[16]。

4　消費者被害の救済と防止

　被害救済の第1の活動は，被害を受けた当事者である消費者が加害者である事業者に対して加害責任と被害救済を求める抗議行動である。抗議行動は被害の救済という直接の成果を期待させるだけでなく，消費者の利益を代表する行政を動かし，さらに消費者の権利の回復と確立を促すことによって，消費者の

第Ⅲ部　消費者教育の展望

人間らしい生活への道を開く原動力になる。

　消費者被害の救済に必要な第2の活動は、消費者を支援して行政が行う苦情相談・紛争処理活動である。こうした活動は、一方で相談者である消費者の被害を救済し、消費者としての自立を育成することになるとともに、同時に他方で苦情相談活動を通して収集された情報が行政により消費者被害防止活動などに活用され、地域住民全員の利益を向上させる。

　第3は、司法の場における被害救済の活動である。被害者が自らの被害の救済を求めて損害賠償の訴えを起こしたり、あるいは被害者個人の救済にとどめることなく消費者全体の利益のために、消費者団体が不当約款条項の使用の差止請求や損害賠償請求を起こすことにより、消費者被害の救済と防止をはかることができる[17]。ここでは、消費者被害の救済と防止に寄与することが期待される製造物責任法と消費者契約法についてその要点のみを紹介する。

　被害を受けた消費者が民法第709条の不法行為に関する規定にもとづいて賠償責任を求めようとしても、製造業者との間の情報格差が大きいため、加害の原因について、その「故意又ハ過失」を立証することは極めて困難である。そこで、製造物責任法においては、製造業者に「過失」がなくても製品に「欠陥」があれば賠償責任を負わせることにより、被害者の立証負担は軽減されることになった。

　また、消費者契約を巡っては、民法第96条に「詐欺又ハ強迫」による意思表示取消の規定がある。しかし、民法は消費者と事業者とを対等な当事者として想定しており、契約を巡る紛争において詐欺または強迫という要件を満たすことが困難である。そこで、消費者契約法では契約締結過程において消費者の「誤認」や「困惑」がある場合には契約の取消ができることとした。また、契約内容についても消費者が一方的に不利益な条項は無効とした。

　なお、事後監視・救済型社会への転換に伴って、国民がより容易に利用できる司法制度改革が進められており、その一つとして1998年1月施行の新民事訴訟法により創設された少額訴訟制度がある。これは、上限が60万円（2004年4月より、当初は30万円）の少額な金銭の支払請求を巡る紛争について簡易裁判所に

起こすことができる訴訟制度であり，審理は原則一回で終えて即日に判決がいい渡される。手数料（収入印紙の額）は請求金額が50万円超～60万円で6,000円である。これは時間と費用と労力のいずれにおいても負担が軽い，簡易で迅速な裁判制度である。少額被害が多い消費者被害の救済には少額訴訟制度の活用が有効である。

その他，消費者被害の救済と防止に効果を期待される制度としては，2004年6月に成立した公益通報者保護制度，あるいは最近の食品偽装表示に対して2002年6月の改正により罰則を強化した「農林物資の規格化及び品質表示の適正化に関する法律」などがある。

5　消費者被害と消費者教育

消費者教育の意義に関する議論の一つとして，消費者教育は消費者問題教育なのか消費生活教育かというものがある。これについて，鈴木は，「消費者教育は個人の生き方に関わる人間教育」[18]だという視点からすれば，個人を尊重する社会が実現し，消費者被害が減少するような社会になっても消費者教育は不要になるどころかむしろ必要になると主張される。また，橋本は，消費者教育には「消費者知識の次元と消費者意識の次元とライフスタイルの次元」[19]の3次元があり，「あれかこれかと限定するのではなく，むしろ包括的なものでよい」[20]という主張される。

両氏ともに，消費者教育の目的を「個人の生き方」あるいは「自分らしいライフスタイルの獲得」におきながら，同時に消費者被害に対応する教育や消費者知識と消費者意識の教育を消費者教育から除外してはおられない。

消費者と事業者とが互いに自由で対等に取引ができるようになれば，消費者は自分の自由な意思にもとづいて商品を選択できるようになり，「個人の生き方」あるいは「自分らしいライフスタイル」を構築できるようになる。しかし，現実には，両者の間には格差があるため，消費者は自らの自由な意思にもとづいて商品を選択することができず，消費者被害が発生している。

第Ⅲ部　消費者教育の展望

　したがって，消費者教育は，一方で個人の生活価値選択能力を育成し，個人の生き方にかかわる人間教育をめざしながら，同時に他方で，消費者の自由な意思の発揮を阻害し消費者被害を引き起こす消費者と事業者の格差解消のために，消費者問題対応能力を育成しなければならない。

　必要な消費者教育は，第1に，消費者被害の実態に関する教育である。歴史的にかつ論理的に整理して被害の実態を教育する必要がある。第2に，消費者被害の原因に関する教育である。消費者と事業者との間にある情報と交渉力について，どのような格差があり，どうして発生したのか，という点についての教育が必要である。第3に，格差を解消し消費者被害を防止するための方策に関する教育である。これには，一人ひとりの消費者が商品の機能と使用方法などに関する知識を習得するための教育，および集団としての消費者が獲得する権利に関する教育とがある。被害を被った消費者が抗議し権利を回復し確立していく消費者の権利に関する教育は，消費者の自立を推進する上で最も重要な教育である[21]。

〔注〕
1) これまで消費者問題は消費者被害発生と直接にかかわる社会問題として狭く捉えることが多かった。たとえば，鈴木深雪『消費生活論－消費者政策－』，尚学社，1999年，p.17。
2) 清水　誠「消費者行政の課題を語る(2)」神奈川大学法学研究所研究年報17，神奈川大学法学研究所，1999年，p.50。
3) 2004年4月現在でPIO-NETに登録された件数。
4) データは2003年5月末日までの登録分。国民生活センター編『消費生活年報2003』，2003年，p.40。
5) 6) この表現は公害問題にかかわって使用されたものであるが，消費者被害についても妥当する。宮本憲一『環境経済学』岩波書店，1989年，pp.110～113。
7) 8) 9) 鈴木深雪　前掲書，1999年，p.16。
10) 11) 橋本和孝『消費者論の視角』時潮社，1984年，p.74。
12) 今井光映・紀嘉子『アメリカ家政学史』光生館，1990年，p.8。
13) M.ハリソン著，小林祐子訳『台所の文化史』法政大学出版会，1993年，

pp.223~224。

14) こうした消費者被害は，当時は消費者問題としては意識されず，むしろ労働問題として認識されたかもしれない。しかし，利潤の追求を目的とする資本主義的商品生産は消費者被害発生の実質的可能性を内在させるのであり，技術的条件が整えば，その可能性は必然性をそのうちに含むものとして，現実的な可能性へと発展する。

15) 米国産よりも10kg当たり1,310円安い中国産のブロッコリーを米国産の箱に混ぜて詰め，米国産と偽って販売した大阪港埠頭ターミナルによるブロッコリー偽装事件である（朝日新聞，2004年7月23日付）。

16) 科学技術の進歩と大量生産は消費者被害発生の現実的可能性を示すものであるが，その基礎には資本主義的商品生産の発展に伴う消費者被害発生の可能性の発展がある。こうした消費者被害発生の論理については，渡辺廣二「消費者の自立を支援する消費者教育－消費者被害と消費者教育－」（『消費者教育第二十一冊』日本消費者教育学会，2001年所収，pp.117~125）を参照されたい。

17) 2004年4月，第19次国民生活審議会消費者政策部会に消費者団体訴訟制度検討委員会が設置され，制度の導入に向けた具体的な検討が始められた。

18) 鈴木深雪「消費者教育の視点」消費者教育支援センター，NICEニュースレターNo.31，pp.10~12。

19)20) 橋本和孝「消費者教育の3次元」消費者教育支援センター，NICEニュースレターNo.37，pp.7~9。

21) 2004年6月に施行された消費者基本法には，消費者の権利を尊重し消費者の自立を支援することを基本として，消費者政策は行われるべきであると明記された。

第10章　経済教育と消費者教育

1　経済学における消費者の位置

　経済学者の目からみれば，消費者とは生産者の対概念である（経済学では，多くの場合，消費者は家計，生産者は企業と呼ぶ。ただ，家計は消費活動のみをするのではなく，企業に対して労働サービスを提供する(売る))。市場経済システムにおいて個人としての人間がいろいろな経済活動をするが，その内の消費活動をしている人間の側面を消費者と呼ぶ。

　経済学には，ミクロ経済学という一分野があるが，そこには消費者行動を研究する部門がある。それは，市場経済システムのなかで消費者が自分の所有している経済的資源（主として所得：お金）を最も経済合理的に配分（使用）しようとすると，どのような消費者行動あるいは消費者選択をすることになるかという研究である。すなわち，経済学では，消費者は経済合理的に行動・選択するという前提で，その行動を理論化している。経済合理的な消費者の選択とは，できるだけ少ない資源を用いてできるだけ多くの効用を得るような選択である。ただ，それには，例えば1ヵ月間といった短期の場合と，10年，20年におよぶ長期の場合がある。ミクロ経済学における消費者行動の理論は，多くの場合，短期における消費者行動を分析している。長期の場合には，定常であれば（期間中に本人や日本の経済状態に変化がなければ），経済合理的な消費者の行動・選択が理論化できるが，定常でない場合にはそれらは理論化が難しい。将来に本人や日本経済に何が起こるかわからないのが現実であるので，長期に渡る消費者行動は理論化が難しい。

　経済学は，道徳的な意味で，「全ての消費者は経済合理的な行動をすべきで

ある」と消費者に指示しているわけではない。経済合理的な行動とは何か，またその帰結は何かを示そうとしているのである。一方，消費者教育は，その重要な目標の一つとして，消費者個々人が経済合理的な選択・行動ができるようになることをおいている。消費者教育がそのような目標をおくのは，全ての消費者が生得的（先天的）に経済合理的な消費者行動をすることができるわけではないからである。すなわち，経済学にとっては，全ての消費者が，一人ひとりのおかれた条件は異なるとしても，それぞれが経済合理的な選択・行動を取ることは与件（前提）であるが，消費者教育にとっては，全ての消費者が経済合理的な選択・行動を取ることができるようになることは目標の一つである。例えば，予算制約のなかで，自分の効用（満足）が最大となるような商品購入の組み合わせを選ぶということが経済合理的なことなのである。その意味からは，消費者教育が，「何が経済合理的な消費者選択・行動であるのか」を経済学から学ぶことは重要である。

　また，ミクロ経済学でもう一つ重要な経済概念は消費者主権である。全ての生産は，最終的には消費を目的に行われている。したがって，消費者の選択は生産に大きな影響をおよぼし，その意味では消費は個人的な活動といえども消費者の責任は重大である。消費者の消費は，企業に操作される受動的な側面が強調されがちであるが，商品や企業，ひいては経済・社会をも変える原動力を持つことも教えることが必要である。

2　消費者に経済リテラシーを

　経済学には様々な分野がある。例えば，ミクロ経済学，マクロ経済学，公共経済学（財政学），金融，国際経済学などの分野がある。マクロ経済学や国際経済学のなかには，個人としての消費者はその理論には登場しないが，消費者の集合体は登場する。公共経済学では，納税者としての家計（消費者）および公共財・サービスの受益者としての家計（消費者）が登場する。

　これらの経済学の分野を学ぶことにより，消費者全体にとって，あるいは，

あるグループの消費者にとって，どのような経済現象や経済政策が有利であるか，あるいは逆に，どのような経済現象や経済政策が不利であるか，不利な経済現象を消費者に有利な方向に変えるにはどうしたらよいかを理解することができる。それゆえ，経済学を学ぶことにより，消費者は，経済現象（例えばインフレーション）にどのように対応することができるか，どのような経済政策，制度変更を政府に求めればよいかを判断することができる。さらに，経済行動の多くは相手との取引きである。消費者の場合には，取引相手は企業であり，政府である。相手をよく知ることは，取引きをするための基本である。それゆえ，消費者は，企業の経済行動の理論や政府の経済行動の理論をよく理解しておく必要がある。この意味で，消費者行動の理論ばかりでなく，経済学の基礎を広く学んでおくことは，消費者が経済合理的な選択をするために役に立つ。経済学の基礎，特に，基本的な経済概念の理解のことを経済リテラシーという。全ての消費者が経済を学習して経済リテラシーを持つことは，消費者が経済合理的な行動・選択ができるようになるとともに，政府や企業に影響を与えるという市民的な役割を果たすための条件になる。

3　『消費者教育における諸概念の分類』における経済概念

　消費者教育に含まれるべき経済学の内容特に経済概念（economic concepts）は何であろうか。あるいは，逆にどんな経済概念が消費者教育において学ばれるべきであろうか。このことをやや体系的に考えてみたい。

　アメリカは消費者教育の盛んな国の一つであるが，アメリカの消費者教育では経済学の理解が非常に重視されている。Consumer Educationというよりも Consumer Economic Educationと呼ぶべきであるという主張が結構強くあるくらいである。今日では，アメリカの消費者教育理論の古典とも呼ぶことができるようになった，バニスターとモンスマによる『消費者教育における諸概念の分類』(1982)（以下『分類』とする）でも，経済概念は非常に重視されている。

　『分類』では，「概念」は，まず大きく１．意思決定，２．資源管理，３．市

民参加の三つに分類されている。経済概念は，1．意思決定の分類のなかに多く含まれている。1．意思決定は，更に1.1 消費者決定に影響をおよぼす外的要因，1.2 消費者の決定に影響をおよぼす個人的要因，1.3 意思決定プロセスの三つにわけられている。1.1 は，更に1.1.1 経済制度，1.1.2 政治制度，1.1.3 社会制度，1.1.4 生態学的影響，1.1.5 技術的影響にわけられている。経済制度が第一に位置付いていることが，消費者教育における経済概念の重要性を表している。経済制度に含まれている経済概念には，混合経済，稀少性，供給と需要，価格，競争，経済問題（失業とインフレーション）の六つの経済概念が位置付けられている。これらの経済概念の消費者教育における意味は，次のようなものであろう（『分類』では説明がない）。

「混合経済」は経済システムに関する概念である。現在の経済システムは，市場経済システムを主にしながらも政府の経済的役割もかなりある混合経済システムであることの理解の重要性を示している。これは，市場をより信頼するか，政府をより信頼するかという問題に消費者は直面することを意味している。市場システムだけでは消費者は時に企業からの被害を受けるが，かといって政府の企業に対する規制が強すぎても消費者の利益にはならない。両システムの長所と短所をうまく使い分け，消費者の利益を増大させることが重要である。我々の採用している混合経済システムとはこのような性格を持つものだという理解を消費者は持つべきだということであろう。

「稀少性」は，経済問題が生ずる根本原因に関する概念である。『分類』では，社会の全員が持つ経済的欲求に対して経済的資源が稀少であるために経済問題が生ずるという意味で稀少性の概念がここに位置付いている。消費者は資源の稀少性を認識することにより，資源の経済合理的な選択を考えるようになる。

「需要と供給」，「価格」，「競争」はミクロ経済学の，また市場システムを理解するための，最も基本的な経済概念である。企業間および消費者間の自由な競争においては，価格によって消費者の需要と企業の供給が調節されるとともに需要と供給の一致するところにおいて市場価格が決定され，逆に需要および供給の変化によって市場価格が変化する。しかも，その市場価格によって最適

な（パレート的に）資源配分がなされる。このような理解により，市場システムに対する消費者の態度が形成される。価格を通した企業間，消費者間の自由な競争に対する信頼である。逆にいえば，競争の制限，価格の統制は，基本的には消費者全体の利益にならないのだという理解である。

「経済問題／失業とインフレーション」は，マクロ経済学の最も基本的な概念である。マクロ経済学は社会全体の経済状況を対象にするが，それが対象とする典型的な経済問題は，失業とインフレーションである。双方は，ともにその程度が大きくなった場合には，国民全体の経済生活，社会生活が不安定になる。しかも両者は，トレード・オフの関係になりやすい。消費者には，インフレは購入する商品の価格上昇になり，失業は所得の減少または消失になる。いずれにしても，消費者にとって望ましいものではない。このような認識が消費者の失業とインフレーションに対する態度を定めさせ，それに対する政府の経済政策，中央銀行の金融政策に対する評価をする基礎になる。

「意思決定」の中に位置付けられている経済概念には，この他に機会費用とトレード・オフがある。それは，1.3意思決定プロセスのなかに位置付いている。この二つの経済概念が「意思決定プロセス」に入っている意味は，『分類』の記述を基にすると，次のように捉えることができる。

意思決定とは，いくつかの代替案から一つを選択する行為である。消費者が代替案とそれを選ぶことによって起こり得る結果を比較し，あらかじめ決められた基準によって決定を実際に行うときに，経済概念である機会費用とトレード・オフが役に立つ。機会費用とは，人がある事物を選択をした時に放棄しなければならない次善の事物と定義される。トレード・オフとは，ある事物を選択する場合に，目標とする二つ以上の事柄の実現が対立関係になることである。それゆえ，消費者の望ましい意思決定とは，機会費用と目標間のトレード・オフの関係をよく認識し，自らの責任と判断において，最適と思われる案を選ぶことである。

このように，機会費用とトレード・オフの経済概念は，意思決定のプロセスに応用されることによって，最適な意思決定がなされるために役立つことにな

る。ただ，経済学から考えれば，機会費用の認識の前に，資源の稀少性の認識が必要である。資源の稀少性の認識→いくつかの代替案の設定→代替案の間での機会費用とトレード・オフの認識→最適案の意思決定というプロセスが，消費者の意思決定にも応用可能であるということになる。

4　国際経済学の概念と消費者教育

『分類』では，国際経済学の概念については付加的に国際貿易や相互依存が挙げられている。国際経済学の概念のなかで基礎的で重要なのは，絶対優位，比較優位，貿易障壁，為替相場，国際収支であるが，消費者教育に特に重要であると思われるのは，貿易障壁と為替相場である。

貿易障壁とは，自分の国と諸外国との間の自由貿易を阻害するものである。具体的には，外国からの輸入に対する，「禁止」，「数量制限」，「輸入割当」，「関税・課徴金」などがある（非経済的な貿易障壁として，商品の表示，規格の規準，安全性の規準・基準などがある）。自国から外国への輸出に関しても，輸出禁止，数量制限，数量割り当てがあるが，関税とは逆に輸出奨励金が与えられることがある。貿易障壁は，安全性の確保など，消費者の利益になる貿易障壁もあるが，主に国内生産・産業もしくは国内生産者の保護・振興を目的とする政府の施策の一つである。その意味からすれば，原則として，自由貿易であることが消費者の利益になる。なぜなら，自由貿易の方が，消費者はより安い価格で輸入品が買えるようになり，バラエティに富んだ商品から選択できるようになるからである（ただ，輸出制限によって国内で安く買うことができていた商品が，自由化により輸出されるようになり，国内価格が上昇することによって，消費者が以前よりも高い価格で買うことになるということはあり得るが，そのような例は少ない）。

国際経済学によれば，自由貿易は国内の消費者に対してだけでなく，世界経済全体にとって望ましい。それゆえに，国際機関としてWTO（世界貿易機関）があり，世界における自由貿易を拡大している。

ところが，日本の消費者団体や消費者教育の専門家のなかには，具体的な問

題になると，自由貿易に反対する主張をすることが多い。それは，輸入品の安全性や，国内および外国の環境への悪影響を理由としている。確かに，自由貿易によって問題が発生することもあるが，その短所のみを一面的に強調するのは教育的とはいえない。消費者教育では，国際経済学の基本概念として，まず自由貿易が原則として消費者全体の利益になることをおさえた上で，それでも自由貿易には賛否様々な議論のあることが教えられるべきである。

為替相場は，国内通貨（円）と外国の通貨（例えば，米ドル）との交換比率である。現在は変動相場制（反対は，固定相場制）であり，様々な要因により正に毎日のように為替相場は変化している。為替相場も他の市場と同じように，原則として各国の通貨に対する需要と供給の関係によって決まるが，政府の財政政策や中央銀行の金融政策によっても影響を受ける。

日本の消費者にとっては，為替相場は原則として円高（ドル安）になることが有利である。なぜなら，円高になれば，外国の商品がそれ以前より安く輸入・購入でき，消費者もより安く買うことができるようになるからである。また，外国に旅行をするときにも，同じ円の額でより多くの外貨と交換できるからである。ところが，政府や中央銀行は，国内生産・産業の保護のために円安になるように誘導する傾向がある。例えば，国内の金利を下げる手段などである。それは，円高であれば，輸出が抑えられ，国内の生産が低下するからである。貿易のみでなく，この場合でも，政府や中央銀行は消費者の利益よりも国内産業の利益を優先する傾向がある。消費者教育では，やはり国際経済学の基本概念として，まず，自国通貨の相場の上昇について，原則として消費者全体の利益になることも含めて，消費生活に与える影響を扱うべきである。

5　消費者教育と社会科教育

学校においては，経済教育は主に社会科（高校では公民科，以下代表して社会科と記す）においてなされている。小学校社会科では，第5学年で日本の食料生産や工業生産を学ぶ単元で，価格などの経済概念が扱われる。中学校の社会科

第Ⅲ部　消費者教育の展望

では第3学年の公民的分野で「国民生活と経済」が学ばれるとともに，消費者の保護が学ばれている。高校の公民科でも，かなりの程度に経済教育がなされている。生徒が経済を学ぶ時間，内容の程度は，アメリカやイギリスの平均的な生徒よりは，あるいは高いかもしれない。また，教育内容や方法に関しても，日本の社会科における経済教育は，例えば，中学校では「市場経済の基本的な考え方について理解させる」，高等学校では「経済についての基本的な見方や考え方を身に付けさせる」というように，経済概念を用いて考えることを求めているように，以前に比べればかなり改善されてきた。社会科における経済教育に消費者教育の視点を含めれば，経済教育はより具体的に，消費者教育はより論理的に展開できる可能性がある。しかし，まだ，稀少性，機会費用，トレード・オフといった基本的な経済概念や国際経済学の基本概念が十分理解されるように教えられているということはできない。

消費者の経済的な利益を賢明に考える消費者を育成するためには，社会科においてより優れた経済教育・消費者教育を構想・展開・実践していく必要がある。

〔参考文献〕

1　全米経済教育合同協議会，P.サンダース他著(岩田，山根訳)『経済を学ぶ・経済を教える』ミネルヴァ書房，1988年。
2　バニスター／モンスマ著(日本消費者教育学会関東支部翻訳研究グループ訳)『消費者教育における諸概念の分類』1996年。
3　山根栄次「アメリカの中等学校における消費者経済教育の概念と内容」『消費者教育第七冊』日本消費者教育学会，1987年，pp.129～146。
4　阿部信太郎「日本の高校生・大学生の経済リテラシーの現状と課題　―高等学校公民科における消費者教育に対する示唆―」『消費者教育第二十三冊』日本消費者教育学会，2003年，pp.19～27。
5　魚住忠久他編著『グローバル時代の経済リテラシー―新しい経済教育を創る―』ミネルヴァ書房，2005年。

第11章　消費者教育と海外事情

　消費者教育の先例を米国や欧州に求めて，日本の消費者教育も充実・発展を遂げてきた。更に共生や福祉・人権ともかかわった基本認識を背景とした，北欧やオセアニア(特にニュージーランド)からも，新しい学びが始まりつつある[1]。アジアや太平洋諸島，あるいはアフリカなどの諸国の取組みから，消費と価値・行動・環境などにかかわる本質理解的な学びも，改めて必要である。

　無論，国際消費者機構 (Consumer International，略称CI) などの国際的共通認識での，国際市民的消費者教育の次元での展開も重要である。とりわけ，経済のグローバリゼーション的展開の下での，過度の競争原理浸透を防止し，本質的価値 (intrinsic value) と手段的価値 (extrinsic value) の逆転現象に注意深い消費者の在り方は，何が地球(国際)基準 (global standard) であるかを，考える起点ともなる。国境を越えた生産者が再生産を可能とする正当な対価を原則とするフェアー・トレード，地域内の実体的意味の経済 (substantive meanings of economy) をなす，対人的資源 (interpersonal resource) や人的資源 (human resource) を大切にした諸活動とその支援的循環・地域福祉力形成にかかわる，エコマネーや地域通貨，さらには自然環境の質・循環と深くかかわる市場経済外(連携も含む)活動や，消費活動・生産活動の在り方に，消費者としてどのような実力を付けるべきかということは，地域内・国内的課題のみではなく，地球市民的課題である。物質文明・工業化文明を超えた，次の時代の文明を構築する主人公をどう育成するのかという課題が，国際課題として登場してきているのである[2]。

第Ⅲ部　消費者教育の展望

1　ヨーロッパにおける消費者教育の背景

　始めに，EUにおける消費者教育について紹介する。国家の統合という人類未曾有の試みを成し遂げようとしている，そして，古くからの産業社会を経験してきたEUの消費者教育は，グローバルな市民教育という視点から世界の消費者教育に新しいモデルを提示しつつある。現に，多彩な国からの研究者による共同研究を踏まえて，統合的な教育プログラムが開発されつつある。

　EUは，2004年5月に新たに十の加盟国を加え，二十五カ国体制へと移行した。これまでの拡大と統合によって巨大な単一市場となったEUでは，アムステルダム条約（1997年採択1999年発効）153条項によって，消費者保護は域内の全市民に提供する重要な統合政策の一つであるとされた。この条約によって，消費者に消費者教育を受ける権利が認められ，消費者教育の実施はEUにおける消費者保護の中心的な政策となった[3]。消費者保護については，「消費者団体訴訟制度の策定に対する求め」（1998年）[4]などの実効性の高い消費者保護政策が，日本の消費者団体からも注目されている[5]。普及の方法は，欧州議会と欧州理事会からの要請に対し，各国の可能な範囲とレベルで制度化を進めるといった自立性のある統合方式がとられている。進度は緩やかであるが，各国への浸透と定着，EUへの信頼と着実な前進をもたらすと考えられている。消費者教育のレベルも各国において多様であり，欧州理事会では，1986年に小学校と中学校の義務教育段階への消費者教育の導入を決定していた。しかし，各国での法制化が進まず，再び欧州理事会から「消費者政策の優先」（1995）が出され，あらゆるレベルでの消費者への情報提供と消費者教育が促進されることになった[6]。このような背景を受けて，欧州各国の学校教育に消費者教育の導入を進めるための方法と，教育内容の具体的な提示が重要な課題となった。

2 消費者教育の開発

1990年代終盤より消費者教育を推進するための共通モジュールが模索され，「学校での消費者教育の促進」(1999) で，学校教育に消費者教育を導入する具体的な方法とともに消費者教育の理論的枠組み，具体的な教育内容と教育方法が提示された[7]。これは，1985年にIOCU（現CI）から出版された初版に記載されていた消費者に必要なスキルと基本的な計画を生かして改訂されたものである。また，ラトビアの消費者教育プログラムをベースにした「北欧諸国における消費者教育－学校での消費者教育の目的－」(2000) によって，消費者教育の教育学的枠組み，具体的な指導内容と指導方法が提示された[8]。このプログラムは大原明美によって翻訳されている[9]。さらに，オーストリア，フィンランド，スペイン，イギリスの四カ国の研究者によるEUのエラスムス・ソクラテス高等教育プログラム基金からの受託研究の成果である「消費者教育のヨーロッパモジュール」(2001)[10] は，多様なレベルでの消費者教育実施のための教員用指導資料として編集されている。求められている新しい消費者像は，環境と社会に責任を持つ広い市民意識であるとしている。新しいパラダイムを含む具体的な教育内容を提示した研究として，少し詳細な内容を以下に紹介する。

3 「ヨーロッパモジュール」の目標

この「消費者教育のヨーロッパモジュール」の研究は，1997年9月からスタートし，多様なレベルでの実践検証を終えて2001年に完成された。報告書では，まず，現在のヨーロッパ社会が消費社会であることを確認し，人類の自然への依拠，産業革命からの資源消費の拡大，20世紀後半にアメリカから西ヨーロッパ・日本に広がった大量生産・大量消費の消費経済などを概観し，世界経済が相互依存的で，公正でない貿易と生態学的危機を含んだものであったこと

を指摘している。1990年代からの新しいコンシューマリズムは環境主義と公正で拡大的視野をもった市民性によってイメージされ，グリーンコンシューマーと倫理的購入者（ethical shopper）が新しい消費者教育の課題であるとしている。持続可能な消費には，より環境にフレンドリーで，ともに変革をめざすライフスタイルが必要であり，それには，生涯にわたる教育課程が必要であるとされている。

このモジュールで提示されている学力は，「知識」，「スキル」，「価値」，「態度」である。「知識」は，理解と気付き，知識の深化から情報の統合，問題解決能力への展開が内容とされており，単なる情報のまとまりでなく知的体系として捉えられている。具体的には，消費者としての権利と義務の理解，世界経済の仕組みの理解と気付き，必要に応じた知的で賢明な選択のための消費行動に影響を与えるものに対する意思決定者としての知識の深化，個人の経済と環境と世界経済によい影響を与える消費者の選択に対する理解，消費の問題への気付きと問題解決能力の展開，利用可能な消費者情報の統合の6項目が挙げられている。「スキル」は，獲得するべき社会的能力の具体的な目標として位置付けられている。具体的には，情報を評価し根拠を説明できる，マスメディアからの情報と広告が選択できる，特定の行動の有無による結果がわかる，注意深い買い物をする，情報を探す，批判的思考を展開する，矛盾を分析し突き止める，ラベルではなくそのものの本質を正しく理解する，より理性的な消費に向けて他者に影響を与えることができるの九つが挙げられている。「価値」については，自覚的消費者であろうとする意志，共同的思考，社会と環境への連帯意識，グローバルな関心，家族や友情など買うことのできない多くの重要な価値あるものがあることの自覚の5項目である。これらの価値観は，消費者としてのあるべき姿が描かれおり，他者と自己の関係において，相互の生活の質の向上を獲得するために持つべき他者に対する倫理性が課題とされている。「態度」については，進んで情報選択をする，進んでわれわれ自身と他者の権利を守る，商品の過剰消費に対する振り返り，消費に関する規制を考えるための率直な態度，連帯意識，消費行動の結果に対する正しい理解，浪費に対する

消費者としての自覚，消費者情報源の適切な利用，商品とサービスを製造する人々への敬意，日々のエネルギー活用に対する責任ある態度の10項目であった。

　以上のようにこのモジュールの教育目標は，消費者のニーズや判断基準を構成する要素から構成されており，行動に変化を起こす意思決定への働きかけによって，環境と社会の課題に臨もうとしている。

4　「ヨーロッパモジュール」の基本概念とトピック

　ヨーロッパモジュールの基本概念は，1990年から2000年に公刊された文献に記載されている技術と題材から共通項が抽出され，「選択」，「参加」，「情報」の3項目が採用されている。「選択」は，1962年のケネディ教書によって保障された消費者の四つの権利の一つであり，ここでは，価値と行動，資源管理，商品とサービスの活用，アクセスの平等性の四つの領域を持つとしている。「参加」は，1982年にバニスターらによって提示された市民としての社会参加態度を参考として，消費者保護，消費者の権利，消費者の責任に関する領域を持つとしている。「情報」については，市場における消費者，消費契約，支援機構，広告に関する情報が必要であるとしている。

　これらの基本概念を包含するトピックとして，ライフスタイル，食品の選択，消費者の権利，観光，公的サービス，経済支援，小売業，ハウジング，電化，コーヒー，木と紙，コーラが例示されている。それぞれの題材ごとに，導入，題材に含まれている社会・文化・環境・経済・政策などの視点の解説，マインドマップ，各発達段階における教育内容，そのトピックに関する基本概念の解説，参考文献が提示されており，トピック全体が体系的な構成となっている。

　人類の課題に対峙できる市民の育成に消費者教育が有効であり，かつそれは急務である。人類の今日的な課題は，科学技術の発展や法整備によって個別的に，あるいは，一時的に解決されたとしても，長期にわたって，地球という広範な地域における課題解決に至るのは困難である。長期的展望にたった教育によってのみそれが可能であり，消費者教育が統合的で実生活の複雑な課題を扱

第Ⅲ部　消費者教育の展望

う教育内容を持っていることは，この役割において重要な意味を持つといえる。「消費者教育のヨーロッパモジュール」では，消費者教育のこのような特徴を教育的体系とて構築している。

5　世界の消費者教育

その他の地域について，CIのウェブサイトで入手可能な文献から消費者教育事情を紹介する。アジア・太平洋地域では，1985年にCIアジア太平洋事務局の活動が始まり，学校教育への導入に支援を行う他，若者や女性，成人への一般的な消費者教育を担う消費者教育機関が各国に開設された。アジアの国々では，小学校，中学校，高等学校で取り扱われており，大学に専門のコースを持つところもある。ここでは，太平洋の消費者教育プログラムとして開発された「コーラかココナッツか」(1996)[11]を取り上げる。このプログラムは，太平洋の島々に住む中学生向けに書かれたものであり，南太平洋諸国における安全で，公正な市場の発展に寄与することを目的としている。10章からなり，1章に消費者と権利について述べ，後の8章でそれぞれの権利について具体的な解説がされている。最後の章では消費者の義務について述べられている。太平洋地域で直面する消費者問題への理解を発展させること，消費者の権利を守り，義務を行使するための認識を育てることを目標としている。実際の生活場面での，問題の所在，消費者保護の考え方，対応方法について，行動学習サイクルにもとづいた教材が展開されている。

この地域における消費者教育の役割は，世界の工業国から化学物質の廃棄場所とされ汚染された環境や，無責任な貿易による粗悪な商品から太平洋諸国の環境と人々を守ることにある。現在では，教員支援として，このような教材がアジア太平洋事務局のウェブサイトで提供されている。

CIラテン・カリブ事務局は，アジア太平洋事務局から1年遅れた1986年に開設された。この地域にとって1994年のユネスコとの協同協定は，各国の消費者教育の公教育化への大きな前進となった。以下に2002年のアジア太平洋消費者

教育会議での報告[12]から最近の状況をまとめる。

　1995年には，消費者団体や教員，ユニセフの専門家などによって地域消費者教育ネットワーク（RCEN）が創設された。このネットワークは，消費者教育の非公式なものから公式な取組みへの転換，消費者教育の質の改善，消費者教育推進の専門家チームの設置が主な目的とされている。このネットワークでの議論によって，消費者教育の，人間発達，貧困の撲滅，市民意識の育成，ジェンダー，平等などの課題との関連がみいだされた。その結果，これまで以上に理論的展開が可能となり，学校カリキュラムへの導入と教員教育や教材開発が行われ，消費者教育の教育機会を増加させていくことができるようになった。ここでも，インターネットを使った新しいプロジェクトが開始されており，バーチャルクラスに25ほどの消費者機構やNGOが参加している。

　CIアフリカ事務局は1994年に開設され，1996年には「消費者教育：非公式戦略」(1996)[13]がジンバブエで出版された。アフリカ各国で，公的な消費者教育機関を設立し消費者教育を確立していくため，政府や地域社会に働きかける具体的な方策が示されている。ここでの消費者教育の目標は，「気付き」，「知識」，「態度」，「能力」であり，まず，消費者としての自覚を持たせ，最終的には，消費者としての課題解決能力を育成することが目標である。内容としては，消費者として知るべきこと，消費者の権利と義務，クレジット，財務，生活費，銀行，借用，保証などの市場経済における基本的な仕組み，また，品質基準や食品衛生なども挙げられている。これらは，市場経済のなかでの生活を理解するための内容であり，学校教育への消費者教育導入の試みが始まろうとしている。

　以上，現在の地球環境と市場経済のなかで，それぞれの地域の必然性にもとづく新たなパラダイムと個別の教育内容によって進もうとしている世界の消費者教育事情について概観した。ヨーロッパでは，多様な伝統と経済状況を持つ国々が共通の市場で暮らす安定した生活を求めており，太平洋の島々では，世界の工業国との交流による打撃から身を守ろうとしていた。これらの教材に共通する基本的な視点は，グローバリゼーション，人権と環境への配慮，社会形

成の主体者としての市民意識の育成であるといえる。

6 「国連消費者保護ガイドライン」について

　最後に,「国連消費者保護ガイドライン」[14)15)]について取り上げておく。このガイドラインは,公平で持続可能な経済と社会の発展を推進するため1985年の国連総会で採択された。安全で必要最低限の生活ニーズの確保を消費者の権利として自覚できる消費者を育て,消費者に情報を提供するため,セッションFに「教育と情報のプログラム」が設けられている。その後,持続可能な消費には,生活の質の向上と富と貧困の公平な配分が重要な課題であることから,1999年に「持続可能な消費の推進 (G42-55)」の項目が追加された。このセッションの各国における進展状況の追跡調査をUNEPとCIが協力して行い, 8項目の総合的な進捗状況から10段階の評価を行っている[16)]。調査された8項目の概要は,商品とサービスの使用と持続可能な発展のための社会と個人生活のデザイン構築 (G45・50),環境保護のための環境試験 (G47),計測のための指針,方法論の開発とデーターベース化 (G53),購買政策 (G54),消費者行動調査 (G55),効率的な消費保護システム (G51),持続可能な活動にインセンティブを与える経済性対策 (G52)である。評価レベルの10を獲得しているのは,オーストラリア,ベルギー,ブラジル,チェコ共和国,デンマーク,ハンガリー,ニカラグア共和国,スリランカ,スウェーデンの国々であった。オーストリアでは,国,州,地域といった広い層での環境への取組みと,国際的な環境会議などへの貢献が評価されていた。アルミ缶,携帯電話,バッテリー,新聞,廃棄油のリサイクルプログラムの実施,ガソリン税による消費の抑制,産業界での環境評価の確立,「緑化構想2000」などが紹介されている。ドイツのレベルは9で,「グリーンドット」のリサイクル事業,「ブルーエンジェル (エコマーク)」,環境税が紹介されている。日本のレベルは7で,世界でも類をみないグリーン購入法 (2000) の導入に期待が寄せられていた。

　海外の消費者教育では,経済のグローバル化と持続型社会構築に対応するた

第11章 消費者教育と海外事情

め,消費者が公平と安全に対する世界的な視野を持つことが重要な課題とされている。また,紹介した消費者教育の教材は,消費者の権利と責任を中心として,個人,社会,自然の統合的な関係の理解を深めるため,実際の複雑で総合的な事象を取り上げていた。これからの消費者教育にとって,共生にもとづく消費行動の育成は重要な課題であり,環境と社会の変化から消費者を守ることは,消費者が環境と社会を守ることと同義であるといえる。

〔注〕
1) 長嶋俊介・丸山千賀子「南太平洋島嶼国の消費者教育の理論と実践」『消費者教育第十八冊』,日本消費者教育学会,1998年,pp.133〜142。
2) 長嶋俊介『グローバル化と家政学』pp.8〜9,『グローバル化と家庭経営』p.161,家政学事典,日本家政学会,朝倉書店,2004年。
3) 駐日欧州委員会代表部広報部「europe magazine」,5/6/7月号,1999年。
4) 日本弁護士連合会「ヨーロッパ消費者団体訴訟制度調査報告書」,2003年,pp.24〜26。
5) CJ,国際シンポジュウム・EUの消費者団体に学ぶ〜その社会的ポジションと役割〜,2003年。
6) Maria Schuh, Carmen Gonzalo, Mike Kitson, Lisa Kotisaari,『EUROPEAN MODULE FOR CONSUMER EDUCATION』University of North London, pp.14〜15, 2001.
7) Grada Hellman Tuitert, "Promoting Consumer Education in school" Nordic Council of Minister, 1999.
8) Kaija Karpijoki, "The Objective and Consumer of and the Working Methods in Consumer Education for Teacher Training" Nordic Council of Minister, 2000.
9) 北欧閣僚評議会編/大原明美訳『北欧の消費者教育』新評論,2003年,pp.3〜6。
10) 6)に同じ pp.9〜76
11) Luamanuvao Winnie Lanban, Peter Swain, "Cola or Coconut?" Consumers International South Pacific Consumer Protection Programme, ROAP, 1996.
12) Juan Trimboli, "Consumer Education", Presented at Asia Pacific Consultation Consumer Education 2002, Kuala Lumpur, ROAP, 2002.
13) George Mokale, Paul Masimong, Babacar Ndaw, "Consumer Education :

第Ⅲ部　消費者教育の展望

NON-FORMAL STRATEGIES", ROAF, 1996.

14) United Nations, "United Nations Guidelines for Consumer Protection (as expanded in 1999)", Department of Economic and Social Affairs, UN, 2003.

15) 細田章一『国連の消費者保護活動の現状と課題－国連消費者保護ガイドラインの制定と改正を中心に－』国民生活研究，第42巻第3号，国民生活センター，2002年。

16) United Nations Environment Programme, Consumer International,『Tracking progress ; Implementing sustainable consumption policies』UN Website, p.3, pp.30～36, pp.44～51, pp.51～53, p.63, 2002.

第12章　消費者教育の思想

1　消費者教育の思想の系譜

　消費者教育の思想に関する議論はさほど多くはない。だが，今井光映や宮坂広作，中原秀樹らは，消費者教育の思想の必要性を十分に認識している。まずは彼らの論をごく簡単に概観してみよう。

　例えば，家政学を消費者教育へのアプローチの基盤にすえる今井光映は，「ヒトとモノとの相互関係をあるべきものに変えていく学問」が家政学であると定義し，消費者教育の主たる担い手が，価値にかかわる事柄を引き受ける家政学であるとしている[1]。その後，今井は消費者教育に関する多くの論文で「あるべきもの(関係)」とは何かについて丁寧に答えてきた。いうまでもなく，今井の生活環境醸成論を始めとする今井の消費者教育論は，消費者教育の思想の重要な根幹である。

　一方，宮坂は社会教育学の立場から，消費者教育が，客観的な価値基準を教育主体として持つことなく，当事者の自由な選択に委ねるとことができるのかという問いを発しつつ，消費者教育が立脚すべき重要な立場の一つは，人間の生命や健康，安全を第一義にすることであるという価値論を展開してきた[2]。今井と同様に，宮坂は慎重に言葉を選びながら，人間の生命や健康を守ることや対話の必要性，互酬的関係の重要性を論じてきた。宮坂の論には，消費者教育が客観的な価値基準を持ち，価値論に踏み込んでいくべきであるという主張がはっきりと見える。

　他方，中原は，こうした議論を十分に踏まえつつも，批判的思考と意思決定能力を兼ね備えた「消費者市民」を創造することが重要であるとして，具体的

なレベルで自分の意見を口頭で表現できる消費者を創ることが消費者教育の具体的目標であるとしている[3]。中原は，消費者の具体的な生活レベルでの価値論を持ち出すだけではなく，消費者教育のあるべき姿も構想しているのである。厳密に区分することは不可能であるとしても，中原の指摘で気付かされるのは，消費者教育の思想のなかには，消費者に関する教育思想と消費者教育に関する教育思想があることである。

　以上のように，消費者教育には価値論が根底にあるべきだという原理原則を述べた今井，生命・健康・安全といった消費者の根源的価値論を述べた宮坂，そして，「消費者市民」育成という教育的価値論を提唱した中原の論まで，少なくとも消費者教育の思想は緩やかではあるが発展して来たといってもよい。

　それでも，米国の大統領消費者利益特別委員会（PCCI）が1969年に出した，消費者教育とは持てる資源から「極大の満足」や「極大の利益」を得るためのものといった発想をいまもって乗り越えられてはいないともいえる。そしてそのことが消費者や消費者教育の理想的な在り方について激しく対立するようなイデオロギー的論争を引き起こしているようにも考えられる。そのような一つの事例を持ち出すことで，本章のテーマである「消費者教育の思想」について再考してみよう。

2　消費者教育のイデオロギー性の自覚化を巡って

　筆者はかつて，地球全体の有限な資源を後世代の人間も利用するためには，ある程度，消費の自発的削減をするように教育しなければならないということを示唆した。そして消費者教育が環境教育と連接すべきであるという「環境教育と消費者教育の連接論」を展開した。結果，山根との一連のイデオロギー論争となったが，それは別のところで述べておいたのでさておくとして[4]，もっと異なった視点から筆者の一連の「連接論」に矢のような批判が飛んできたことを告白しておこう。

　猪瀬は，「今村の主張する『地球全体主義』は絶対的な強制でしかあり得な

いものとなっている。この今村のような単一な倫理として『地球全体主義』を扱うのであれば，直ちに，ポル＝ポトの虐殺の背後にあるルソー的な全体主義国家や，ナチスドイツの『清潔な帝国』と通底する，非民主的で権力的な主張にならざるを得ない」[5]と，痛烈に拙論を批判する。

どうやら猪瀬は，消費者教育が価値問題や規範問題から撤退できるというのはとんでもない間違いであることを筆者に真剣に教えてくれているようだ。筆者をポル＝ポトやナチスドイツと同一視し激しく排撃する猪瀬の姿勢は，研究者としては手放しで賞賛できるほど全く正しい。環境と消費の教育にかかわる理論家たちが言説上での戦闘性を持つのはごく自然のなりゆきである。

もちろん，猪瀬も山根も環境問題の深刻化に無関心でいるわけではない。全く逆に環境問題の深刻化に胸を痛め，筆者と同様に消費者教育の可能性を模索している。

筆者の理解によれば，彼らは批判的思考力や合理的思考の訓練さえしておけば，子どもたちが大人になったときに環境によい暮らしを初めて環境問題が解決するという予定調和的な立場にあって，それほどラディカルではないが，保守的にすぎる立場でもない非常に価値中立的な場所に立っている。その論理の正当性に微塵の不整合もない。だが，筆者と同じように消費者教育が環境問題もその視野に入れるべきであると考え，しかも非常に冷静に緻密な論理を組み立てる猪瀬が，どうしてこれほどまでに拙論を排撃しなければならないのか。

議論を整理しながらその理由について丁寧に教えてくれるのは，山根の「進歩主義的環境教育論」批判である。山根は「進歩主義的環境教育論」と「保守主義的環境教育論」を区別しているが，それをそっくりそのまま「進歩主義的消費者教育論」と「保守主義的消費者教育論」と置き換えて理解してもよいだろう。この両者の対立構造が猪瀬の筆者への攻撃の背後にある。まずは山根の区分に従って両者を区別しておこう。

山根は「市場経済システムを，あるいはより豊かに生活をしたいという人々の欲求を認めることを前提としていては環境問題は解決しないので，その二つを否定することに躊躇しないという考え方」を「進歩主義的環境教育」と分類

している[6]。これは環境教育の分類であるが，消費者教育においても，「進歩主義的」な立場とは，市場経済システムや個人の消費による満足を多少犠牲にしてでも，消費者の健康や安全，地球環境を守ることなど社会的合意を経て優先すべきであるとされた課題については，現状の社会経済体制の維持を度外視してでも真剣に取り組むといった立場である。これを「進歩主義的消費者教育論」とでもしておこう。

山根の指摘に従って，その対極に従来のPCCIのような満足を求める功利的快楽主義の「保守主義的消費者教育論」を対置しよう。この「保守主義的消費者教育」の具体的で代表的な見解は，例えば村井の次のような記述に見られる。村井は「衣料に多額のお金をかけたからといって，間違いなく満足感が得られるとは限らない。最小の犠牲（出費）で，最大の効果を生み出す経済効率，つまり，できるだけ少ない経費で満足した気分に浸れるための智恵を自分自身で考え出すこと」が重要であると述べる[7]。そして「できるだけ，丈夫で美しい商品を安く買い求め，かつ知性と感性を磨いて中身の豊かさをしのばせる知的な衣生活を楽しんでもらいたい」[8]と消費者に期待する。典型的な「保守主義的消費者教育論」であろう。

以上のように「進歩主義的」か「保守主義的」であるかという点で，消費者に関する教育思想を区別すれば，両者が論争することは不可避的であるように考えられる。山根の区分は見事であり，村井の立場もよく理解できる。

しかしながら，あっと驚くのは次のような消費者教育に関する「保守主義的」な思想である。山根は次のように記述する。

「現実あるいは歴史的事実から考えれば，環境教育によって全ての被教育者を長嶋や今村の言う意味での賢者に変えることができるという主張は，教育に対する思い上がりにすぎない。物質的・経済的豊かさに対する人間の欲求は，簡単には押さえ難い」ので「被教育者に向かって清貧主義の生活を説くことは，まったくの欺瞞であり，教育の名に値しない。（…中略…）実現可能性の極めて低いことを教育の目標とすることは，教育者としてはむしろ無責任である」[9]。

「進歩主義的」な立場ならば，山根の指摘に次のように反論するかもしれな

い。

　「被教育者に向かって大量生産・大量廃棄とセットになった大量消費（浪費）主義の生活を続けることを説くことは，まったくの欺瞞であり，教育の名に値しない。持続可能性な生活様式とそれを基盤とする社会システムを実現することこそ消費者教育の目標であり，この目標の実現のために批判的思考力の育成と消費者市民の創造を消費者教育の根本的思想とすべきである」と。

　消費者に関する教育思想では，当然のことながら，二つの立場以外にも様々な主義・主張があるだろう。しかしながら，消費者教育のあるべき姿についての思想では，筆者は消費者教育は無力ではないという意味で上述のような「進歩主義的」な主張を譲るわけにはいかない。

　イデオロギー性を自覚するまたとないチャンスを与えてくれたという意味で，猪瀬と山根を高く評価するとともに深く感謝したい。こうした激しいイデオロギー論争を繰り返し，その都度パラダイム変換がもたらされなければ，消費者教育の思想は発展しないからである。

3　「消費者教育の思想」の整理とその必要性

　ところで，これまで述べてきたように，消費者教育の思想について議論しようとする際，「消費者に関する教育思想（educational thoughts about consumer）」と「消費者教育の教育思想（educational thoughts about consumer education）」とをある程度は区別しなければならないだろう。

　「消費者に関する教育思想」とは，個別の消費者をどのように教育するべきかという教育者個人の実践と強く結び付いた考え方や信念である。他方，「消費者教育の思想」とは，消費者教育をどのような教育目的のもとに基礎づけて組織化するべきかといった総合的かつ体系的な哲学である。

　「消費者教育の思想」は「消費者に関する教育思想」の集合体であり，同時に消費者教育以外の学問分野から構成された思想ないしは哲学として，「消費者に関する教育思想」を吟味する。

第Ⅲ部　消費者教育の展望

　教育実践と二つの理論の関係性をごく簡単に示すならば，次のような三階層の図がふさわしい。この図で，上から下への矢印（↓）は「一般化・法則化」を，逆向きの下から上への矢印（↑）はある種の理論の「適用・応用」を示している。

図表Ⅲ－12－1　消費者教育の理論の三階層モデル

```
①　　消費者教育の実践　　　　　（実践レベル）
　　　　↓法則化　　↑理論の適用
②　　消費者に関する教育思想（理論レベル：実践に関する理論）
　　　　↓法則化　　↑メタ理論の適用
③　　消費者教育の思想　　　　（メタ理論レベル：理論の理論）
```

　管見の限りでは，消費者教育においては，②での「どのような消費者を育てるのか」といった議論すら不活発であるようにみえる。しかも，③の学理論の研究にはほとんど着手されていなかったようにも見受けられる。

　そう断じれば，たちどころに「いや，生活環境醸成論や意思決定論，あるいは価値の枠組み論などの教育目的論があったではないか，それは消費者教育に関する思想ではなかったのか。議論がなかったわけではない」という反論がかえってくるだろう。

　たしかに，それらは消費者としての人間とその社会の理想像についての価値判断を幾分かは含んでいるという意味では，教育思想であったかもしれない。しかしながら，それらは全て昨今の消費社会の圧倒的な力の前にはあまりに予定調和的で楽観的で無力にみえる。自分自身で合理的・批判的に意思決定と価値判断ができる消費者を育てるという教育目的は魅力的だが，反面ではあいまいで脆弱であるように思われる。

　では，なぜ反批判を承知の上で，従来の消費者教育の思想が無力で脆弱であるなどと断じるのか。それは環境問題という根源的な課題が突きつけられている昨今，消費者教育は社会変革をも可能にする有力な手段であると考えるから

である。換言すれば，消費者教育は価値論を再構築するイデオロギー装置にもなり得ると考えているからである。

　環境問題が表面化して以来，消費者教育はそれを消費者問題の一つとみなし，対処しようと試みてきた。それにもかかわらず，いまだ有益な解決方法を提示できていない。それどころか，消費者教育研究者以外の人々にとっては，環境問題の解決は，環境教育や「持続可能性に向けての教育（education for sustainability）」の問題であり，消費者教育が実際にこの問題を解決できるなどとは誰も思っていないようにさえみえる。

　それは何故なのか。消費者教育が現代社会におけるパラダイムをいっきょに変える力，すなわち強力な価値論とその総体としての思想を持ち得なかったためではないのだろうか。筆者は，消費者教育が環境問題までをも解決する有意義な可能性を持っていると考えている。しかし，そのためにはどのような消費を理想的なものとし，どのような未来社会をつくるのかという社会的合意が必要である。換言すれば，そうした社会的合意をもたらすイデオロギーを消費者教育が持ち得なかったことが，これまで多くの人々を引き込めなかった原因であるように考える。

　一体，消費者をどのように教育すべきなのか。問題発生の後に「後始末」を専門にしてきたモグラたたきの消費者教育が，問題発生の「予防」を目指して，消費者がなすべきことはなにかをいい出せるのか。いえるとすればその根拠はなにか。私たちは日本の消費者教育史上初めて消費者教育の教育思想について考え始めなければならない時期にある。「消費者教育の思想」を論じることは，未来の消費者の理想像を語ることであり，未来社会の在り方について理想的な姿を追い求めることである。

　さらにいえば，消費にかかわる教育が目指すべきより高次のものを明らかにしなければなるまい。かつて，カラダを鍛えさえすれば健全な魂が宿ると考え，肉体を鍛えようとする教育が存在した。アタマ，すなわち論理的な思考力や形式的な操作能力を鍛えさえすれば，強固な道徳的人格が形成されるという教育も存在した。近代社会においては，シゴト，すなわち労働により人格が鍛えら

第Ⅲ部　消費者教育の展望

れるという社会的通念も存在した。

　それでは，消費を「鍛える」こと，つまり消費について教育することで，一体何を鍛えたり，形成したりすることを目指すのか。根源的な消費者教育の教育的価値論を議論することが消費者教育の思想の原点であるように思われる。しかもそれが消費者教育の哲学の出発点となるであろう。

〔注〕
1) 今井光映「消費者教育の展望と課題」，日本消費者教育学会編『消費者教育第一冊』光生館，1983年，p.8。また，今井光映，「消費者教育の意義と必要性」，(財)生命保険文化センター編，『新しい消費者教育を求めて』，家庭教育社，1981年，などを参照した。なお，今井光映の論については他に多くの著書・論文を参照した。
2) この点については，宮坂広作「消費者教育の概念・理念と実践―消費者教育論序説―」『東京大学教育学部紀要』第25巻，1985年，を参照した。また宮坂の論については，宮坂公作『消費者教育の創造』ウイ書房，1989年，「消費者教育の基本」『消費者教育第十冊』1990年，『消費者教育の現代的課題――原理と実践の諸問題――』(財)消費者教育支援センター，1995年，を参照した。
3) 今井光映・中原秀樹編著『消費者教育論』1994年，pp. 1～31。
4) 論争の内容については，山根栄次「社会科における環境教育と経済教育の関係――「進歩主義的環境教育論」批判――」，日本社会科教育学会『社会科教育研究』No.76，1996年，および，拙稿，「〈環境・消費〉教育論の視座とその射程」日本消費者教育学会『消費者教育第十八冊』1988年，pp. 1～11を参考にされたい。
5) 猪瀬武則「地球環境問題へのアプローチ」魚住忠久・深草正博（編著）『21世紀地球市民の育成――グローバル教育の探求と展開』黎明書房，2001年，p.86。
6) この点については，山根栄次，前掲書，を参照されたい。
7) 村井昭一「衣生活の経営と消費者教育」『消費者教育第六冊』光生館，1987年，p.107。
8) 村井昭一，前掲書，p.108。
9) 山根，前掲書。

編 集 後 記

　日本消費者教育学会は1981年（昭和56年）11月3日，文化の日に創立総会を開いた。1990年（平成2年）には，日本学術会議登録団体（会員学会）となり，学会としての地位向上と確立を実現した。

　今年（2005年）は，25周年の節目の年である。現在7支部，会員約500名を擁するまでに発展し，活発な研究と実践の活動を展開している。その成果を公開するいいチャンスを得た。一昨年（2003年）秋，学会創立者今井光映先生のお申し出を受け「前田・今井賞基金」を活用させて頂き，25周年記念出版を行うことが決まったのである。

　2004年（平成16年）1月，タイトルは『消費生活思想の展開』とし，わが学会の理論と実践の到達点（エッセンス）を示す最高水準の出版物をめざすこととした。執筆陣は，常任理事・研究奨励賞受賞者などにお願いすることとし，43名の方々にお引き受け頂いた。そして2005年3月に，すべての執筆者から原稿を頂くことができ，ここに無事出版の運びとなったことは編集担当者としてこの上ない喜びである。編集に当たって，本書所収に担当者としてとまどいを感じた論文もあったが，依頼原稿であったのでそのまま掲載したことをお許し頂きたい。

　消費者教育を巡る環境は大きく変化している。2004年（平成16年）6月，消費者保護基本法が改正され消費者基本法が制定された。また，2005年（平成17年）4月「消費者基本計画」が閣議決定された。このような環境変化に対応して，日本消費者教育学会会員各位の更なる研鑽と実践を期待して編集後記としたい。

　最後に本誌編集に当たって，適切なアドバイスを頂いた税務経理協会書籍企画部長　峯村英治氏に，記して感謝の意を表したい。

　　2005年10月1日

西田　安慶
西村　隆男

索　引

【あ行】

IT………………………………108
アジア消費者教育フォーラム………26
アジェンダ21……………………146
足元からの地球環境………………37
新たな自己の創造…………………149
安全欲求……………………………123
EU…………………………………242
意思決定………………… v，vi，242
医療・福祉マーケティング………210
ACAP：The Association of Consumer Affairs Professionals：
　（社）消費者関連専門家会議………86
NGO…………………………………57
NPO…………………………………57
応益負担……………………………223

【か行】

介護保険制度………………………57
介護保険法…………………………223
学習指導要領……………75，76，78，114
賢い消費者…………………20，109
家政学的アプローチ………………51
価値の内面化………………………149

学校における消費者教育について……70
家庭科教育…………………………73
家庭基礎……………………………78
家庭総合……………………………78
為替相場……………………………244
簡易型持続可能な開発指標…………147
環境会計………………………195，199
環境会計ガイドライン……………199
環境会計情報………………………200
環境会計情報の開示………………199
環境型社会基本計画………………57
環境監査……………………………193
環境教育…………………………252，254
環境教育推進法……………………182
環境教育論…………………………253
環境合理性…………………………183
環境コスト…………………………191
環境と社会…………………………249
環境にやさしい企業行動調査………194
環境配慮への優遇制度……………184
環境破壊の発生源…………………196
環境ベネフィット…………………192
環境保全……………………………39
環境を考える消費者教育…………38
危害情報システム…………………231

261

索　引

機会費用……………………………243
企業・消費者間のパートナーシップ
　………………………………196, 201
企業の環境会計情報の開示…………200
企業の環境報告書……………………43
企業の社会的責任論（CSR：Corporate
　Social Responsibility）……………83
企業の消費者教育……………………32
稀少性…………………………………242
規制緩和………………………………108
期待価値………………………………119
基本概念………………………………245
給与所得者等再生……………………154
教員免許法の履修科目への消費者教育
　の追加………………………………26
狂牛病…………………………………124
競争……………………………………242
競争性…………………………………104
協力社会………………………………225
近接環境………………………………52
金銭管理スキル………………………156
金銭管理能力…………………………164
金銭教育………………………………64
金融教育…………………………65, 66
金融広報中央委員会…………63, 161
金融庁…………………………………65
金融に関する消費者教育
　（金融消費者教育）…………64, 161

金融能力………………………………69
金融ビッグバン………………………65
苦情相談………………………………230
くらしの危険…………………………123
クラスアクション制度…………10, 11
グリーンコンシューマリズム………50
グリーンコンシューマー
　……43, 73, 77, 79, 183, 195, 201, 244
グリーンコンシューマー10原則……184
クレジット……………………………56
クレジット教育………………………69
グローバリゼーション…………241, 247
グローバル・シチズンシップ………59
経営倫理………………………………103
経済概念…………………………235, 241
経済活動と法…………………………86
経済合理的……………………………239
経済合理的な消費者の選択…………239
経済的投票権…………………………183
経済の投票…………………………220, 226
経済リテラシー……………235, 240, 241
契約問題………………………………53
公益通報者保護…………………11, 105
公正……………………………………105
高等学校家庭科………………………78
高等教育………………………………116
高等教育機関の消費者教育
　－全国大学シラバス調査－………19

索　引

効用……………………………240	自己破産…………………………154
効率性…………………………104	自己表現的ベネフィット…………121
コーポレート・フィランソロピー……35	市場経済…………………………239
国際消費者機構	市場における非対称性………………5
（Consumer International）…241,246	市場の失敗………………………173
国民生活センター……………………231	持続可能性に向けての教育………257
国民生活白書…………………………4	持続可能性へ向けての消費者教育……41
国連・持続可能な開発のための教育の	持続可能な社会………………39,145
10年………………………45,182	持続可能な消費………………42,248
国連消費者保護ガイドライン………248	持続可能な発展のための指標………146
心・活動の状態………………………149	シチズンシップ……………59,69,79
個人情報保護…………………………56	失業とインフレーション…………243
子ども銀行……………………………63	市民…………………………245,247
コミュニティ・ビジネス……………178	市民的資質………………………156
混合経済………………………………242	社会科……………………………245
コンシューマーリテラシー……………84	社会科および家庭科の消費者教育関連
コンシューマリズム　メイクス　マネー	の教育内容…………………………16
………………………………………29	社会教育……………………………74
コンプライアンス（法令・倫理遵守）	社会性……………………………104
……………………53,83,106,117	社会的環境…………………………52
【さ行】	社会的責任（CSR）………………177
差止請求………………………………11	社会的入院………………………222
3R………………………………56,183	社会的分業………………………180
参画する消費者………………………20	社会福祉基礎構造改革……………222
3者合意制……………………………v	ジャンプスタート……………66,160
産地集中型……………………………89	自由貿易…………………………245
自己実現………………………………49	需要と供給………………………242
	循環型社会の形成…………………42

263

索　引

循環型社会白書……………………44
省エネ…………………………………56
少額訴訟制度………………………234
小学校家庭科………………………75
小規模個人再生……………………154
商業（ビジネス）教育……………81
商業教育……………………………116
少子高齢社会………………………58
象徴的意味…………………………119
消費・安全局………………………56
消費社会論…………………………174
消費者基本法……………3, 7, 39, 166
消費者教育10のQ＆A
　（消費者教育の基本理念）……25, 38
消費者教育研究交流会……………25
消費者教育支援センター………viii, 68
消費者教育における諸概念の分類……241
消費者教育の定量的把握…………31
消費者教育プログラム………243, 246
消費者契約法…………………10, 234
消費者志向のマーケティング……98
消費者市民……………………74, 77
消費者主権……………………6, 240
消費者の安全………………………165
消費者の権利………10, 109, 166, 229
消費者被害…………………………229
消費者福祉……………………219, 220
消費者法……………………………10

消費者保護…………………………242
消費者満足…………………………108
消費者向け環境会計………………196
消費者問題…………………………229
消費生活センター…………………231
商品教育……………………………113
商品研究……………………………113
商品実験……………………………115
情報の非対称性……………………173
情報リテラシー……………………59
食育…………………………………129
食品安全委員会……………………126
食品安全基本法………………56, 126
ステークホルダー……………83, 191
スノッブ効果………………………120
生活技術……………………………78
生活指標……………………………151
生活者…………………………49, 136
生活デザイン………………………iv
生活の質……………………………219
生活の質指標………………………147
政策提言可能な消費者……………40
製造物責任法…………………10, 234
生態系………………………………187
成年後見制度………………………57
生命保険文化センター…………iv, 67
全国消費生活情報ネットワーク・
　システム（PIO-NET）…………230

全国大学消費者教育講義データ……… 19
総合学習………………………………… 22
総合的な学習…………………………… 159
総合的な学問分野……………………… 40

【た行】

大学マーケティング…………………… viii
大統領消費者利益特別委員会(PCCI)
　………………………………………… 252
多重債務………………………… 166, 181
多重債務問題…………………… 68, 153
脱商品化………………………………… 226
男女共同参画社会……………………… 57
男女共同参画社会基本法……………… 57
団体訴訟制度…………………………… 10
地域分業体制…………………………… 92
地球環境問題…………………………… 56
地球規模の環境問題…………………… 37
地球サミット…………………………… 146
知識社会………………………………… 225
中学校技術・家庭科…………………… 76
中等教育………………………………… 114
懲罰的賠償制度……………………… 10, 11
テサロニキ宣言………………………… 181
電子契約法……………………………… 56
投資教育………………………………… 69
道徳教育………………………………… 107
特定調停………………………………… 154

索　引

特定非営利活動促進法………… 58, 175
豊田商事事件…………………… 70, 230
トラスト運動…………………………… 178
鳥インフルエンザ……………………… 125
トレーサビリティ……………… 56, 177
トレード・オフ………………………… 243

【な行】

内部告発………………………………… 176
21世紀型消費者政策……………… 8, 58
人間社会システム……………………… 150
人間主体型の消費者教育……………… 149
人間性…………………………………… 104
人間の発達プロセス…………………… 150
認知的領域……………………………… 159

【は行】

パーソナルファイナンス……………… 66
パートナーシップ……………………… 59
バイオエネルギー……………………… 177
バイマンシップ………………………… 59
バウチャー方式………………………… 223
バンドワゴン効果……………………… 120
被害救済………………………… 11, 233
ビジネス基礎…………………………… 86
ファイナンシャルリテラシー………… 69
フェアトレード………………………… 177
福祉国家………………… 220, 221, 222, 225

索　引

副読本……………………………167
物質循環…………………………187
物的環境……………………………52
ブランド…………………………118
プロシューマー…49, 73, 78, 79, 136
変動相場制………………………245
ホイッスルブローワー…………176
貿易障壁…………………………244

【ま行】

マーケティング……………………86
ミクロ経済学……………………239
眼鏡産業……………………89, 92
眼鏡素材……………………92, 93
メディア・リテラシー…………178
物や金銭の使い方と買物…………75

【や行】

八つの消費者の権利………………20

有閑階級…………………………180
予算制約…………………………240
4者合意システム……………v, vi

【ら行】

ライフスタイル……………56, 149
リサイクル社会…………………197
リスクアンドベネフィット……124
リスクコミュニケーション…126, 176
リスクマネジメント……………177
倫理的購入者（ethical shopper）…244

【わ行】

「環の心」を育む消費者教育………185

執筆者紹介

(執筆順に掲載，＊＊編集委員長 ＊編集副委員長)

今井 光映（いまい みつあき）	(日本消費者教育学会創立者) 学会賞「前田・今井賞」基金のココロのこよみ	
安田 憲司（やすだ けんじ）	(国民生活センター・教育研修部)	第Ⅰ部第1章
鎌田 浩子（かまた ひろこ）	(北海道教育大学・助教授)	同上
米川 五郎（よねかわ ごろう）	(愛知教育大学・名誉教授)	第Ⅰ部第2章
小木 紀之（おぎ のりゆき）	(名古屋経済大学・教授)	第Ⅰ部第3章
鮫島 和子（さめじま かずこ）	(札幌学院大学・名誉教授)	第Ⅰ部第4章
東 珠実（あずま たまみ）	(椙山女学園大学・教授)	第Ⅰ部第5章
鈴木 真由子（すずき まゆこ）	(大阪教育大学・助教授)	同上
西村 隆男＊（にしむら たかお）	(横浜国立大学・教授)	第Ⅱ部第1章
加地 芳子（かじ よしこ）	(京都教育大学・名誉教授)	第Ⅱ部第2章
吉本 敏子（よしもと としこ）	(三重大学・助教授)	同上
伊藤 敦（いとう あつし）	(愛知産業大学短期大学・講師)	第Ⅱ部第3章
西田 安慶＊＊（にしだ やすよし）	(東海学園大学・教授)	第Ⅱ部第4章
堀田 友三郎（ほった ともさぶろう）	(愛知産業大学・教授)	第Ⅱ部第5章
白川 智洋（しらかわ ともひろ）	(札幌国際大学短期大学部・名誉教授)	第Ⅱ部第6章
光武 幸（みつたけ みゆき）	(札幌学院大学・教授)	同上
岡部 昭二（おかべ あきつぐ）	(滋賀大学・名誉教授)	第Ⅱ部第7章
木全 敬止（きまた あきし）	(名古屋経済大学・助教授)	同上
松岡 明子（まつおか あきこ）	(共立女子短期大学・名誉教授)	第Ⅱ部第8章
大藪 千穂（おおやぶ ちほ）	(岐阜大学・助教授)	第Ⅲ部第1章

奥村 美代子	（熊本大学・元教授）	第Ⅲ部第2章
花城 梨枝子	（琉球大学・教授）	同上
財津 庸子	（大分大学・教授）	同上
宮瀬 美津子	（熊本大学・助教授）	同上
舩津 桂江	（第一福祉大学・講師）	同上
川口 恵子	（熊本県立大学・非常勤講師）	同上
水谷 節子	（ノートルダム清心女子大学・教授）	第Ⅲ部第3章
小川 育子	（香川大学・教授）	同上
森田 陽子	（徳島文理大学・教授）	同上
松浦 さと子	（龍谷大学・助教授）	第Ⅲ部第4章
松葉口 玲子	（岩手大学・助教授）	第Ⅲ部第5章
谷村 賢治	（長崎大学・教授）	同上
赤松 純子	（和歌山大学・教授）	同上
小田切 純子	（滋賀大学・教授）	第Ⅲ部第6章
宮地 晃輔	（中村学園大学短期大学部・助教授）	同上
小木 紀親	（日本福祉大学・助教授）	第Ⅲ部第7章
杣山 貴要江	（兵庫大学短期大学部・助教授）	第Ⅲ部第8章
渡邉 廣二	（鳴門教育大学・教授）	第Ⅲ部第9章
山根 栄次	（三重大学・教授）	第Ⅲ部第10章
阿部 信太郎	（城西国際大学・講師）	同上
長嶋 俊介	（鹿児島大学・教授）	第Ⅲ部第11章
野田 文子	（大阪教育大学・助教授）	同上
今村 光章	（岐阜大学・助教授）	第Ⅲ部第12章

日本消費者教育学会
(JACE：Japan Academy of Consumer Education)

　本学会は，1981年11月3日に設立され，現在会員数約500名に達している。日本学術会議に学術研究団体として登録している。本学会は，今井光映初代会長（元　金城学院大学学長），小木紀之現会長（名古屋経済大学教授）が中心となって設立し，「消費者教育」の理論と実践のために学会活動を推進している。本年25周年を迎え，「前田・今井賞基金」により本書を刊行する運びとなった。

『消費生活思想の展開』
　編集委員長　　西田安慶（東海学園大学教授，本学会副会長）
　編集副委員長　西村隆男（横浜国立大学教授，本学会常任理事）

編者との契約により検印省略

平成17年10月20日　初版第1刷発行　　**消費生活思想の展開**

編　　者	日本消費者教育学会	
発行者	大　坪　嘉　春	
整版所	株式会社　東　　　美	
印刷所	税経印刷株式会社	
製本所	株式会社　三森製本所	

発行所　東京都新宿区下落合2丁目5番13号　　株式会社　税務経理協会
郵便番号 161-0033　振替 00190-2-187408　　電話 (03) 3953-3301 (編集部)
　　　　FAX (03) 3565-3391　　　　　　　　　　　 (03) 3953-3325 (営業部)
URL http://www.zeikei.co.jp/
乱丁・落丁の場合はお取替えいたします。

Ⓒ　日本消費者教育学会　2005　　　　Printed in Japan

本書の内容の一部又は全部を無断で複写複製（コピー）することは，法律で認められた場合を除き，著者及び出版社の権利侵害となりますので，コピーの必要がある場合は，予め当社あて許諾を求めて下さい。

ISBN 4－419－04588－4　C1033